高职生心理健康自助手册

——基于认知行为疗法（CBT）框架

王海燕　洪一丹　刘丽丽　著

南京出版传媒集团
南京出版社

图书在版编目（CIP）数据

高职生心理健康自助手册：基于认知行为疗法（CBT）框架 / 王海燕，洪一丹，刘丽丽著．-- 南京：南京出版社，2023.7

ISBN 978-7-5533-4283-2

Ⅰ．①高… Ⅱ．①王… ②洪… ③刘… Ⅲ．①高等职业教育－心理健康－健康教育－手册 Ⅳ．① G444-62

中国国家版本馆 CIP 数据核字（2023）第 110776 号

书　　名　高职生心理健康自助手册——基于认知行为疗法（CBT）框架
作　　者　王海燕　洪一丹　刘丽丽
出版发行　南京出版传媒集团
　　　　　南京出版社
社址：南京市太平门街 53 号　　邮编：210016
网址：http：//www.njcbs.cn　　电子信箱：njcbs1988@163.com
联系电话：025-83283893、83283864（营销）　025-83112257（编务）

出 版 人　项晓宁
出 品 人　卢海鸣
责任编辑　金　欣
装帧设计　马静静
责任印制　杨福彬

印　　刷　北京亚吉飞数码科技有限公司
开　　本　710 毫米 ×1000 毫米　1/16
印　　张　19.25
字　　数　354 千字
版　　次　2024 年 3 月第 1 版
印　　次　2024 年 3 月第 1 次印刷
书　　号　ISBN 978-7-5533-4283-2
定　　价　80.00 元

前　言

伴随着高等职业教育的大力发展，高职生的数量呈现出越来越多的趋势，当今科学技术快速发展，再加上高职生正处于心理断乳期，心理方面尚未完全成熟，在面临情绪情感、恋爱、人际交往和学业就业等方面的问题时，往往有些高职生会存在着较大的心理负担，更易引发心理困惑，甚至是心理障碍，直接影响到高职生的身心健康。对此，相关部门发文呼吁高校要加强对学生心理健康问题的关注，重视提升他们的心理调适能力。

为了深入贯彻落实《普通高等学校学生心理健康教育课程教学基本要求》（教思政厅[2011]5 号）和《关于加强心理健康服务的指导意见》（国家卫生计生委、中宣部等 22 部门联合印发[2016]77 号）等文件精神，为了满足高等院校开展心理健康教育活动和高职生能够对自我的心理健康起到自助的迫切需要，提高高职生的心理调适能力，促进高职生的身心健康共同成长，多年从事心理健康教育工作一线的工作者们结合心理健康教学和心理咨询工作的实际情况，共同编著了《高职生心理健康自助手册——基于认知行为疗法（CBT）框架》。在心理咨询与心理治疗的各大流派当中，认知行为疗法被认为具有强大影响力的主流学派。因此，我们致力于提供一本针对高职生运用方法简洁且通俗易懂的认知行为疗法，能够完成心理自助的理论与应用指南手册，授之以高职生心理自助的知识和方法，提高他们的心理调适能力，使得高职生的学习与日常生活等方面有所裨益，真正成为自我心理健康的掌舵者。

认知行为疗法是包括了认知治疗和行为治疗的心理治疗方法，通过运用心理治疗技术改变个体非适应性的思维和行为应对模式，减少发生不良情绪和不适应性行为的问题，从而来改善心理问题的一系列心理治疗方法的总和。目前 CBT 已成为世界上传播最为广泛、被使用最多、循证证据最多和可操作性最强的心理治疗方法。

本书在编写的过程中力求能够体现出以下特色。一是富有科学性，且知识全面，重视探索性、体验性和可操作性，内容与方法浅显易懂、简洁明了，使高职生能够很快上手地去理解与运用认知行为疗法，对自己的心理健康问题进行自检自测自助。二是实用性强。认知行为疗法的每步技术都有详细的步骤和操作训练,因此高职生可按照书中的内容和步骤完成对自我心理问题的操作过程。三是注重将心理学的理论知识与实践训练相互结合起来,于是本书当中提供了形式多样且通俗易懂的很多案例、家庭作业和实践训练等等,更是着重强调运用认知行为疗法的训练与实践,充分激发高职生的学习兴趣和对知识的求知欲,使高职生更加全面系统地学习自助手册,并能够帮助高职生做到心理自助,希望本书能够成为高职生心理自助的好帮手。

本书在编写的过程当中,引用和借鉴了一些相关书籍及专业资料,在此向编著者深表谢意。由于本书的编者们能力、水平和时间有限,书中难免存在不足之处,敬请各位专家、同行和读者批评指正。

作　者

2023 年 3 月

目　录

第一章　关于认知行为疗法(CBT)的概述

第一节　认知行为疗法的哲学观

一、斯多葛主义的起源

认知行为疗法(Cognitive-behavioral therapy,CBT)的主要思想来自斯多葛学派,又称斯多葛主义。斯多葛学派是古希腊的四大哲学学派之一,也是古希腊流行时间最长的哲学学派之一。它在古罗马时期占据主导地位,并且直到现在还是可以在保持冷静、适应力和稳定情绪方面对我们至关重要。它的主要思想是在面对动荡不安、不可预测和态度刻薄的世界时,努力保持内心的平静。当一个人面临很多突然间遇到生活中发生的重大挫折,比如破产、穷困潦倒等时,怎么样让自己可以继续生存下去,怎样平静理性地去面对这些事情。此理论对人性的假设是人是理性动物,透过理性生物的判断之后,帮助我们以一个比较平静的情绪去面对。假如我们没有办法让自己处在一个平静的情绪状态,我们是没有办法做出一个理智的判断的。比如说生气的时候就会让自己在失控的情况下不停地购物或开快车等之类的行为。人最重要的素质是遇到挫折打击时,还能保持一个泰山崩于前而不动于色的状态,这有利于我们想出有效地解决问题的方法。当一个人没有办法保持一个平静的情绪时,常常会作出让自己比较冲动和后悔的行为。

二、斯多葛主义的主要观点

(一)强调思维的影响

它认为,伤害我们的并非事情本身,而是我们对事情的看法。事情本身不会伤害或阻碍我们,他人也不会。真正使我们恐惧和惊慌的,并非外在事件本身,而是我们思考它的方式。使我们不安的并非事物,而是我们对其意义的诠释。

(二)强调理性的重要性

“理性”一词源自希腊词汇“ratio”,它认为,清晰的思考并不是一种要求人冷漠无情的艺术。理性的任务就是要批判性地检验我们的推测,这包括检验我们作出的解释以及得出这种解释的方法。理性并非目的,而是一种不可或缺的手段。发问是理性的动力,因此你需要学习如何理性而非情绪化地提出问题。如果清晰思考问题的能力受损,那么你的生活将变得混沌不清。理性能区分真理与谬误,能区分真理层次上的高低深浅。它强调把事物放在宏观背景下看待,也就是全面看待事物。

(三)随时保持平静的心情

当我们遇到考试成绩不理想、跟父母有不同意见、与同学有矛盾等时,我们能否用平静的方式看待这些不顺心不如意的事情。或者当我们被老师责备、被朋友误会时,我们能否心平气和地看待被评价或被骂这件事情。这是很重要的方式和态度。通常,生活上很多大事小事是我们无法预期的。如果你为了每一件事情都让自己的情绪有很大的波动,或者很容易大发雷霆,这将无法解决很多眼前的困境和问题。反而,如果你能让自己保持一个平静的心情,理想会慢慢地培养出来。希望你能透过这个改变想法去增加平静的状态。

(四)改变解决问题的方法

无法控制影响我们的事情,但可以改变解决事情的方法。我们无法预测我们的生活中会发生什么,我们不知道下一秒到底会发生什么事情。当我们的生活事件出现的时候,我们能否用比较理性的方式去解决,才是重点。当你不断地面对生活的冲击时,如果你的情绪波动很大,你可能没有办法去思考或想出这件事情的优缺点与利弊得失,无法作出理性的判断,找不到对事情比较有效的解决方法。面对问题时,我们需要面对问题本身如何更好地解决,而不是去思考为什么问题会出现,你无法预料事件什么时候产生。

(五)理性可以培育美德

斯多葛主义告诉我们,理性是最高的准则,可以培育四种很重要的美德。

(1)智慧,让我们总能处理生活上一切的困扰或难题。比如,当你的亲人或朋友遇到无法做决定的事情时,你可以回到理性层面,对问题做解析,这将展现你的逻辑思维能力,即体现你的智慧。一个聪明的人不见得会作出智慧的决定,如果你是一个智慧的人,通常会作出一个比较适当的决定。

(2)自我克制,帮我们的冲动踩刹车,你就不会轻易地被情绪带着走,被情绪所控制。在这个过程中,你可以让自己的情绪缓下来。你不会说出伤害别人的话语,或作出伤害别人的举动。比如赌博,冲动性控制障碍就是总想着我把最后的钱压在这上面,希望能赢得更多的钱,被这样的想法或情绪牵制着收不了手。如果我们能回到理性思考,或自我克制,我们也不会作出让自己后悔的事情。比如,在与亲人或朋友争吵时,如果你能够在争吵的过程中,能自我克制,你不会让自己说出一些后悔的话。

(3)正义,即作出公平的判断。你在什么时候能够具备作出公平判断的能力呢?在理性的时候。在保持理性和平静情绪的时候,你才可以看清楚怎么样才被别人认为是公平的。什么是强,什么是弱,对于弱势的人来说,你要做什么可以帮助他回到平等的状态,获得各取所需比较平衡,这才是比较公平正义的,我们需要用理性的态度去看待和处理此类事情。

(4)勇气,让你践行正确的活动。所谓无欲则刚,当你没有被欲望牵着走,你才会在理性的状态下采取正确的有效的方法处理事情。比如当你被责骂或被误会时,你有没有足够的勇气去告诉别人或者澄清这件事情,而不是你被情绪牵着走,你是否可以很清楚地告诉别人,说我遇到的状况是什么,或者我需要的是什么。

第二节 认知行为疗法的发展历程

认知行为疗法是包括了认知治疗和行为治疗的心理治疗方法，通过改变个人非适应性的思考和行为模式来减少情绪和行为问题，从而来改善心理问题的一系列心理治疗方法的总和。目前，CBT已成为世界上传播最为广泛、被使用最多的心理治疗方法。

一、行为主义学派的兴起

行为主义产生于20世纪初的美国，主张心理学是一门自然科学，应采用实验的方法，研究那些看得见、摸得着的客观东西，即人的行为，探讨人为什么会出现那样的行为。行为主义理论主张不能仅仅研究人脑中那种无形的像“暗箱操作”的东西，不可捉摸。个体为什么会有行为表现是因为有刺激所产生的一个反应结果，具体的行为反应取决于具体的刺激强度，把“S—R”(刺激—反应)作为解释人的一切行为的公式。心理学的任务就在于发现刺激与反应之间的规律性联系，这样根据刺激而推知反应，反过来又可通过反应推知刺激，从而达到预测和控制行为的目的。经典行为主义理论的代表人物有伊凡·巴甫洛夫、约翰·华生等。巴甫洛夫是俄罗斯的生理学家、心理学家，他对狗和唾液做了研究，提出了经典条件化反应的理论，并在1904年因为对消化系统的研究而获得诺贝尔生理学奖。华生受到巴甫洛夫的条件实验的影响，他把这些概念应用于人类的行为。他通过11个月大的男孩艾伯特的实验研究，解释了怎样利用经典性条件作用原理使儿童的情绪反应条件化。艾伯特很喜欢玩小白鼠，听到较大的声音时，他会显得非常吃惊和害怕。在艾伯特看到小白鼠的同时，让他听到一个巨大的声响，他受到惊吓。在一个星期的时间里，把这个声音和这只小白鼠进行了7次匹配。随后，当小白鼠出现时，艾伯特就会哭起来。另一种重要的方式是操作性条件作用，这是由斯金纳(B. F. Skinner)发展起来的理论，它所考察的，是环境因素如何影响或塑造个体的行为。经典性条件作用和操作性条件作用所研究的，都是显现于个体外部、可被观察到的行为。与此相反，由艾伯特·班杜拉创立的社会认知理论涉及内在或认知过程，试图解释个体如何通过观察或感知环境来进行学习。操作性条件反应的原理描述了强化过程，在这个过程中，行为的结果增加了再次发生这个行为的可能性。强化的缺乏能够带来行为的消退。

二、认知行为疗法的发展

20世纪60年代初，时任宾夕法尼亚大学精神病学助理教授的医学博士阿伦．T. 贝克(Aaron T. Beck)在心理健康领域发起了一场变革。贝克博士证明了痛苦的、负性的认知是心理疾病的最主要的特点，他创立了认知行为治疗方法。这种方法认为功能不良思维(影响着患者的情绪和行为)在所有的心理障碍中都是常见的。他强调思维在引发抑郁、焦虑和愤怒上的核心作用。认知偏差导致个体更容易将认知偏差归咎于消极生活事件，比如他们更可能把丧失或困难解释为夸张的、与个人相关的或极其消极的东西。认知常与问题行为或不良情绪密切相关。当人们学会用一种更加现实和适应的方法来评价自己的思维时，他们的情绪状态以及行为都会有一个提高。比如，如果你有次在路上遇到班上的同学，你跟他打招呼，他没有看你就走过去了，你为此感到非常伤心。你很可能出现了这样一个自动思维——一个想法似乎跳进了你的脑中："他是讨厌我的，我是不被人喜欢的。"这个想法可能会引起一个特定的反应：你可能感到伤心难过(情绪)，并且独自一个人回宿舍(行为)。如果过了几天这个同学主动跟你说话，接着你会检验你的想法的正确性，你可能会觉得你上次有些以偏概全了。事实上，这个同学一直挺喜欢你的，那天可能他有比较着急的事情。从这个新角度来看待他的行为，可能会让你感受好一些，也会让你愿意跟他交往。如果在更深层面上(人们关于自己、世界和他人的最基本的信念)对认知进行矫正，可以对他们产生更加持久的改变。例如，如果你一直觉得别人是不喜欢你的，可能你潜在的信念是"我是不可爱的"。矫正这种普遍意义上的信念(比如，以一种更加现实的角度看待你和他人，认为别人可能是喜欢你的某些方面，或不喜欢的某一方面的)可以改变你对日常人际关系中遇到具体事情的看法，你就不再会有那么多关于"我总是被人讨厌的"这类主题的想法了。相反，在某个你跟别人有矛盾的情景，你可能会想"我们之间的关系可能有些误会"等。

比尔·艾利斯的理性情绪行为疗法提出，心理问题的根源是扭曲或偏差的思维，如"严重化"(我参加比赛没有获得奖项，简直太丢脸了)，绝对化要求或必须(我必须每件事情都做得很好，我应该让所有的人都喜欢我)，"泛化"(我总是这么没用)，"低耐受力"(这也太恐怖了，我受不了了)。一名学生觉得比赛不得名次太糟糕了，他认为每次参加比赛都必须取得好成绩，不能丢脸，他无法忍受自己没有达到预期目标。结果，他认为自己是全世界最失败最糟糕的人，从而变得非常抑郁和焦虑。

如果你在某种思维上情绪反应比较厉害，那可能是因为你拥有一些潜在假设和核心信念（比如，“我必须让所有的人满意，这样我才是有价值的”），也可能有一些潜在的个人图式（例如，“我是不可爱的”或“我是没有能力的”）。潜在的不良假设或规则常常是僵化的、非黑即白的、泛化极端的、难以达到的，正是这样的假设和规则让你在未来更容易受到抑郁或焦虑等情绪困扰。特别注意的是，如果你有自杀想法，或感觉特别绝望时，可能你拥有消极的认知偏差。你个人图式是更一般化的信念：你认为自己是不可爱的、无助的、无能的、无望的等；他人是指责的、无情的、冷漠的。本书将在第 14 章详细讲述关于“图式治疗”的内容。如果你的个人图式是“自我是无能的”个体，你可能常常会预测你的未来是失败的，而且是非常可怕的（灾难化）。类似的，如果你是必须获得别人喜欢的个体，也会更容易抑郁和焦虑，因为你永远无法达到这样的期待和要求，你更容易感到被嫌弃，实际上没有人嫌弃你。外界的信息通过自动化思维（例如，“她可能是讨厌我的”）过滤，有选择性地进入意识，之后个体根据潜在假设（例如，假如我不被喜欢，我就是失败的）对其进行评价。潜在假设和个人核心信念（“我是不可爱的”）有关，进一步强化了消极的个人信念，并且增加了你对他人的恐惧和不信任。消极的个人核心信念（“我是不可爱的”“我是一无是处的”“我是彻头彻尾的失败者”）会导致选择性注意和记忆，也就是说，你更容易发现和记住那些与你的核心信念一致的信息，从而强化了你的核心信念。抑郁和焦虑思维看起来总是“驱动”和“追踪”，个体不断地寻找能够确认信念的信息，这就是“证实偏差”。比如，如果你是 抑郁的，你更容易想起消极的体验，更容易泛化对消极事件的记忆（例如，你觉得你一直以来都是失败的，别人总是嫌弃你的）。你可能只收集让你感到抑郁的信息，忽略那些与信念相反的证据。如果你是焦虑的，你更容易关注那些具有危险性的信息。

自动化思维偏差和适应不良的假设是心理障碍的一部分。比如，社交焦虑障碍的个体就可能产生读心术思维（“别人发现了我很紧张，因为我脸红了”）和灾难化的思维（“别人发现我在紧张害怕，就会歧视我”）；强迫症的个体则可能产生预测未来后果的思维（“如果我不这样做，不好的事情就会降临在我和亲人身上”）和灾难化的思维（“我会得艾滋病的”）；惊恐障碍的个体也可能出现预测未来的思维（“我会疯掉的”）和灾难化思维（“如果我心跳继续加快，我就要犯心脏病了”）；抑郁来访者可能产生一系列功能适应不良的思维，比如，贬损积极面（“任何人都能考上大学”）、贴标签（“我是个失败者”）、预测未来（“我永远都不会有出息的”）。如果你学会了识别和评估你的思维特点,可以用改变无益的思维的方法来改变有问题的思维模式,从而改变你的情绪。

抑郁的人会对自我、他人和未来产生全面性的消极想法,反正做什么都有可能失败,所以你可能不愿意尝试新的行为,选择躺在床上或躲在房间里,反而让你陷入更大的低落和自责情绪之中。焦虑的个体往往选择回避的方式,社交焦虑的个体十多年非必要绝对不出门,反而会让你更容易焦虑,害怕蜘蛛的人永远是第一个发现蜘蛛的。我们可以用实证的方法和行为技术来检验事实。行为训练如下,首先做出初始预测("你觉得你的焦虑会怎么样? 会持续多久? 结果会怎么样?"),然后收集证据("实际发生了什么?"),最后将收集到的证据和预测做比较。通过行为验证可以修正信念。行为可以影响认知,认知又反过来会影响你采取行为的意愿。比如,你可能觉得,拒绝别人是会被讨厌或排斥的,我们邀请你一起来验证这种信念。你可以按照步骤设计行为实验(参照第几章),你将在这一过程中体验到,拒绝别人也没有造成非常严重的后果,也没什么大不了的,别人的生活不会发生任何改变。信念与行为紧密相连,一旦你能树立新的信念,你就可能改变行为。帮助你学会有效的方法应对未来的问题,这也是改变一个人最重要的方式。

第三节 本书的介绍

编写这本《心理健康自助手册》的目的是能够帮助那些深受"情绪障碍"和"人际困扰"的高职生们。在日常生活中,你们可能体验许多强烈、紧张、令人不适的情绪,如抑郁挫败、焦虑不安、恐慌害怕,所有这些情绪将会影响高职生的正常生活和学习,甚至会迫使你们做一些自己也许不想做的事情。这些情绪往往让你们感到非常不舒服,为了不再体验到这些不好的感觉,你们会开始做一些事情,或者逃避一些情境。然而,慢慢地,你会发现,一些日常的活动对你而言也变得非常困难,比如上课、与同学相处、出门、学习。此外,回避这些不安的情绪会导致你不想追求有意义的目标,错过重要的事情,或者放弃重要的计划。更严重的问题在于:这些强烈、紧张、令人不舒服的情绪无法缓解,而这一切将阻碍你过自己想要的生活。很多时候,当人们遇到问题时首先会自助,想办法自己解决,这可能也是你需要这本的原因。

一、这本书将如何帮助你?

CBT 并不是提供积极思考的力量,也不是鼓舞士气的心灵鸡汤。CBT 会要求你为你的信念寻找正反两面的证据,思考多方面看待问题的现实效果。你总会不断地接触到新信息。你总会明白,自动化想法不一定是正确的,信念是可以修正的,行为是可以调整的,你可以做出新的决定,采取新的策略。凡事总存在其他的可能性,总可以从不同的角度看待问题,总会有新的事情值得尝试。

《高职生心理健康自助手册》(简称《自助手册》)将传授你了解自己的内心世界的运作方式以及有效解决抑郁、焦虑、恐惧等情绪问题的策略、方法和技巧。书中的方法还能够帮助你解决人际关系问题,更好提升人际能力,更和谐地与人相处。

本书的思想源于当代最有效的心理治疗模式之一——认知行为疗法(CBT)。"认知"指的是我们在想什么,以及是如何看待或解释这些事情的。认知行为疗法的中心思想在于,我们对一件事情或经历的思考对情绪、行为、身体反应有强烈的影响。

《自助手册》将教你识别并理解日常生活中类似的小事,乃至人生大事,我们的思维与反应(包含情绪、行为和身体)之间的相互影响的关系。你将会从更有效的角度去思考自身情境,转变那些把你禁锢在消极情绪和关系中的思维模式及行为,探索如何在遇到问题时做出改变。最后,将培养你理性平和的心态。从本书中学到的技巧也将会帮助你改善并享受和谐融洽的人际关系。

二、这本书有用吗?

认知行为疗法是有名的科学循证的方法,《自助手册》中所有的技巧和策略都是以数十年的研究成果为基础的。这些方法经过反复印证,非常可靠实用。只要认真阅读本书,并对其中的方法持续联系,就能发现自己的问题,并从积极的角度来逐步改变人生,开启美好未来。

学习认知行为疗法的理论与技术是需要时间和过程去逐渐掌握和熟练的,常用的类比同样适合刚学的你。你还记得你是如何学习骑自行车或练习打字的吗?一开始,你有没有感觉有一点儿笨拙,比如骑自行车时摇摇晃晃,车的方向总是把握不稳。你是不是要在一些小的(现在你已经能顺利地自动化进行的)细节和动作上都要花很多注意力?比如打字时,需要每个字母都要看着键盘来输入。随着你的进步,你可以不用刻意地注意,可以轻松、充满信心地做好这些事情。大部分的人都有类似学习一项现在已经很精通的技能的经历。我们建议你在每一章要花足够多的时间,以便充分理解所介绍的技巧并加以练习。每一章中的练习帮助你将理论运用在实践中。自助并不意味着你不采取任何行动而仅仅通过阅读就能有效果。要通过本书获得帮助,你需要付出努力。理解这些概念最好的方法就是"在实践中学习"。你练习越多,你的技巧就越熟练,达到自动化。请注意,本书能达到自助的作用,并不仅仅是阅读理论,而是通过练习去实践。

三、如何使用这本书?

作为一本自助手册,本书面向的是高职各个年级的学生,如果你开始对自己使用书中介绍的方法,那么你会获得心理上的成长。本书是这样设计的:首先介绍认知行为疗法主要的理论观点与方法技巧,接着让你了解常见的心理问题,然后进行具体的内容与相对应的方法的学习。每一章都有具体的内容以及训练的技巧。开始,当你阅读本书时,你开始关注自己在情绪反应上的改变。当你注意到你的情绪变化或者负性情绪增强的时候(或者当你注意到你产生了功能不良行为或经历了负性情绪相关的躯体感觉时),问问你自己你感觉到了什么情绪和认知行为疗法中最重要的一个问题:刚才我脑中想到了什么?通过这种方法你就能教会自己识别你自己的自动化思维,你将学习觉察自己体验的策略,你将了解你的思维、感受、行为是怎么样影响你的情绪的。你会学习具体的方法,当你将这些方法运用到实际生活中时,它们会帮助你反思你的思维模式,改变长年累月形成的无效的应对方式,用更有效的方法取而代之来管理你的心情。比如,当你阅读本书和学习一些技巧时,你发现自己感觉有些难过,问问你自己"刚才我头脑中想到了什么",你可能发现自己有这样的自动思维:"这太难了""我可能永远都无法掌握这些""如果我试了但是没用怎么办呢?",你可以把这些思维记录下来。把注意力放回阅读中来。先聚焦你的思维,接着学会评估和修正你的功能不良思维,培养你的理性思维,让你掌握科学有效的方法,提升心理素质。

四、对信念的改变

人的改变是个艰难的历程,改变意味着克服一些根深蒂固的习惯。为此我们需要经历很多的障碍和挫折，所以我们希望你做好准备去面对成长中的起起伏伏。我们发现对于人的看法无法验证，如果我们相信这些信念是真的，那改变可以变得容易一些。

(1)我们相信每个人都想要自己的人生过得快乐和成功。只是有些人健康的自己已经被多年的羞辱、忽视、虐待、指责、控制和其他打击而掩藏起来了，改变的过程意味着重新唤醒这部分，并给予机会与希望。

(2)我们推测，每个人有一些基本“需求”或欲望，一旦这些得到满足，多数人都会觉得快乐幸福。如，与他人交往和建立情感的连接；独立自主的需要、自我感觉被喜欢、有能力、有价值、在同龄人中取得还不错的成绩；向他人表达自己的需求和感受、维护自己权利的需求；你可以自由地去做独一无二的自己，你有兴趣、爱好或从事某些活动来满足自我的需要；帮助他人，表示关心和爱的需求。

(3)我们可以做出根本性的改变。有些人认为，人的基本人格在童年时期就已经定型，成年期不大可能再产生重大的改变。但我们发现，早年同样经历的人的人生是不一样的，有些人早年的生活和成年后的人生有不一样的选择。虽然我们也承认，改变核心的性格模式是极度困难的。我们天生的气质，还有早年的经历会给改变造成巨大障碍，但并不是完全不能改变。早年经历越多的创伤，想要改变性格模式，就需要付出更大的努力，也需要更多人的支持。

(4)除非下定决心去改变，否则我们不太可能去改变性格模式。如果我们没有觉察，大部分的人都是按照自动模式在思考、感受和行为，这样的模式是自动化的，不需要认真思考，也会让人觉得不费力和安心，我们会一直重复过去错误的模式，延续祖辈的传统。除非我们付出刻意的、全身心的、长期持续的努力去改变，否则不可能发生改变。

(5)大多数人都有回避痛苦的强烈愿望，我们有趋乐避苦的本能。我们会回避引起痛苦的情景和情绪，这是改变的最大阻碍之一。在改变性格模式的过程中，我们需要面对痛苦的回忆，可能会唤起悲伤、羞耻、焦虑、内疚、愤怒等情绪，我们需要面对那些我们之前一直害怕失败、被拒绝、丢脸而回避的情景。有些人会因为痛苦而退缩，有的人停止了改变，有的人沉迷于酒精和网络，以逃避这些情绪感受和挑战场景。为了改变，我们必须直面痛苦。

(6)给自己一个愿景，我们每个人都应该认清自己是一个什么样的人，自己想成为什么样的人，自己为何而活，最终什么才能带给你满足、快乐和实现自我。

第二章　大学生常见心理疾病

第一节　抑郁症

在日常的学习与生活当中，你可能会最近一周时间内，出现情绪低落、沮丧，甚至在发呆、胡思乱想；也有可能你会考试挂科，而受到挫折，哭泣；你也可能因为失恋，与同学发生矛盾，而郁闷不安、郁郁寡欢；你也可能因为与家人意见不一致而烦恼等等。类似发生以上的这些事情，有些人会允许自己出现不良情绪，允许自己当时当下采取的行为措施，并且可以接受自己遇到的糟糕的事件，那么很快他们经过短暂的修复调整，又可以充满活力，积极地投入到学习和生活当中。

但是总有那么一些人，在遇到不顺心的人或不如意的事情时候，他们会深陷其中，怨天尤人，走不出困境，比如他们深陷到坑里，并没有怀有积极的想法，也没有去想办法怎么脱离困境，反而会不断地挣扎，越陷越深，到了最后会质疑他们自己的运气，质疑他们的能力，觉得他们再也不可能跳出坑，越来越颓废，会觉得他们自己没有能力，不可爱了，自己没有价值了，别人都不会喜欢自己，因此会一直在自己固设的情绪牢笼里，情绪异常地低落，走不出来，时间越久，若不及时地干预，有可能会存在抑郁障碍相关的问题。为了更能了解抑郁的问题，请你先来看一下案例阅读。

一、案例阅读

小张（化名），女，19 岁，大二，家里的独女，父母是事业单位的员工，自从记事以来，每当父母带小张出门，邻居或者同事，甚至路人与他们相遇到时候，都会美美地夸赞小张长得喜人，可爱漂亮，听到大家对小张的称赞，小张自己本人特别地开心，并以微笑和大家说谢谢。父母碍于面子，也是和大家有说有笑地,说小张长得只是还可以啦,不算特别漂亮,可回到家后,父母却教育小张,女孩长得好看是红颜祸水,容易招来不怀好意的男生,不负责的男生,慢慢地父母为了更好地保护女儿不受伤害,也减少了带小张上街的次数。当小张到了上学的年纪,只要一放学,父母立马接回家,起初还允许小张在小区里和同伴玩耍,但是必须在父母规定的时间内回家,不然会受到挨打的结果,直到小张上小学三年级后,有一次,父母在小区看到小张与男孩子在一起玩耍,小张被男孩子逗得笑得合不拢嘴,父母看到后,突感背后脊梁骨一阵一阵地发麻,立马从现场拖拽着小张回家,并狠狠地揍了小张,说小张不懂得男女之间的分寸,不懂得分辨男生的动机,一味地去用笑去迎合男生,小心日后吃大亏。小张反驳道,他们只是纯友谊的关系,大家在一起只是单纯地玩,有什么不可以?况且玩伴里也有其他女孩子呀。可父母哪能允许小张如此有理有据地去顶撞,说小张长大了,翅膀是不是长硬了。再后来,父母也不允许小张到小区与伙伴玩耍了,他们只允许她的伙伴来家里玩,这样能够使她在他们的眼皮底下,可伙伴慢慢也觉得在小张家里玩的空间小,不自在,逐渐也不去找小张玩了。

小张到了初高中的时候,她的父母打着学业的口号,不让小张与男同学沟通,甚至有时会偷摸到班级窗户外偷看小张是否与男同学有接触,小张深知这么多年了,自己该反抗也反抗过了,但是父母的行为越发严重,让小张感觉到快要窒息了,晚上会蒙着被子在偷偷地哭,整日都看不到小张的笑容,除了学习还是学习,与周围的同学几乎不交流,同学们都觉得小张高傲,怪胎。

上了大学后,小张的情绪和行为越发严重,走路总低着头,逃避同学,不与他们交流,也不愿意参加集体活动,还伴有食欲不振、失眠等现象,甚至有时在上课时候,小张会不自主地掉眼泪,时不时透露着活着真没意思的想法,后来同伴同学反馈给辅导员,辅导员建议小张父母带小张去医院了。

(一)案例讨论

(1)如果你是小张的同学,你是否有见过类似的情况出现过,你觉得小张是怎么了?她的问题出在哪?

(2)小张是否存在心理问题?她的问题是什么?有着哪些表现?

(二)点评

小张的抑郁状态与行为应对已经深深影响到了她的社会功能,特别是人际交往方面的问题，如不及时就医干预，极有可能会引发更多的心理问题出现。

二、何谓抑郁症

我们每个人在人生的轨迹中，在面对生活种种不如意的情境时，都会有那么一小段时间，让你感到彷徨无助、情绪低沉、不愿意与别人交往、食欲减退等，但是经过自己短暂的修复后，会正常回归到生活中，这就是大多数人的抑郁情绪，并非抑郁症。那么抑郁症为可以从轻度的情绪逐渐上升到严重的呼吸困难，绝望自杀，常常还伴随着各种丧失感，比如对生活失去意义、失去信心、自我贬低、生活欲望降低与生活动机减少，还有思维变得迟缓、思路闭塞、语速明显减慢、不感兴趣之前所感兴趣的爱好活动、厌食、失眠、工作和学习能力下降、回避社交，甚至还会出现一些躯体症状，也有可能会出现木僵状态等。

在 DSM-5（《精神疾病诊断与统计手册》）中，规定每天感受并体验到抑郁的状态，持续至少达到两周，才被诊断为抑郁发作。一旦抑郁发作之后，自身、家庭、工作、周围的人、人际交往、学习及生活的状态都是深深受到牵连影响的。若为轻度抑郁发作，有些人还是可以付出更多更大的努力，完成学习、家庭、社会和工作的相关需求任务的，但是若为重度的抑郁发作，就会丧失生活信心、无助无望，甚至生活没有能力自理，还会做出自杀的行动。

重度抑郁症必须满足，当一个人几乎每天至少两周，有下列 9 个症状的 5 个症状以上，这些症状并不是因为药物、毒品或者精神类疾病或其他躯体疾病所造成的，而是从没有过的或是极轻的，至少要包括症状 1 和症状 2 当中的一个，并且行为的改变会引起强烈的难受痛苦感和社交功能受损，或其他方面的功能有受到影响。

(1)持续抑郁心境，可由患者自我陈述或者通过其身边周围人的观察。注：若是在儿童青少年的群体中，可能表现出来的，并不是悲伤，而是可能表现为易激惹类型。

(2)对于曾经感兴趣的活动失去兴趣或愉悦感丧失，可由患者自我陈述或者通过其身边周围人的观察。

(3)突然近期体重和食欲改变(增加或者减少 5%)。

(4)睡眠紊乱：失眠或嗜睡。

(5)感到内心不安或烦躁亢奋或言语行动变得迟缓。

(6)疲劳感或缺乏精力活动。

(7)感到无价值感或内疚，自罪自贬，可能也会出现妄想。

(8)注意力难以集中或思考能力下降或者是难以做决定，可由患者自我陈述或者通过其身边周围人的观察。

(9)有死亡或自杀的念头，或常伴有自杀的想法但并没自杀的计划，或者是有规划好的自杀计划，或真正实施自杀行动。

三、抑郁症的临床表现

(1)明显的情绪变化：情绪低落、沮丧、哭泣、情感依恋缺失、愉快感缺失、无价值感；

(2)消极的自我认知：自我贬低、自我批评、自责自罪、不可爱论、能力无用论；

(3)消沉的行为：逃避、闭门独居、不愿做事情、整日卧床、易怒、易急躁、故意疏远亲朋好友，严重到生活邋遢、个人卫生不顾、木僵状态、有绝望、自杀念头、计划甚至执行自杀的行动；

(4)部分功能减弱：思维迟缓、语速减缓、意志减退、社会功能退缩、注意力难以集中；

(5)躯体因素：幻觉、疲劳感增强、过度睡眠、失眠、厌食、暴饮暴食、短时间内体重变化极为明显。

第二节　双相情感障碍

在大学生当中，确实会存在一些小部分的同学，有一段时间会出现情绪特别激昂，话语特别多，思维快速，想法也特别多，又有着很多冲动和极大的欲望，行为疯癫鲁莽带有极大的冲动性，整天都有一些不着边际的大胆人生规划，精力充沛，但不知不觉地又有一段时间突然情绪急剧下滑，变得沉默不语，思维枯竭，从原先的情绪兴奋最顶峰一下子降到了人生最绝望的低谷，心情就好比过山车一样，同时身体也很乏累，没劲，食欲不振等等，那么这些大学生到底是怎么了呢，请你先来看一下案例阅读。

一、案例阅读

小王(化名)，男，20岁，大二学生。近期小王感觉到自己注意力不集中，充满了幻想，也觉得全身充满活力和使用不完的精力，感觉自己有很多想法，又有很多说不完的话语，语速也特快，以至于他几乎晚上不睡觉等等过分的活跃行为，他也完全相信自己有很大的本事，觉得自己就是全校大学生里最拔尖的学生，非常坚信自己的每一科考试都能得考得优秀。同时他也觉得身边的同学不如自己厉害，不如自己聪明，总觉得同学笨，跟不上自己的步伐，使他心烦意乱，可是他也不能理解为啥同学们都不能理解自己的才华，不能敬佩自己的本事。可是过了一段时间，小王又觉得自己这么拼命，所做的一切都没用，没意义，感觉自己活得一点都没劲，不愿意人际交往，沉默寡言，自己更是不愿意去上课，胃口极差，不注意自己的生活卫生，邋遢，不顾及自身形象，同时情绪低落到冰点，总想整天都躺在床上，什么都不想做。

（一）案例讨论

（1）你认为近期小王存在哪些问题呢？你是持有什么样的态度来看小王出现的种种行为迹象呢？

（2）如果你是小王的同学，你会怎么和他相处呢？

（二）点评

小王的情绪属于冰火两重天，来回切换，对于他自己本身来说，情绪突然两极分化反差，强度剧烈，对于他的身体有着一定程度的伤害性，同时还要注意的一点是，一定要有专业人士来对他进行心理评估的工作。

二、何谓双相情感障碍

双相情感障碍是以躁狂与严重抑郁阶段两者之间相互交替出现为主要特征的，个体要出现两次或者多次的行为活动与情绪有着明显紊乱的发作过程，其中至少有一次是属于躁狂发作阶段，主要表现为常常会感到自我膨胀、精力旺盛充沛、情绪高涨、心境高涨、比较亢奋、相信自己有强大的能力去解决问题、觉得自己无所不能、轻率、有冲动、思维奔逸、较活跃、有很多想法、话特别多、喜欢夸大事实、意志行为增强，特别是愿意参加各式各样的社交活动，但是睡眠时间也出现相对比较少，且也从不觉得身体乏累等等，另一次是属于严重抑郁发作阶段，主要表现为精力有着明显地减退、情绪莫名低落、愉快感丧失、较为悲观、思维缓慢、语言枯竭、不想上课、不想说话、意志活动明显减少、食欲不振、睡眠紊乱、会觉得浑身没劲，很累、对什么都失去兴趣、无精打采等等。

双相情感障碍的个体在开始躁狂阶段时候，他们总是会有很多想法，并且会有冲动，也会去付诸行动，但是当躁狂阶段减退时候，此时的个体要去应对躁狂阶段的自以为是、狂妄所带来的损伤和困境，那么个体在应对的过程当中，毕竟精力有限(躁狂阶段睡眠极少，其实身体已经很乏累，只是当时在发病阶段，他并没有感受到，也没有关注到自己的身体状况)，能力有限，所应对起来会觉得力不从心，会质疑自己的能力，慢慢紧随而来的是严重的抑郁。当然双相情感障碍的个体，他们发病的持续时间和发病的次数都是因人而异的，如有一小部分的个体是有着一段长时间的正常功能期，只是在中间阶段偶尔会被短暂的抑郁或躁狂发作困扰。而又有另一部分的双相情感障碍个体，是从躁狂期到严重抑郁期，接着又折返回来躁狂期，反反复复，周而复始，这样不单单是对于他们自己本身，还是对于身边的家人、亲朋好友和同学来说都是伤害力极高、破坏性极大的。

第三节 焦虑症

焦虑是一种情绪的状态，也是大学生生活当中，最常见的一种情绪反应，比如大学生在学习、人际交往、恋爱、择业就业等等方面，遭受一些不如意、不顺心的事件，遭受不公平的待遇，遭受挫折时候，往往都会产生焦虑情绪。

我们本身特有的焦虑水平会根据发生事件的情境，有所不同，有所波动，当然我们每个个体表现的焦虑形式也会存在着不一样。比如在同一批大学毕业生里面，同学们面临择业就业问题的时候，他们的情绪行为也存在一些焦虑上的差异。有的同学在高强压的就业环境氛围里，他们的焦虑程度会上升到一定的高度，会担心焦虑找不到工作，会表现出紧张焦虑到疲惫不堪、惊慌失措、心神不安、食欲不振、失眠等不良生理反应，甚至会引发身心疾病等现象；有的同学担心即使找到工作了，也不知道不知道怎么步入社会，适应职场环境等，因此没法做到静下心来寻找工作；有的同学焦虑到破罐子破摔，产生安全性的逃避行为，先继续完成学业，等大学毕业后进行下一步的打算，进而短时间内焦虑情绪和行为反应得到快速的缓解，然而有的同学却结合自己的专业知识，利用就业的焦虑，不断地强化就业动机，制作简历，面试岗位等等。所以个体在面对情境而产生的焦虑时候，不同个体的表现大相径庭。那么请你先来看一下案例阅读。

一、案例阅读

小狄(化名),女,19 岁,独生女,目前就读某高职院校的大学二年级,父母都是公务员,家庭条件中上等水平,从外地考入本高职高专院校,没上大学之前,小狄是大家眼中的佼佼者,成绩名列前茅,长相甜美,人见人夸,是父母的骄傲。高考前期,大家都会认为小狄可以考上重点 211 甚至 985 的大学,可由于小狄高考发挥的失常,最终被一所高职高专类的院校录取。虽然父母并没有地责怪小狄,但是小狄觉得太对不住父母了,使得父母颜面扫地,父母也不同意小狄复读。到了大学之后,原来考试对于小狄来说是如鱼得水的事,可现在一到快考试的时候,小狄就莫名地紧张,心都提到嗓子眼,手发抖,冒冷汗,一边觉得要是自己挂科了,自己太失败了,另一边又担心同学考试成绩超越自己,自己没法拿到班里第一名,拿不到第一名,意味着自己的能力太差了等等,因此小狄根本没法做到集中精力、全力以赴地复习……

(一)案例讨论

(1)小狄同学目前的心理处在什么样的状态?有哪些因素影响到她的心理健康问题呢?

(2)你觉得自己在面对考试压力时候,你是怎么处理自己的焦虑状态的呢?

(二)点评

考试发挥失常的现象很正常,关键要看我们是怎么来解读这种失常的表现行为,如果忽视了自己对考试失利的解读想法,一味地自责,逐渐会引发考试焦虑的出现,甚至会影响到自身的身心健康问题,会给我们的生活造成极大的困扰。

二、何谓焦虑症

焦虑是一种明显的负性情绪,紧张害怕的躯体反应倾向来自对未来不确定性的担忧。焦虑在个体身上,会体现出主观联想预料将来有可能会出现某种灾难或后果而产生的担忧、紧张害怕等不良情绪的混合体验,还有在其行为上也会产生一系列的焦躁不安、忧心忡忡的反应。每个个体都曾经有过焦虑情绪、焦虑状态,它是对生活中客观事件和主观压力的自然情绪反应,是人们正常生活的一部分。虽然焦虑有时会令我们心跳加速、冒虚汗、难受、疲惫,但是在现实生活中适当的焦虑对我们是存在促进作用的,是有好处的,是正常的焦虑状态。往往适当的焦虑可以激发我们生活的动力,可以促使我们对未来的生活方向做详细的规划,有备无患地应对将来发生的事件,尽其可能地减少伤害的损失,提高我们学习与生活的效率。而过度的焦虑会出现令人注意力分散、坐立不安、心悸手抖等躯体化反应,甚至有可能会出现剥夺人的行动能力的情况,这将影响到我们的学业、择业、人际交往和日常生活节奏,影响到其身心健康,大大降低了生活质量和学习工作效率。如果个体持续 6 个月以上,一直体验过度的焦虑不安,思维难以集中,紧张害怕或者担忧情况,对周遭环境存在高度警惕,并出现回避性的安全行为,那么个体有可能患有焦虑症疾病。

三、焦虑症的主要类型

(一)广泛性焦虑障碍

广泛性焦虑障碍是个体面对诸多生活的情境时所表现出经常性、全面性或持续性、无明确的对象或者固定内容的过度焦虑、紧张担忧或忧心忡忡,同时还会伴随着相应的躯体反应。往往这种焦虑与周遭的环境或特定情境都没有关系,而是个体在面对事件时所表现出过度的焦虑担忧引起的。如对于学习生活而言,有些大学生会产生过度的烦恼和焦虑,会担心自己的身体健康问题,担心明天会不会出现意外,还会担心自己会不会挂科,担心自己的学习能力,担心与同学的关系等等,这种担心是自己难以控制的,是缺乏现实支撑的,总是忧心忡忡,难以忍受,但是却无法摆脱,还会出现过度警惕,自主神经功能亢进,并且时间持续至少 6 个月以上,易出现明显的躯体症状(如肌肉紧张、呼吸加速、易疲倦、睡眠混乱等等)和行为异常(如易激怒、易激惹、坐立不安、思维难以集中等等)。

广泛性焦虑障碍往往还会损伤个体的功能性,因为个体难以控制焦虑的情况,每天都会花太多时间在主观的担心焦虑上,对于自己的事情、学业、人际关系都不能集中注意力来专注并处理,所以在生活中遗留的问题会越来越多,反而会加重其焦虑情绪,使得情况更加复杂。

(二)惊恐障碍

与广泛性焦虑障碍中持续出现没有明确对象内容的焦虑不同,然而惊恐障碍更多突显的是一种突如其来、意料之外的凶猛惊恐体验感,并且开始持续地担心会再次发生的可能。惊恐发作是一种反复出现且没有预期的惊恐发作,与特定的情境无关。惊恐发作的起病快,终止也快,通常在持续几分钟或者 10 分钟内达到发作顶峰,随后逐渐消退。常表现为在某种情况下,突然而来的恐惧感,感到心悸、心脏剧烈跳动、恶心作呕、胸部压紧或胸闷胸痛、呼吸困难、气短、视物模糊、口干、手足或口周发麻、肌肉紧张、震颤或发抖、出汗、发晕或轻度头痛、潮热或寒战、感觉异常、惊恐万分,四处呼救,同时还可能伴有现实解体或人格解体,自主功能失调,对客观现实的主观灾难化解释、害怕失控感、发疯崩溃感,甚至还可能会体验到窒息感、濒死感,因此惊恐障碍是个体体验到一些突如其来的焦虑躯体的感受,并对这些躯体感受进行主观的灾难化解释。个体如果有经历过一次或者多次的惊恐发作后,会有持续性地担心体验到再次惊恐发作的情况出现,从而导致个体对自身的躯体健康过度地关注,担心并害怕会再次体验失控窒息感和濒死感,因此,个体会在日常生活中改变以往一贯的行为应对方式,常表现出选择主观安全性的回避行为应对方式(如避免剧烈运动,避免极具挑战性的游戏,外出活动得有人陪伴,随身携带缓解心脏的药物)。

(三)社交焦虑障碍

社交焦虑障碍是个体在社交的公众场合和人接触的过度恐惧,认为会被他人观察到自己,预先感到一种持续的非理性恐惧,并且会担心自己被他人审视或给予负性评价。然而像这样的被他人审视或给予负性评价对患有社交焦虑障碍的个体的感觉来说,是令人感到较为羞辱的、尴尬的、似乎感觉到自己看上去是很愚蠢的,或者是被消极地负性评价的。社交焦虑障碍的主要特性是个体常常会对一些社交公共场合(如聚会、在很多人面前发言、演讲甚至是结识陌生人)表现出过度的担心,紧张焦虑,个体往往会预期由于自己在这些公共场合表现不佳,担心害怕自己会做出令人难堪的行为,而遭到他人的笑话和他人的负性评价,因此个体为了不被恐惧控制,会主动躲避社交情景或回避一些主观认为可能存在公众监视的场合,另外还有些患有社交焦虑障碍的个体会选择忍受强烈的焦虑,导致明显的精神痛苦。当个体被迫参加某些无法逃避的社交场合时候,常常会表现出手心出汗、头部压迫感或头痛、面红耳赤、心悸、紧张焦虑、喉咙发涩发干、胃部下沉感、肌肉紧张感、身体颤抖或发冷发热、不自在等等情绪或躯体反应。因此有着社会焦虑障碍的个体,往往由于主观的过于担心和恐惧,回避的社交场合或忍受强烈的焦虑也会随之增多,会大大影响到其正常的社会功能发展。

(四)场所恐惧症

场所恐惧症是指个体在面对某些特定两种或者两种以上的场所中,所产生的异乎寻常的恐惧和紧张,而且还会出现自主神经症状。有些个体的惊恐发作是由场所恐惧症发展演变来的,但也有些场所恐惧症的个体从未出现过惊恐发作情况。场所恐惧症发病往往体现在某些特定环境的恐惧,如开放空间(如停车场或集市等)、封闭空间(如电影院或商店等)、公共交通工具(如公交车、飞机或火车等)、拥挤的人群中、独自离家等,因为个体在这些场所中,他们会担心自己难以逃脱,甚至是会担心出现惊恐发作后,得不到更为及时的帮助与救援,会使自己受到死亡的威胁。个体在这些场所常会出现呼吸困难、心慌、出汗、四肢无力、尿急尿频、颤抖、失控感、紧张、坐立不安、濒死感等,个体会担心若在这些场所中,无法逃脱到安全的地方,也担心会没有人帮助自己,所以个体会想尽办法,竭尽全力地回避出现在这些场所,严重的甚至不敢出门。有些场所恐惧症的个体还会与强迫、抑郁等问题情况共病。个体无论是预期将处在某些场所中,还是已经处于某些场所中,都会深深地触发个体的焦虑感,进而引发高强度的担心与恐惧。虽然个体也明明知道这种过度的焦虑反应是不合理的,但是难以控制这种持续的恐惧担心,因此为了避免在相应的场所出现过度的焦虑恐惧反应,个体会有意识地进行安全性主动回避相应的场所,以缓解场所恐惧症带来的情绪和行为反应。

(五)特定恐惧症

特定恐惧症是个体对某一特定对象或者某种特定情境所表现出过度的焦虑害怕与紧张恐惧感。个体在面对某特定对象或某种特定情境时,会表现出明显的心率加速加快、头晕脑涨、胸闷、呼吸困难、手脚发抖、冒虚汗、嘴唇发白等,甚至还可能会引发惊恐发作等现象。当然个体恐惧的内容可以是有生命或者无生命的,并可根据恐惧的对象或者情境的不同进行详细分类,如:①动物恐惧症的个体可能会害怕老鼠、猫、狗、蟑螂、蜘蛛、鸟、马、猴子、蛇和各种昆虫等动物;②自然环境恐惧症的个体可能会害怕污染物、高度、狂风暴雨、黑暗等，如恐高症的个体害怕站在高楼层，恐水症的个体害怕游泳，恐夜症的个体害怕黑暗的到来；③情景恐惧症的个体可能会害怕封闭的空间场所（如飞机、火车、电梯、封闭的密室等）、桥、隧道、公共交通工具，如幽闭恐惧症的个体可能会害怕在狭小的密闭空间里（如：坐飞机、乘坐电梯等）；④血液一注射一损伤恐惧症的个体可能会害怕血淋淋的场面、抽血、打针等；⑤其他恐惧症的个体可能会害怕死亡、性病、身体疾病（如癌症等等）或者导致哽噎或呕吐眩晕的情况等等，所以特定恐惧症是由某个特定的对象或者情境的出现，或者是对其出现的预期所引起的恐惧反应。个体为了减少与特定对象或情境的接触，更是为了能够避免体验到恐惧的感受，他们会特别积极主动地尽量逃避这些特定对象或情境，如不去触碰害怕的动物、不去高楼层、不坐飞机、不坐电梯等等，因此特定恐惧症的个体会很少寻求专业性的帮助。

第四节 强迫症

在日常生活中，我们都会有着注意卫生方面的问题、洗手的问题、排序的问题、检查的问题等等，因为我们的大脑会经常出现一些闯入性思维。闯入性思维是一种进入个体意识层面的想法，常常是毫无征兆地出现，是不受到人为的主观意识控制的。在很多人当中他们大多数的时候都会出现闯入性思维，只是这些闯入性思维会是一念之间，一闪而过，然而有部分人会反复纠结于这些闯入性思维，导致情绪陷入困境。所以说有些闯入性思维是可以让我们接受的，但有些闯入性思维却是令人难受的，比如，有时我们的大脑会突然闪过这样的想法："我刚出门时，门窗是否关好？""煤气罐是否也关了呢？""家里水龙头有没有关好，家会不会被水淹了"等等，大部分人出现这些闯入性思维的时候，是很快能够通过回想事情经过得到调整的，也不会花太多时间去关注，因此这些闯入性思维也很快从大脑中消失。但有一部人会紧紧抓着闯入性思维，并对闯入性思维进行自我认识体系的解释和评价，会令人特别难受，比如当触摸到门把手的时候，会想到门把手这么多人摸过，有很多细菌，我们再去触碰门把手，会不会被细菌入侵得病等等。当个体过度地强调闯入性思维或过度地关注闯入性思维，对闯入性思维进行灾难化、后果化的解释评价时，慢慢地闯入性思维也会转变成为强迫性思维。那么具有上述症状的个体到底是怎么了，请你先来看一下案例阅读。

一、案例阅读

欢欢(化名),20岁,大二,父母离异,与母亲生活在一起,母亲平时靠打散工零工维持生计,家庭经济一般。母亲是位洁癖者,家庭被收拾得一尘不染,欢欢在很小时候,母亲就开始要求欢欢,一进家门之前,必须进行全面消毒工作,脱的鞋子也得摆放整齐,紧接着赶紧把穿在室外的衣服换成家居服,母亲给欢欢进行说教的理由是人一整天都在外面,衣服都沾满了细菌,回到家后,人是属于放松的状态,若不及时处理,细菌随时都会入侵我们的身体里,身体就会生病。另外欢欢一旦出家门后,到任何场合,都尽可能地不要去触碰公共物品,即使触碰了,也要时不时对触碰到身体的地方消毒,所以欢欢的包里,一直都会存有一瓶消毒水。在过去的20年时间里,一直都是住在家里,可到了大学后,没办法只能住宿舍,突然住在集体宿舍,欢欢极为不适,她会觉得舍友很脏,回到寝室后,都没换家居服,就直接到床上坐着,欢欢看到这样的情境,全身都起鸡皮疙瘩。并且每当欢欢在洗衣服时候,都不允许舍友站在自己的身边,或者不允许舍友从自己身边经过,因为欢欢觉得,在洗衣服的时候,本身就是在清洗细菌,可舍友一旦出现在自己的附近,就会觉得舍友把细菌又传染给自己,接着欢欢就是不断地一遍又一遍地清洗衣服,即使单单洗两件衣服,都得花上两个小时。慢慢地舍友也觉得欢欢有毛病,欢欢也觉得舍友脏得不得了,相互之间关系降到了冰点,这使得欢欢的心情日趋痛苦和难受……

(一)案例讨论

(1)你认为欢欢的心理出了什么问题?她与舍友之间又出了什么问题呢?是什么原因导致欢欢这么痛苦和难受?

(2)如果你是欢欢的舍友,你会怎么看待自己的问题和欢欢的问题,并怎么处理和欢欢之间的人际矛盾呢?

(二)点评

欢欢的强迫思维和强迫行为影响到了她的日常生活,她对日常生活的解读出现了不合理化的一面,并且这些解读深深影响着她的行为,带来困扰,引发欢欢与舍友的矛盾加剧,如不及时干预,极大可能会引发后续一系列的问题出现,人际关系会更恶化。

二、何谓强迫症

强迫症是以强迫症状为主要临床表现，经常会表现出一种反复出现着不合理的想法、冲动、焦虑和担忧，并不得不通过反复的行为来抵挡抵消所担忧的危险，虽然明知道没必要，但是却控制不了，欲罢不能，也只有通过反复的行为才能够换来短暂的安心。强迫症的主要特点是在意识层面存在着自我强迫和自我反强迫的激烈共存斗争，意思是个体既体验到来自自我意识层面的想法和冲动，明知道这些想法和冲动的持续存在是不合理的、毫无意义的，但是这种想法和冲动虽是违背自我意愿的，却不能克制住反复出现，越是积极努力反抗抵制，越是让人感到抓狂与难受，因此就会形成无法控制但又想极力抵抗的两者斗争，这是极其使人痛苦的。

三、强迫症的主要类型

（一）强迫思维

强迫思维是具有持续性特点的反复的闯入性思维（包括想法和冲动等）。这些思维想法和冲动是令人痛苦的，是持续存在的，但又是难以控制或被消除的，它担忧未来的现实生活，却又是一种没必要的过度担忧。往往强迫性思维都是个人自己意识层面的，并不是周遭环境或他人执意插入的。比如有个别的个体上楼梯的时候，必须是三个台阶一起迈着上去，因为她一直的思维是觉得一生二，二生三，三生万物，如果一个台阶一个台阶上，那么她今天所有做的事情或付出的努力都将归零，因为她认为一个意味着回到原点，如果一步跨过三个台阶，则三生万物，她会觉得事情会越变越好。所以当她上楼梯的时候，头都是低着看楼梯，必须是三个台阶，如果忘记了迈出去是不是三个台阶时，大脑会不断地告诫自己，如果你不返回原点，重新按三个台阶的步伐来上楼梯，那么你今天将会过得很不顺利，于是她又重新回到楼梯的起点，不断地来回这么上楼梯，极其痛苦。常见的强迫性思维会表现为以下八个方面的内容：①怕被污染：怕细菌与病毒感染、怕灰尘、怕脏、怕清洁剂、怕化学物品或者怕其他污染物；②攻击：担心害怕会伤害到自己或者他人、害怕家人会遭到伤害甚至死亡或者自己做出自己无法控制的事情；③宗教：担心道德上会有犯错，或者是担心自己会冒犯到神明、亵渎神灵;④囤积:非常节约节省,认为身边的每样物品都相当重要,一直都舍不得丢掉,所以就会导致堆积超级多的没用东西;⑤精确或对称:东西要排列得非常精确地工整对齐,比如书柜或者书桌的纸张书本要排列极其对齐,几乎完美的精确平衡对称;⑥身体:过于强调在乎身体微恙或者是生理的疾病;⑦性:出现与性相关的想法,尤其是出现不合理的性思考或性画面,如对自己的小孩进行性侵犯的性思考或性画面;⑧其他令人难以接受和痛苦的思维:害怕丢掉东西或者是害怕说出某些事情就会导致不可预估的灾难发生、存在着迷信性的害怕等等。

(二)强迫行为

强迫行为是持续性的,并且不受控制地对强迫思维做出某些行为反应。当反复而强烈的强迫思维导致极度的冲突、痛苦不堪和焦虑不安时,通过进行某些行为才能够短暂地减轻这种焦虑不安感。比如在睡觉之前,强迫症的个体会有一套程序化顺序化的动作,鞋子要整齐放好,并且鞋子的鞋头要对向屋外方向,否则会感到紧张不安,睡不着觉。常见的强迫行为会表现为以下七个方面的内容:①强迫清洗:具有仪式化的清洗、反复消毒、过度使用手套、主动回避接触污染物的物品,或者强迫自己过度对自己的衣服和手脚及生活用品等进行反复清洗行为等等,比如每天自己不论是出门前还是回家后,或者是接触了任何东西,都要拿出消毒水反复从头到脚都消毒无数遍,认为外面的世界很脏,需要通过消毒水反复进行全面的消毒,自己才是安全的;②强迫检查:有的强迫症个体反复地检查自己是否会有伤害到自己甚至伤害到他人的行为,有的反复地检查自己是否有无法控制的行为冲动,有的不断地对煤气、门窗、空调、插座、电视等等是否关好进行来回不断地检查,有的还会对学习的作业、考试题或者文件等等资料进行反复地检查确认才能放心;③强迫重复仪式动作:强迫症的个体往往会出现重复一些对自己具有主观意义的强迫仪式动作,会把这些动作模式化及程序化,进而形成具有顺序的一种特殊主观性的仪式感动作,这些强迫重复仪式动作会表现在一些学习和日常生活的活动,比如遇到下雨天,在出门之前,重复整理自己的仪容仪貌,一定是化妆 7 次卸妆 6 次等等;④囤积:搜集,不断地囤积一些根本没什么用处的东西,但是从强迫症个体的角度看待,觉得囤积这些东西都是非常重要的;⑤整理或者排序:重复将一些物品以自己主观的想法,进行过度特定的整理或按顺序排列,比如重复将纸张书本等等物品,以一种主观的特定顺序,整齐地进行排列,并且绝对不允许弄乱顺序;⑥强迫计数:在学习和日常的生活中,会不受控制地重复开始计数,比如数台阶、数电线杆等数目较多的物品；⑦其他：重复问话、默默地默念一些个体主观认为的保护性话语、迷信的行为、反复测量或触摸。

虽然强迫性思维会引发个体相对比较强烈的情绪反应，但是为了减少或减轻强迫性思维带来的焦虑痛苦感，个体必须不断地重复采取相应的强迫性行为来应对，才能更好地缓解情绪反应，因此强迫症的个体都会有强迫性思维与其相对应而产生的强迫行为。有些强迫症个体明知强迫思维是没必要的，是不合理的，所以他们会非常努力地采取强迫行为来拼命克制或对抗强迫性思维，但是往往他们使用的强迫性行为是过度过量的。另外还会有些强迫症个体选择相信自己意识层面的强迫性思维可能为真实存在的，或者确实相信发生在自己身上的强迫性思维已为真实的，那么会表现出缺乏判断力或丧失自知力。

第五节　人格障碍

你是否有留意过，在生活圈当中，是否会存在着一些人总是与众不同，与大众格格不入呢？他们的与众格格不入，主要体现在他们在思考事情的思维方式上、处理事情的行为方式上，大家都会认为这个人出奇地“怪”，总是会给周围人带来烦恼和困惑。那么这样类型的人到底是怎么了，他们为什么会演变成大家口中的“怪”人呢？请你先来看一下案例阅读。

一、案例阅读

小麦（化名），18 岁的大一女生，在大学的生活里，舍友并不待见她，记得当时刚进入大学的时候，舍友觉得她人长得甜美，又很有礼貌，应该是一位很好相处的同学。可好景不长，入校不到一星期的时间，舍友却对她另眼相看，因为舍友都觉得小麦情绪不稳定，极像个不定时的炸弹，她情绪好的时候，特别地体贴人，也能够通情达理，但是你不知道她会什么时候情绪又突然间不好，如果以最快的速度来计算，情绪间的切换时间高达 2～3 秒，瞬间变脸，一天当中她都有可能在生气，或者三天两头就莫名地发大脾气，毫无预期，不可理喻，还常常出言不逊。小麦不单是如此对待舍友，也同样这样对待父母，有时开心，会主动给父母打电话，分享校园生活点滴，可是没多过一会，你就听到她在宿舍，朝着电话那头的父母大喊大叫，她也完全不会去理会,是在宿舍,也没考虑当时舍友是否在学习还是睡觉,反正她情绪上来那会,直接爆发,甚至有时还会大力地捶桌子,因此,舍友相当地痛苦和苦恼,并向辅导员反映了情况……

(一)案例讨论

(1)你认为小麦对待舍友和父母的态度是什么呢?小麦到底是有什么问题呢?

(2)生活中,你是否遇到这种类型的舍友呢?如果有遇到,你会怎么处理呢?

(二)点评

在大学生活中,最常见的是舍友的人际关系问题。从案例的故事中,我们可以看到,小麦的情绪犹如天气,变化莫测,常在焦虑、恼怒和兴奋中波动着,她的阴晴不定,让人摸不着头脑,这会使得她身边的人感到困惑和苦恼,逐渐也不想和她有太多的人际接触。

二、何谓人格障碍

人格结构是相对比较复杂的,影响人格的因素来自各个方面。从小到大,在人格的形成发展中,如果出现一些不良因素,在很大程度上会对人格产生不可磨灭的深远影响,有可能会导致人格方面的发展缺陷,甚至是逐渐发展成人格障碍。

人格障碍通常是由儿童或者青少年期逐渐发展演变而来的,是一种慢性的、难以改变的、不适应的、持久性的思维或行为模式,并形成了一贯反映个人的应对事情的异常行为模式。这些模式会有着明显偏离正常轨道的迹象,会严重地损害到一个人的社会交往,甚至与社会发生矛盾与冲突,造成对社会适应不良,给个人带来极大的痛苦难受感。人格障碍主要体现为意志行为和情绪动机这两大方面存在着显著的异常,能够使个体形成自己一套独特的行为应对模式。人格障碍开始于幼年期,定型于青春期,持续延至成年期,甚至延至终生结束。人格障碍易诱发精神疾病,甚至有些地方还与精神疾病有相似之处,但它并非功能性精神病,智力正常,无认知障碍,只是对于特定的情境不能做出适当的判断和情绪行为反应。

三、常见的人格障碍主要类型

(一)偏执型人格障碍

偏执型人格障碍的患病率是男性高于女性,多数发生在成年早期。偏执型人格障碍的主要特点是偏执与猜疑,具体体现在以下这几个方面:①心理高度敏感总是毫无理由,毫无根据地怀疑别人,认为别人都是有大概率要加害于他;②喜欢找别人要"加害"于他的隐藏动机和特殊意义;③对周遭的一切极度敏感,特别是对于伤害与羞辱耿耿于怀;④思想比较固执,行为比较死板,心胸狭隘,敏感多虑多疑,紧张,无幽默感;⑤妒忌心强,当看到别人获得荣誉或成就时会感到不安,喜欢计较个人得失,喜欢在背后挑事,说风凉话,甚至还会公开指责抱怨他人,有很强的攻击性,好夸大;⑥总是对于别人有着过高的要求,但是又很自卑,总是无端猜测,不容易轻易相信别人的动机,对他人缺乏信赖,觉得别人都是心存不良,喜欢在蛛丝马迹中寻找自己遭受别人不公平待遇的痕迹;⑦自命清高,自以为是,高估自己的能力,在学习工作上言过其实,喜欢把责任与失败归因于外因,自己不能为失败承担责任;⑧不能理性客观地分析局势,有问题时总是爱从个人的感情出发,易受个人主观情感驱使,较为主观片面;⑨常怀疑朋友或最亲近的人不忠于自己。

(二)分裂型人格障碍

分裂型人格障碍的个体以对生活缺乏热情、缺乏探索事物的兴趣、情感退缩冷漠、社会功能退缩、喜欢独自活动、沉默寡言、缺乏知己、极少表达自己内心的感受、过分沉浸于幻想之中。具体体现在以下这几个方面:①性格显著地被动内向,过分内向,社交退缩,我行我素,孤僻胆怯,自得其乐;②行为怪异、突兀,不修边幅,奇装异服;③言语表达意思不明确、不够清晰、结构松散,语言缺乏幽默感,用词不妥,易出现离题迹象,但这都不是智商障碍或者文化程度所导致的;④生活缺乏热情,待人缺乏体谅、缺乏体贴,缺乏热情和温柔体贴,对人情感冷漠,缺乏情感的交流体验,不在乎别人的看法,对于批评与表扬也漠不关心;⑤爱沉浸于幻想中,甚至会有一些奇异的信念(比如相信自己会有超能力,有特异功能等),有时还会思考一些毫无意义的事情(比如人为什么没有长犄角,人为什么要用嘴巴说话等等)。

(三)反社会型人格障碍

反社会性人格障碍是以背离社会规范,背离社会规章制度为主要特点。对人情感隔离、冷酷无情、缺乏同情心、缺乏关爱、缺乏骨肉亲情、缺乏内疚和罪恶感,常做一些不负责任的事情,还有冲动性行为,甚至还会做出违法乱纪的行为,在损害他人和社会之后并没有半点愧疚之心,并且屡教不改,反而会变本加厉地报复于社会。常表现为:①无视校纪校规,无视法律法规,常赌博、偷窃、打架斗殴、故意破坏公物,甚至会做出犯罪的行为;②常会欺负弱小、仗势凌人、抽烟酗酒、逃学、夜不归宿;③以谎欺骗为主,以便骗取利益,获得私利;④易激怒,常伴有冲动性的攻击行为;⑤缺乏社会伦理道德观念,缺乏社会责任感,缺乏明辨是非能力,缺乏善恶的判断能力,且不从失败或者犯错中吸取教训;⑥超强的自我为中心,极度的自私欲望,待人冷酷无情,常取乐于对别人做恶作剧,使得家人和身边的人都感到苦恼或悔恨;⑦对家人、亲朋好友和同学缺乏爱和责任心,难以和家人、亲朋好友和同学建立热情尽责、稳定持久的关系。

(四)表演型人格障碍

表演型人格障碍是以过度情绪化、极度夸大、心理发育不成熟和追求他人注意为主要特征。常表现为:①情感体验夸张而肤浅,爱发脾气,特别在意别人的赞美或注意,易感性做事,情感反应突变,喜怒形于色,而且面部表情过于丰富,肢体动作过于矫揉造作,希望能引起别人的注意和关心;②极强地以自我为中心,要求别人满足其要求和欲望,不满足时则表现出强大的不满;③极其地爱表现自己,浓妆艳抹,行为举止做作,过于夸张,想成为众人瞩目的焦点;④爱对别人撒娇,过分需要别人对自己赞美赞扬,喜欢被别人表扬,但是经受不起别人的批评指正,心胸狭窄,也比较任性,喜欢利用别人为自己服务,常以情感拿捏别人,作弄别人(比如以死相逼,达到目的才罢休),缺乏知心之交;⑤常常沉浸于幻想,爱慕虚荣,花大量的时间和金钱装饰自己,想方设法寻求关注度;⑥情绪不稳定,变化莫测,易激动;⑦喜欢寻求刺激,常会过度地参加各种社交活动,夸张地展现自己,有时喜欢挑逗别人,爱出风头,甚至会给人留下轻浮的感觉。

(五)自恋型人格障碍

自恋型人格障碍是以夸大自我价值感和成就感、缺乏对他人产生共振感为主要特点。常表现为:①毫无根据理由地夸大自己的能力和过往成就;②认为自己的想法有独特性,常幻想自己拥有权利、美貌和智慧,认为自己是不可多得的人才;③过于迷恋自己的美貌,生活的中心就是自己,最欣赏的人也是自己,过于自恋;④自尊心又强又脆弱,对于比自己能力强的人,他们会产生极大的妒忌,同时也过度关注别人的评价,要求别人持续关注和赞美自己,只有受到别人的表扬与敬佩,他们才会感到舒适,若受到别人的批评,则会恼羞成怒,但是会通过冷淡冷酷的外表来掩饰;⑤不符合逻辑地使劲夸大自己,不能做到将心比心,对别人不敏感,缺乏共情别人的情感能力;⑥期望自己能得到更多的特权感,期望自己能得到别人的特殊待遇,在人际关系交往方面,更多地注重利益的关系。

(六)边缘型人格障碍

边缘型人格障碍是以混乱而不稳定为主要特点,常情绪不稳定、自我意象不稳定、行为应对模式混乱、人际关系不稳特别是性关系混乱,并常伴随着冲动行为为特征,是一种比较复杂的人格障碍,他们更在意自己在别人心中的印象、自己的表现或在乎自己和别人的关系。常表现为:①人际关系常年紧张且不稳定,在极度贬低与极度理想化之间摆动,很难与别人保持一段稳定而长久的关系;②极度努力,是为了避免对想象或真实的抛弃而感到恐惧;③反复地发生自杀姿态或威胁、自残自杀行为;④身份紊乱,自我感觉与自我形象明显持续而不稳定;⑤不合时宜的极端愤怒或难以控制极端的愤怒;⑥情绪易过度反应且不稳定,对事情的感受过于激烈,易冲动;⑦长期感受到空虚无聊感,有时还会出现分离症状。

(七)回避型人格障碍

回避型人格障碍是以长期或全面回避人际关系,回避社交为主要特点,比较自卑,行为退缩,害怕在别人面前出窘相,总是夸大事情的潜在风险及困难,以达到退缩回避的效果。常表现为:①有很强烈的社交焦虑;②自尊心很低,恐惧被拒绝;③会尽可能地回避社交场合,即使回避不了,往往在社交场合上,也是很被动的;④害怕在社交场合被别人批评、否定、指责、拒绝,所以会尽其所能地回避涉及人际交往接触比较多的场合;⑤自我感觉无能,害怕被别人嘲笑,被指责,被羞辱。

(八)依赖型人格障碍

依赖型人格障碍是以缺乏独立性和不敢承担责任为主要特点。常表现为:①常感到自己无能、无助,将自己的需要依附于他人,依赖于别人做决定;②通过求助和依附他人来替自己分担生活中的一部分责任;③怕被人抛弃,所以会过分地顺从别人,在心理和生理都承受着侮辱;④不自信,觉得自己无能,需要大量陪伴;⑤难以独立做出选择,当要做决定做抉择时候,往往优柔寡断,焦虑不安;⑥难以自己独立开展一些事情,在独自面对新生活新环境时,总是感觉无助无奈;⑦若在一段密切关系结束时,急需迫切寻找下一段关系作为支撑。

(九)强迫型人格障碍

强迫型人格障碍是以严格要求、完美主义为主,他们以过度的谨小慎微、内心的不安全感及十全十美的标准来要求自己,常会对自己的生活与学习抱有不满,所以会感到焦虑紧张和非常苦恼。常表现为:①高度的自我关注,过强的责任感,过分谨慎刻板,比较拘谨,行为循规蹈矩,缺乏变通性;②做事之前反复计划,事后还会反复检查,但不厌其烦,学习效率低,做事小心翼翼,生怕出错,思维紧绷;③心理总是伴有不安全感,常处于焦虑紧张的状态,平时也常会有犹豫不决、优柔寡断的现象;④思虑过多,总是前怕螳螂后怕虎,对做事情没信心,总觉得会达不到要求,如果别人质疑,自己更感到焦躁不安,缺乏做事愉快和满足体验,较易自责和内疚悔恨;⑤无多余的业余爱好,喜好也不多,但有很多清规戒律,严守规则,处理事情比较有秩序,对于新事物接受慢,如果有突发事件的来临,会表现出慌乱,不知所措,紧张焦虑;⑥常坚持要求别人按照他的思维方式做事,否则会产生焦虑感、不安全感,会极不愉快。总之,强迫型人格障碍的个体会给人留下刻板、循规蹈矩、古板专制、固执迂腐、按部就班、缺乏灵活性、缺乏圆润变通的印象。

(十)冲动型人格障碍

冲动型人格障碍即攻击型人格障碍或者暴发型人格障碍,指个体的人格特征明显地偏离了正常现象,并且个体形成了独特冲动的应对行为模式,对人际关系和社会环境存在着显著的适应不良，甚至会与社会发生冲突，造成其社会功能的损伤，对自己、别人甚至社会来说，都会带来一定程度的伤害影响。这类型的人格障碍个体一般开始于幼年，青年期定性。常常表现为：①个体争强好胜，过分主观，情绪不稳定，易暴易怒；②个体爆发暴烈的冲动性行为，主要目的是获得心理上的满足感，而不是其他的目的，然而这些暴烈的冲动性行为往往是损人不利己的；③个体会因为微小的刺激就能引发极高强烈程度的暴怒情绪和冲动的破坏或暴力行为，且不考虑冲动的暴烈行为所带来的伤害性和危害性，往往自己也不能控制住自身的行为，即使试图有尝试多次努力地自我控制，均以失败告终；④个体强烈的爆发情绪和行为反应与客观的微小刺激之间出现明显的不相符、不对称的现象，严重的行为可能还会出现斗殴打架伤人等等，给自己或他人带来具有破坏性和伤害性，甚至是财产的损伤，也给社会带来一定的负面影响；⑤个体在爆发冲动行为之前体验到渐渐增强的兴奋紧张感，直到行为爆发；⑥个体在爆发冲动行为的过程当中，更多体验到了愉悦、开心放松等心理上的满足感；⑦个体在爆发冲动行为之后，体验到了放松释然，但又苦恼、自责和后悔，无法防止再次病情爆发；⑧当病情不发作时，一切都显得那么正常，也并没有攻击和冲动的迹象，但是一旦病情发作，所表现出来的种种迹象都与平时的表现判若两人；⑨工作与生活没计划、没目的，人际关系不能保持稳定，且很难有长久的朋友；⑩个体常与各种人格障碍、焦虑、抑郁共病。综上所述，冲动型人格障碍这些表现主要是主动攻击型。人格障碍还有另外一种表现形式为被动攻击型，它的主要特点是以显著的被动形式体现其暴烈攻击的对象。这类被动攻击型人格障碍的个体往往在表面上表现得很被动、对别人是绝对地百依百顺，显得相当地顺从，可其内心却充满了敌意、不满和攻击型。比如，即使看到对方的来电，故意不接听；在社交场合，故意迟到；故意拖延老师布置的作业；常常会故意拖延时间；故意暗地使坏或阻碍计划的进行；对于强烈的仇视心理和攻击倾向，不敢直接暴露于表面，内心虽满是抱怨，发牢骚，但心理又往往较为依赖威望高或具有权威的人。

第六节　精神分裂症

我们可能时常会听到别人说："这人是不是脑子有毛病"，"是不是精神有问题呢"，"是不是神经病啊"等等，那么什么是真正意义上的精神病性障碍呢？它是指神经系统混乱、不协调而产生各种精神类疾病，多以妄想幻觉、行为紊乱为主，思维、行为应对、情感和言语与社会环境出现异常不协调，可能还会伴有社会功能损伤等等。而精神分裂症是属于精神病性障碍里的一种疾病，也会对大学生群体产生影响。为了能更了解精神分裂症，请你先来看一下案例阅读。

一、案例阅读

小肖（化名），男，20 岁，在 1 年前无任何的原因及无任何的较为显著强度的刺激性事件缓慢起病，据他身边的老师和同学们反应，刚开始的时候只是表现为课堂上注意力不集中，老师发问对他发问时，沉默不语，没有眼神交流，针对问题的内容几乎回答不上来，经常性地发呆，无论是在教室还是在宿舍，都表现出不合群，还经常无缘无故觉得有同学在背后议论和评论他，觉得同学们都在挤兑、不待见他，同学们甚至还处处针对他，还觉得不论他在哪，同学们都会知道自己在干什么，因为老师和同学们已经在生活的各个角落都安装了摄像头，对他进行全面全方位地监控，让他自己无处可逃，无处可躲，还觉得周围的人有无数双眼睛都在盯着自己，以至于他平时走路只能低着头避开老师同学们，另外，他的情绪还极度不稳定，易怒，同学们稍微不注意一句话或者一个动作，都会引来他歇斯底里疯狂地叫吼，哭喊，到了后来慢慢发展为情感淡漠，行为退缩，不出门，不上课，不与人沟通交流，只是他自己会跟自己说话，自言自语，因为他觉得是有人在和他自己说话（注：实际上当时并没有人和他说话），他说自己的耳朵有一项特异功能可以隔空听到同学们在背后骂自己，评论自己做得不对等等，晚上几乎成宿不睡觉，坐在椅子上胡言乱语，说有同学在楼下叫板让自己去和他们打一架，闹得舍友都快崩溃了，同时他否认自己有病，觉得他自己很正常，更不会自己主动就医，于是舍友当时赶紧向辅导员反映情况，辅导员也赶紧联系其父母和校内心理老师，后来建议父母带小肖到精神专科医院进行相应的专业治疗。

（一）案例讨论

（1）生活中，你是否有遇到过类似情况的同学或者朋友呢？

（2）如果在校园里，你发现同学有出现类似的思维、情绪、行为反应和言语紊乱的症状，那么第一时间你会怎么处理呢？

（3）当你阅读完本案例之后，你的感受如何，有何想法呢？

(二)点评

小肖已经出现妄想和幻觉的症状,情绪不稳,思维破裂,行为异常,自知力不完整,社会功能有显著的损害,建议一定到专门的精神专科医院做详细的心理评估与治疗。

二、何谓精神分裂症

精神分裂症是一组以个性、行为、情感、思维等多方面出现扭曲,分裂障碍为主要特征一类精神疾病。精神分裂症通常起病于青壮年,起病慢,病程迁延。精神分裂症的精神活动与环境的不协调表现为:心理过程不协调(如情感倒错:认知过程和情感活动两者之间丧失协调,发生颠倒现象。例如开心喜悦的事却表现出悲伤;悲伤的事情却表现出异常开心兴奋等等)、心理过程缺乏联系性(如思维破裂:联想的内容之间缺乏内在联系性、缺乏逻辑性。例如说话前言不搭后语,语句不连贯等等)和心理活动的内外不协调(如幻觉:感受到的主观体验,没有客观事实为根源,缺乏真实的外界刺激,但个体却非常坚信其感受是来自真实的世界,是真实存在的。例如时不时会听到一些别人叫自己的声音,但实际上并没有人叫自己等等)。

三、精神分裂症的主要症状

(1)情感障碍:情感倒错,情感反应与客观事实不符合;情感淡漠,反应迟钝;常有情绪化,喜怒悲惧变化无常。

(2)思维障碍:思维脱离现实;联想散漫、词义曲解、语言之间缺乏联系,支离破碎;思维过程缺乏实际性,缺乏逻辑性。

(3)缺乏自知力:个体不承认自己病态表现,否认得病,不会主动就医,也拒绝反抗就医。

(4)幻觉和妄想:幻觉是无现实真实的刺激到感官下出现了的触觉、听觉、嗅觉等感觉体验,主要以幻听为主(如听到了并未真实发生的声音);妄想是一种不真实、不理性、不可能实现的错误信念(如被害妄想:总感觉有人要害自己,会在自己的饭菜里下毒;关系妄想:把周围与自己不相干的事物,都与自己扯上关系,联系在一起)。

四、常见的精神分裂症主要类型

(一)青春型精神分裂症

青春型精神分裂症与发病年龄有关,起病多在青春期。若发病年龄越早,起病会比较缓慢;反之若发病年龄越晚,起病会比较急骤,病程则发展得相当快速,在短时间内可达到严重期。常表现为行为、思维和情感障碍。行为障碍表现为动作迟缓、幼稚,傻笑、常做奇形怪状的鬼脸,性格孤僻,让人哭笑不得,接受不了;思维障碍表现为思维缺乏逻辑性,语句前后不连接,语言内容离奇,语言混乱,让人难以理解;情感障碍表现为显著的情绪化、喜怒无常,情感倒错,情感的表达与客观事实之间颠倒,时而怒、时而哭、时而笑,令人琢磨不够。另外可能还伴有幻觉和妄想。

(二)偏执型精神分裂症

偏执型精神分裂症是最常见的一种精神疾病,以妄想为主要症状,以被害妄想、关系妄想、妒忌妄想和疑病妄想形式呈现。起病年龄相对晚。常表现为病初期敏感多虑多疑,常觉得别人不信任自己,觉得别人经常在背后讨论自己长短,接着逐渐发展为妄想,甚至还严重到泛化。妄想的内容脱离现实世界,行为情感受到妄想的指使,常伴有幻觉、多惧、恐慌不安或行为怪异,易出现自伤或他伤的情况。

(三)紧张型精神分裂症

紧张型精神分裂症是一种较为少见的精神疾病,发病在青壮年期。常表现为个体不吃不喝,不说也不动,紧张性木僵,犹如木偶一般,可随意摆弄摇晃其身体,他却不做出反抗,但是他的意识状态仍处于清醒当中。一般情况是以木僵状态为主,但是有时也会突然间从木僵的状态转变成为异常的躁动亢奋,这时行为冲动、暴烈,甚至会做出伤人损坏物品的行为,最严重的时候亢奋暴烈行为可达到昼夜不息,但是以一般情况来看,数小时后可逐渐缓解,或者又进入木僵的状态。

(四)单纯型精神分裂症

单纯型精神分裂症发病在青少年期,病程发展相对缓慢,以生活散漫,活动减少,情感淡漠,动机不明显,妄想与幻觉相对也不明显为主要特征。常表现为早期发病阶段头昏脑涨、全身不适,注意力散漫,失眠,精神萎靡等等。后期发病阶段为性格逐渐改变,情感淡漠,懒散,孤僻,不与人社交,学习成绩下降,行为退缩而古怪,对任何东西均失去了兴趣,以致无法适应当下社会需要与日常生活,但是没有幻觉妄想等症状。无论是怎么样地不适应社会都好,单纯型精神分裂症的个体并不会对此而感到焦虑,得过且过,不会积极主动寻求帮助,更不会采取补救的措施,甚至对于外界对自己的评头论足,对自己的规劝与批评质疑,都毫不在乎,精神日益显著衰退。

家庭作业

一、名词解释

抑郁症、双相情感障碍、焦虑症、广泛性焦虑障碍、惊恐障碍、社交焦虑障碍、场所恐惧症、特定恐惧症、强迫症、强迫思维、强迫行为、人格障碍、偏执型人格障碍、分裂型人格障碍、反社会型人格障碍、表演型人格障碍、自恋型人格障碍、边缘型人格障碍、回避型人格障碍、依赖型人格障碍、强迫型人格障碍、精神分裂症、青春型精神分裂症、偏执型精神分裂症、紧张型精神分裂症、单纯型精神分裂症、躯体症状障碍、疾病焦虑障碍、创伤后应激障碍、适应障碍

二、简答题

1. 重度抑郁症需要满足哪些临床症状,才能确诊为重度抑郁症?
2. 抑郁症的临床表现有哪些?
3. 焦虑症的主要类型有哪些?
4. 惊恐障碍的主要表现有哪些?
5. 社交焦虑障碍的主要特性是什么?
6. 场所恐惧症常见的发病场合有哪些?
7. 特定恐惧症有哪些分类?

8. 强迫症的主要类型有哪些?
9. 常见的人格障碍主要类型有哪些?
10. 偏执型人格障碍具体表现在哪些方面?
11. 分裂型人格障碍具体表现在哪些方面?
12. 反社会型人格障碍具体表现在哪些方面?
13. 表演型人格障碍具体表现在哪些方面?
14. 自恋型人格障碍具体表现在哪些方面?
15. 边缘型人格障碍具体表现在哪些方面?
16. 回避型人格障碍具体表现在哪些方面?
17. 依赖型人格障碍具体表现在哪些方面?
18. 强迫型人格障碍具体表现在哪些方面?
19. 精神分裂症的主要症状有哪些?
20. 常见的精神分裂症主要类型有哪些?
21. 青春型精神分裂症具体表现在哪些方面?
22. 偏执型精神分裂症具体表现在哪些方面?
23. 紧张型精神分裂症具体表现在哪些方面?
24. 单纯型精神分裂症具体表现在哪些方面?

第三章　学习记录你的情绪体验

在平凡的生活当中，我们每个人都会对客观发生的事件产生不同的主观情绪体验。我们的日常活动，都会伴随着一些情绪体验，而情绪是我们心底最原始的心理诉求，它每分每秒都在影响着我们的内心感受体验。所以情绪与我们每个人的生活状态、人际交往、学习等等都有着显著的密切关系。

第一节　记录情绪的重要性

一、情绪的重要性

大学生目前处于青年期、心理断乳期，心理方面尚未完全成熟，总是在依赖与独立之间矛盾着，想得到真正意义上的独立，但是又没足够的能力，外加上学习、择业就业、感情、人际关系、实践活动等等压力，会导致大学生有着显著性的情绪变化，较易情绪高涨、兴奋，反之也较易产生焦虑、抑郁、愤怒等等消极的负性情绪体验。在这种负性情绪体验的催促下，大学生可能还会做出一些不理智、负性的行为，比如当大学生对学习产生焦虑时，心跳加速，手脚发抖，总是担心同学的成绩会超过自己，以至于更不能静下心来学习，甚至有可能会逃课，打游戏回避学习等；当大学生对学习产生抑郁时，夜不能寐，食欲大减，看待事情会越来越消极，只想摆烂，躺在床上什么都不想动，什么都不想做；当大学生与同学发生矛盾，特别生气时候，有可能会口水相向，拳脚相踢等等。另外情绪对有些心理疾病有着影响，如焦虑症、抑郁症、强迫症、精神分裂症等等。因此我们每一位大学生都应该关注自己的情绪变化体验，这是我们必须具备的一项本领技能。如果我们失去了关于情绪体验的轨迹，那么意味着我们有可能会做出一些出格的行为，可能会失控等等，影响着大学生的身心健康，影响着其未来的发展。可见情绪犹如水，既能载舟又能覆舟。

情绪除了能够影响到大学生的心理健康之外，还与我们的生理健康有着显著地密切相关。现代医学认为情绪影响着大众的大多数身体疾病，如果我们长期处在焦虑不安的情绪状态，我们的神经和器官组织也都会处在一个焦虑紧张的活动状态，总觉得危险即将会来临，久之也会造成生理组织功能混乱。比如，常常脾气火暴、易激怒、易激惹的个体比脾气温和、平缓的人患高血压的概率会更高。当个体的情绪出现激怒的时候，血管会收缩、血流会加快、血压会升高、呼吸会急促、面红耳赤等等，这对我们的身体具有一定的伤害。

因此大学生学会管理好自己的情绪尤为重要，但是在学习管理情绪之前，先要认识情绪；认识情绪之前，先要学会记录好情绪体验，才能让大学生在基于记录情绪体验的前提下，做到提高情绪的觉察力，进而提高更好地认识和管理调节情绪的能力，才能让其情绪扬帆起航，获得大学生美好生活的续航动力。

二、学习记录你的情绪体验的好处

为什么我们要监测并记录情绪体验呢？因为在我们的学习和日常生活中，我们的每一个情境或行为应对方式都会有着不同的情绪体验，一个又一个不同的情境或行为应对方式组合在一起，就可以构成属于自己的生活经验方式和应对问题的模式，一个又一个有效的经验或应对模式又可以快速更好地解决现实问题，有效地解决现实问题的方法方式又可以形成自己的思维模式，所以无论在什么样的学习和现实生活当中，我们都应首当其冲地学会怎么去监测记录我们的情绪体验。能够做到有规律地坚持地通过数据形式记录情绪体验好处是非常多的，我们来看下，好处具体体现在哪些方面？

(1)个体在监测并记录的过程中，个体是可以认识到自己情绪发展的过程的，可以看得清自己情绪的走向。以数据形式记录的情绪体验，是可以进一步加深我们大脑的记忆的，因为在记录的过程当中，对监测的情绪进行意识层面的重新整理、思考的过程，可以让我们更为清晰地了解到我们情绪的走向。

(2)个体在监测并记录的过程中，可以培养个体的反思与行动，可以反思自己的情绪问题，转变自己的行动，促进自己更好地发展。监测情绪，以数据形式记录，相对于大脑的记忆而言，不论是从真实性方面还是从客观性方面，都更有保证性，也更不容易随着时间的流逝而消退。

(3)个体在长期的监测记录情绪体验时，可以从记录的曲线中寻找规律。监测记录情绪体验的变化，可以使我们自己更为了解我们的情绪状态，并且可以根据情绪状态，及时做出调整。比如我们可以监测到每一周里面我们的情绪状态如何，那么在这一周里，我曾经做过哪些事情，做过哪些努力呢？并且我们还可以了解到当我们情绪状态抑郁时，我们一般都在做些什么呢？当我们情绪焦虑时，我们最常做些什么呢？还是什么都没做呢？当时还出现了哪些症状呢等等。接着我们都可以根据这些情绪状态，从情绪下手，及时调整自己。随着时间的推移，我们会清晰地看到虽然我们的情绪波动仍然存在，但我们会发现也许自己的情绪在总体上是得到提升的，因为我们在监测记录情绪体验的过程中，不断对比过去自己的情绪，不断总结，并培养出积极的行为应对经历，所以，检测记录情绪体验是可以让个体体验情绪，回到当下过去一周，并对比之前其他的时间段，来做对比。

(4)通过个体对情绪体验的监测和记录，可以提升个体对监测记录情绪体验的认知意识，能够逐步改善自己的监测记录的方法，增强自己的监测记录行为，从而自己更为客观地了解自己的情绪，了解到自己的变化。

(5)通过个体对情绪体验的监测和记录，可以增加自己对抑郁、焦虑或其他负性情绪的掌控感、确认感。当个体长期处于抑郁、焦虑或其他负性情绪体验时，往往会让他们感到无法控制和掌控自己的情绪，似乎这些负性情绪是个老顽固、老顽疾，无论自己如何努力都无济于事，时间拖得越长，越容易体验并获得习得性无力感。也会令个体觉得自己就是这些负性情绪的痛苦体验的接盘者、受害者。那么自己得先学会去观察自己的情绪，学会去记录自己的情绪，这是能够获得真正掌握情绪的第一步，在接下来的第四章和第六章当中，你将学习到如何识别与评估自己的情绪，并且学习到你自己是怎么应对，又会出现哪些结果等等。所以你要做情绪的主人，必须先学会监测和记录自己的情绪体验，通过坚持地对情绪体验进行监测和记录，你将观察到抑郁、焦虑或其他负性情绪体验在何时何地何人物何事件的情境之下出现的，也只有这样的监测记录情绪体验，你才能更了解维持和加重抑郁、焦虑或其他负性情绪的诱发因素是什么，对他们进行了解后，你才能做到知己知彼百战百胜，你才能感觉到自己也能控制自己的情绪体验，体会到自己才是自己情绪真正的主人，真正的管理者，而非沦为负性情绪的奴隶者。总之，学习本书的知识点后，你可以通过认识行为疗法识别出抑郁、焦虑或其他负性情绪体验发作的特定诱发因素，可以增加增强你对负性情绪的掌握感和掌控感。但是有的时候你也会面临着不易发觉特定诱发因素的线索，是因为它可能很隐蔽，难以被你们侦查识别出来，另外还可能是你已经习惯了一向以来的应对模式,形成了自动化,使你不易发觉特定的诱发因素,因此你要做好坚持以数据形式监测并记录情绪体验,也可以帮助你能够识别痛苦难受的诱发因素。

(6)通过个体的监测和记录,可以使你自己认识到情境、思维、行为和感受是如何影响到抑郁、焦虑或其他负性情绪的情绪体验。因为本书的主要目的是了解并运用认识行为疗法来帮助你们(大学生们)能够自己识别情境、思维、情绪和躯体反应或行为的哪些方面是导致你痛苦难受,紧张不安的呢,并且还会教你们一些认知行为的新技术来应对你的这些负性情绪体验。那么很显然,如果你坚持监测并记录你的情绪体验,你就能知道自己在想什么,做什么,感受到了什么,能过帮助你们更好地捋清楚情境、思维、情绪和躯体反应或行为之间的关系,更好地帮助你们应对学习与日常生活。

(7)通过个体的监测和记录,可以使我们获得更多准确的信息。如果你们坚持以数据形式监测并记录情绪体验的话,那么你将获得更为客观科学性的数据。如果只是让你谈谈过去一周你对生活的感受如何的时候,或许你能够记住更多的是那些糟糕、不良的情绪体验,因为当你经历事件给你带来的负性情绪体验时候,你往往会记住这些感受,往往会放大这些情绪,就会觉得自己过去的一周都是被这些不良情绪所主导,自己就是不良情绪的受虐者,也会让你觉得为什么受伤的总是我等等。其实在过去一周的生活当中,除了负性情绪,或许你还经历了一些短暂的美好时光,只是你更为关注自己的受挫受伤经历,更为关注抑郁、焦虑或负性情绪的遭受次数,这些糟糕的经历和负性情绪都已经差不多占满了你的大脑,这样反而会增加你体验到负性情绪的强度会越来越强,越来越发酵,相对于短暂、强度比较低的美好时光,显得微不足道,不值得一提,基于以上这点,你更应该学会坚持用数据形式的记录方式来记录情绪的轨迹,让你更为了解地认识到自己情绪的波动状态,也会看到其实生活并没有想象中那么糟糕,那么无助。通过坚持以数据形式监测并记录情绪体验,你可以更真实地更科学地看到自己过去一周情绪的体验,这会让你增加掌控感,减少不确定性的负性情绪体验带来的痛苦。

综上,有人不禁要问,当他们在坚持持续地记录自己的抑郁、焦虑或其他负性情绪的时候,很容易会让他们感觉到更痛苦或者更糟糕,甚至是更担心会无法控制住这种感受,该怎么办呢?那么现在让我们来总结一下监测记录情绪体验的方法的要点,其实监测记录情绪体验的方法,总的来说可以分为两种类型,分别为主观监测记录和客观监测记录。

主观监测是指你的抑郁焦虑情况如何,它们对你的生活造成何种程度的影响,你感觉自己的情绪如何等等这些问题,这些问题会让你深陷入情绪的周旋之中，深陷入负性情绪带来的伤害之中，你会越发觉得自己无法控制这些抑郁、焦虑或其他的负性情绪，而且它们会让你感觉到自己有多么痛苦，生活有多么糟糕，因为这是你一直深陷入自我的感性认知当中了，没能做到抽身出来客观地看待自己的负性情绪。

客观监测是指以一种比较理性的方式来进行监测和记录。简而言之即自己能够抽身出负性情绪之外，不夹杂任何的评估感受或评价，只是客观地记录在过去一周时间里，你的抑郁、焦虑或其他负性情绪有出现过多少次，出现这些负性情绪之前，到底或者是你听到了什么，还是看到了什么，甚至是在你身上发生了什么事情，以及你在当时当下是如何应对的，说白了，就是在了解认识你当时处于什么样的情境，有何想法，躯体反应或者行为的应对。所以客观监测，你仅仅是需要监测记录引发情绪的事实，发生的次数，而不是你对情绪体验所做出的评估或评价。

可能刚开始监测并记录情绪体验时候，强烈要求自己从主观监测转化到客观监测，或许会存在困难，毕竟这么多年以来，主观监测一直是你们首选记录方式，一下子要从主观监测转为客观监测的记录方式也是需要时间，需要勇气来做出改变的。可慢慢地你会发现，通过不断地强化练习，你会越来越适应，越来越倾向于选择客观监测了，因为主观监测会让你更为关注到自己的痛苦感觉，加大情感的评估评价，会使你更为痛苦难受，而客观监测是使用表格、量表等方式来记录你的客观信息，而不是记录你的评估评价，所以你会越来越青睐于客观监测的方法。另外当你再次有痛苦的感受时候，当你再次觉得自己很悲催、很失败时候，你的客观记录数据会显示出其实你已经在不断慢慢变好了，你已经发生了改变，就这么一次不良的感受，并不能击垮你的，所以用客观监测的数据说话，更具有说服力，你也就不会深陷情绪的旋涡之中了，而是成为自己的客观观察者，成为情绪的主人，甚至成为自己的治疗师了。

第二节　如何记录你的情绪体验

一、常见的记录情绪体验的方式

体验是指个体获得对有生命或者无生命的事物最为现实的、最为真实的内心感受，并且个体还可以随时随地回想起曾经自己的经历历程，甚至或许可以对将来有所预感。那么情绪体验是指个体较为主观地意识或感受到自己的情绪状态。在日常的生活中,我们每天都有着情绪,都可以随时随地记录着情绪体验,不同的个体他们所倾向记录情绪体验的方式有所不同。那么可通过记录情绪体验的方式,记录着自己情绪的变化过程,分析原因,才能有效地应对负性情绪体验,更好地管理自己情绪,那么大学生们最常运用记录情绪体验的方式有以下几种。

(一)书写日记形式记录

书写日记是指用笔和本子记录生活内容的载体,尤其可以记录每个人思维过程、行为应对方式和内心感受的情绪体验。书写日记是一种比较传统式的记录情绪体验的方式,日记的内容素材来源于我们对生活的观察,可以使用不同的文体,用书写文字的方式记录着生活情景,记录着引发情绪的事件,并记录着当时当下的内心感受和情绪体验。比如一位叫小巧的大二女大学生,在她的文字版的日记里记录着她的抑郁情绪体验:“班级里最后一次大学英语4级模拟考成绩出来了,我还是稳稳地躺平在不及格线,这两个月以来的英语4级模拟考,从未及格过,说明在这两个月的时间里,无论我怎么学习,怎么背单词、听听力、做阅读,背英语模板等等,都是白费心机、劳而无功的脑力活,这么多次的大学英语模拟考都没过一次,更何况还要真正地上考场考试呢,我这次的大学英语四级指定过不了。我真是太笨了,太失败了,我会成为别人眼中的笑柄,太苦恼,太没意思了。”可以看得出,小巧同学能够用文字的形式来记录着自己对于生活的感受和情绪体验,给生活留下当下的情绪足迹。

(二)图画形式记录

个体以画笔画本为工具,利用图画构图形式,利用图画的造型设计,利用图画色彩的方式来勾画并填图各式各样的生活历程,记录着自己的情绪体验。图画形式是另一种可以记录情绪体验的表达方式,可以把生活经历的形形色色的事件通过图画的内容、图画的形状、添加的绘画颜色,表达自己的内心世界和情绪体验。特别是有些大学生不是很喜欢留下文字的证据,怕被别人发现自己的情绪秘密,所以他们会使用艺术式图画的形式来表达自己内心的感受,表达自己的情绪,绘画出一幅只属于自己秘密的专门情绪体验。

（三）网络形式记录

随着时代的进步，科技的迅速发展提升，电脑、手机或者平板电子设备，已经走进千家万户，成为大众日常生活当中的不可缺少的必需品，它们也在不断地改善并提升着人民的生活质量。大学生们更是与时俱进，利用网络平台记录自己的情绪体验也是一种新时代的方式。大学生们会玩转各种软件，各种 App，他们最常使用微信、微博、抖音、快手等科技软件平台，记录自己的情绪体验。大学生们可以通过网络平台（如微信、微博、抖音、快手等等）记录情绪说说，更是可以通过短视频形式记录，并且可以选择把内容公开或者不公开，可设为所有朋友可见、好友可见、部分朋友不可见，甚至可以设为私密日记或私密视频。所以网络式记录的方式形式多彩多样，大学生可以选择自己比较倾向、比较喜欢的网络平台记录自己的情绪体验。

（四）数据形式记录

虽然书写日记形式、图画形式网络形式都能记录下情绪体验，但是这三种方式大多数会使你在每每看到这些作品时，勾起你过去一周的时间内对生活事件的负性回忆，使你更关注你的抑郁、焦虑或其他负性情绪体验的持续性，更加会放大你的负性情绪，增加和强化自己一直认为生活真的很糟糕、命运真的很不公、自己真的很悲催的情绪体验，而忽略曾经也有过相对美好的体验。同时也会使你更加关注抑郁、焦虑或其他负性情绪体验的发生的频率，而忽略了每次的负性情绪体验的感觉或许也是有所不同的，更容易忽略了自己与负性情绪的搏斗其实也是有着一点效果的，只是相对于自己放大的负性情绪的强度而已，自己的努力成效有点小，而被直接忽视忽略掉了。因此本章将重点教给大学生们另外一项监测记录负性情绪体验的方法，这种监测记录方法是以数据形式的方式呈现。用数据化方式，可以让大学们一目了然自己在过去一周或者两周、甚至更早前，自己的抑郁、焦虑或者其他的负性情绪体验的变化过程，是否有所缓解，还是越来越糟糕呢？使用数据说话会代替认知的片面性，更有理有据，更有说服力，更能被简单明了地理解，也更能为大学生们的今后情绪提供更有价值的决策支持。数据形式记录是通过坚持记录过去一周中自己的焦虑程度水平量表和抑郁程度水平量表，并把统计数据填在情绪记录表格中，以便达到监测自己的情绪体验的目的。

二、监测记录情绪体验的内容

在本章,将向你介绍有关监测记录情绪体验内容所使用专门的特定量表和进展程度记录表。我们选定了在所有的负性情绪中影响大学生最深远、最普遍,同时也是最常见的情绪状态(抑郁状态量表、焦虑状态量表和愤怒状态量表)来作为监测和记录大学生情绪体验的内容。记录在过去一周的时间当中,你出现抑郁、焦虑和愤怒的频率有多高,抑郁、焦虑和愤怒的强度如何,以及它们干扰到你的学习和日常生活的程度如何,另外你还可以从这些得分在进展程度记录表中,看出你自己的情绪体验状态如何,看到你自己的改变对情绪体验的影响,还能看到你自己的努力是会有所收获的。

第一个量表是抑郁水平量表,该量表是由六个有关抑郁与沮丧的问题所构成,关注的是有关抑郁的情绪体验。第二个量表是焦虑水平量表,该量表是由六个有关焦虑与害怕的问题所构成,关注的是有关焦虑的体验。第三个量表是愤怒水平量表,该量表是由六个有关愤怒和暴躁的问题所构成,关注的是有关愤怒的体验。在测量表的时候,你都得根据自己过去一周最真实的感受体验,在相对应的题目上圈出与你的感受体验最能表达、最符合的数字,紧接着根据每个量表的你所圈出的题目得出得分相加的总和,这个量表的总和分,代表有关该量表所体现的情绪状态。最后,你得根据每个量表的总和分,把每个总和分标在进展程度记录表上(进展程度记录如表 3.1 所示)。

当你能够每周从抑郁水平量表、焦虑水平量表和愤怒水平量表上汇总信息,并把这些信息的得分标在每周的进展程度记录表上,这些进展程度记录表记录总结着你的情绪体验表现,那么你轻易可以在进展程度记录表上看到你自己在于某个时间段,甚至是更长的时间段当中的进展变化。特别是如果你能够每一周都坚持记录着你的情绪体验进展,那么这是能够帮助你不断进步、不断可以掌握自己情绪的好办法。如果你感觉到自己本周的情绪体验不比上周的情绪状态好,本周会让你感到特别不舒心、不顺心的时候,这时你可以拿出进展程度记录表来观看下,也许你会看到曾经美好的生活时光,看到曾经的自己,其实自己的生活并没有想象当中那么沮丧,那么你可以再坚持一下,再勇敢一点,继续做监测记录情绪体验,继续挑战自己,挑战生活,继续前进,那么胜利的曙光会离你越来越近,因为风雨过后总会见到彩虹。

本章的最后会给出三个情绪水平的量表(抑郁水平量表、焦虑水平量表、愤怒水平量表）和一个进展程度记录表。其中进展程度记录表包含着四大方面的内容，横轴代表每周的数字（即第几周）；纵轴分别代表抑郁水平的总得分、焦虑水平的总得分、愤怒水平的总得分。如果你想更为色彩化，更为美观，你可以根据自己的喜好，把每种情绪水平，使用一种相对应的颜色来代表。另外在这需要提示的一点是，绝大多数的人的进展程度记录表上所呈现出来的线条一般都是曲线，有起有伏的，一般不会是一条直线，因为绝大多数的人的情绪随着时间、场合、人物和发生的事件都会引起不同的情绪体验，所以一般来说都是有高有低，有起有伏的曲线。

个体对本章上的三个情绪水平的量表（抑郁水平量表、焦虑水平量表、愤怒水平量表）进行测量时候，可以用铅笔作答，待第二次测量之前，可以先擦掉之前的答案，再继续使用，以此类推，最后算出每个量表的总得分，再把总得分记录在进展程度记录表上或者还可以直接把每道题的测量结果另写在草稿纸上，紧接着再算每个量表的总得分，最后再把总得分记录在进展程度记录表上。那么关于一个进展程度记录表，你都可以复印出来，自己做监测记录，帮助你可以从进展程度记录表总体上看到自己的情绪体验状态的进展，看到你的积极努力后，能够真正做到一个掌握自己情绪的主人翁。

家庭作业

一、名词解释

体验、情绪体验、主观监测、客观监测

二、判断题

1. 当提问使用“最近你感觉如何”的问话方式，是属于客观监测的方法？
2. 客观监测是属于你对情绪体验进行评估或者评价？
3. 客观监测可以使你记录下情绪体验的证据和事实？
4. 主观监测会使你更加关注你对负性情绪体验的糟糕感、无助感？
5. 进展情况记录一般情况下是一条直线。

（参考答案：1. 错；2. 错；3. 对；4. 对；5. 错）

三、简答题

1. 学习记录你的情绪体验有哪些好处呢?
2. 常见的记录情绪体验的方式有哪些呢?
3. 监测记录情绪体验的内容有哪些呢?

四、实践练习

1. 从现在开始使用抑郁水平量表、焦虑水平量表和愤怒水平量表来对你的情绪体验进行每周的监测。通过使用这些量表可以使你习惯性地监测记录你自己在过去一周里抑郁、焦虑、愤怒的负性情绪,能够体验到这些负性情绪的频率有多少,强度水平有多少以及对你的学习、日常生活是否造成多大程度的干扰。

2. 分别把每周的抑郁水平量表、焦虑水平量表和愤怒水平量表的总得分记录在进展程度记录表中。

3. 使用一个专门的文件盒保管好自己的进展程度记录表,以便于日后你可以随时查看过往情绪的记录。

附 1:抑郁水平量表

以下的题目是关于对抑郁情况进行测试了解的,请你基于自己的实际发生情况,把符合你在上周的情绪体验的数字画圈起来。

1. 在上周的时间里,你自己感受到抑郁的概率有多高?

(0)代表从不感到抑郁。在上周的时间里,丝毫没有感受到抑郁。

(1)代表偶尔感到抑郁。在上周的时间里,极少会感受到抑郁。

(2)代表有时感到抑郁。在上周的时间里,一半时间感受到抑郁。

(3)代表经常感到抑郁。在上周的时间里,大多数的时间都感受到抑郁。

(4)代表总是感到抑郁。在上周的时间里,一直都感受到抑郁。

2. 在上周的时间里,你感受到抑郁的强烈程度有多高?

(0)代表从不抑郁。没有抑郁的症状。

(1)代表轻度抑郁。感受到抑郁强度较低。

(2)代表中度抑郁。有时会感受到抑郁的强烈程度。

(3)代表重度抑郁。绝大部分时间抑郁的强烈程度都很高,感到情绪超级低落，无故感到疲劳。

(4)代表极度抑郁。一直都感受到抑郁的强烈程度极度强烈，已经被抑郁弄得崩溃，觉得生活没意思，甚至有轻生的举动。

3. 在上周的时间里，你是否因为抑郁而感到话语越来越少或对平时喜欢的事物也提不起兴趣？

(0)代表从不。我并没有因为抑郁而话语越来越少或对平时喜欢的事物也提不起兴趣。

(1)代表偶尔。我偶尔因为抑郁而感到话语越来越少或对平时喜欢的事物也提不起兴趣。我的日常生活方式并没有因此而受到丝毫的影响。

(2)代表有时。我有时会因为抑郁而感到话语越来越少或对平时喜欢的事物也提不起兴趣。我的日常生活方式会受到比较小的影响。

(3)代表经常。我常常会因为抑郁而感到话语越来越少或对平时喜欢的事物也提不起兴趣。由于常常不太想说话或无法对平时喜欢的事物提不起兴趣，已经对我的日常生活方式发生了比较大的改变。

(4)代表总是。我总是因为抑郁而不想说话或平时喜欢的事物也完全提不起兴趣，这对于我的日常生活方式也受到了极大的影响，不想说话，更是不去参与以前感兴趣的事物了。

4. 在上周的时间里，你的抑郁对你的食欲或睡眠造成多大程度的干扰呢？

(0)代表从不干扰。我的抑郁从未对我的食欲或睡眠造成干扰。

(1)代表轻度干扰。我的抑郁只是对我的食欲或睡眠造成轻微的干扰，虽然也会使我偶尔会食欲不佳或偶尔入睡困难，但是总体上我完成正常的一日三餐或一觉到天亮。

(2)代表中度干扰。我的抑郁对我的食欲或睡眠有时会造成干扰，我还是可以完成饭点吃饭或睡觉，但是已经不像之前那样有胃口或睡眠很沉。

(3)代表重度干扰。我的抑郁给我的食欲或睡眠造成很大的影响，我常常只是可以吃下一点东西或眯一会，大多数的时候都是吃不下饭或睡不着觉。

(4)代表极度干扰。我的抑郁已经完全干扰到我的食欲或睡眠了，我已经完全不想吃任何东西或睡不着了，甚至连续几天都不吃饭或不睡觉。

5. 在上周的时间里，你的抑郁对你在学习生活上造成多大程度的干扰呢？

(0)代表从不干扰。我的抑郁从未对我的学习生活造成干扰。

(1)代表轻度干扰。我的抑郁只是对我的学习生活造成轻微的干扰，虽然这样会使我的学习生活有一定的困难，但是还是可以完成该完成的学习生活。

(2)代表中度干扰。我的抑郁对我的学习生活有时会造成干扰,我大多数的学习生活任务是可以完成,但是完成的情况并不像以前那样好了。

(3)代表重度干扰。我的抑郁给我的学习生活造成很大的影响,我常常可以完成一些学习生活任务,但是大多数的学习生活任务仍没法完成,很显然,我的学习生活受到了很大程度的干扰。

(4)代表极度干扰。我的抑郁已经完全干扰到我的学习生活了,使我无法完成所有的学习生活任务,甚至严重到休学或辍学。

6. 在上周的时间里,你的抑郁对你的人际交往造成多大程度的干扰呢?

(0)代表从不干扰。我的抑郁从未对我的人际交往造成干扰。

(1)代表轻度干扰。我的抑郁只是对我的人际交往造成轻微的干扰,我还是愿意和好多同学和朋友一起参与日常的社交活动,总体上我的人际交往还是令人满意。

(2)代表中度干扰。我的抑郁对我的人际交往有时会造成干扰,虽然还保持着一些较为友好的人际关系,我只是有时会社交,但我已经不会像之前那样花特别多时间与别人维系关系。

(3)代表重度干扰。我的抑郁给我的人际交往造成很大的影响,我常常会不喜欢人际交往的场合和活动,很少和好友同学来往。

(4)代表极度干扰。我的抑郁已经完全对我的人际交往造成特别显著地干扰。我的人际关系已经完全受到了影响,混乱,甚至人际关系紧张到破裂。

附 2:焦虑水平量表

以下的题目是关于对焦虑情况进行测试了解的,请你基于自己的实际发生情况,把符合你在上周的情绪体验的数字画圈起来。

1. 在上周的时间里,你自己感受到焦虑的概率有多高?

(0)代表从不感到焦虑。在上周的时间里,丝毫没有感受到焦虑。

(1)代表偶尔感到焦虑。在上周的时间里,极少会感受到焦虑。

(2)代表有时感到焦虑。在上周的时间里,一半时间感受到焦虑。

(3)代表经常感到焦虑。在上周的时间里,大多数的时间都感受到焦虑。

(4)代表总是感到焦虑。在上周的时间里,一直都感受到焦虑。

2. 在上周的时间里,你感受到焦虑的强烈程度有多高?

(0)代表从不焦虑。没有焦虑的症状。

(1)代表轻度焦虑。感受到焦虑强度较低。

(2)代表中度焦虑。有时会感受到焦虑的强烈程度。

(3)代表重度焦虑。绝大部分时间焦虑的强烈程度都很高，感到情绪超级低落，无故感到疲劳。

(4)代表极度焦虑。一直都感受到焦虑的强烈程度极度强烈，已经被焦虑弄得崩溃，觉得生活没意思，甚至有轻生的举动。

3. 在上周的时间里，你是否因为焦虑而回避事物、场合或活动呢？

(0)代表从不。我并没有因为焦虑而回避事物、场合或活动。

(1)代表偶尔。我偶尔因为焦虑而回避事物、场合或活动。我的日常生活方式并没有因此而受到丝毫的影响。

(2)代表有时。我有时会因为焦虑而回避事物、场合或活动。我的日常生活方式会受到比较小的影响。

(3)代表经常。我常常会因为焦虑而回避事物、场合或活动。由于常常回避事物、场合或参加一些活动，已经对我的日常生活方式发生了比较大的改变。

(4)代表总是。我总是因为焦虑而回避事物、场合或活动，这对于我的日常生活方式也受到了极大的影响，更是不去参加任何场合或活动了。

4. 在上周的时间里，你的焦虑对你的食欲或睡眠造成多大程度的干扰呢？

(0)代表从不干扰。我的焦虑从未对我的食欲或睡眠造成干扰。

(1)代表轻度干扰。我的焦虑只是对我的食欲或睡眠造成轻微的干扰，虽然也会使我偶尔会食欲不佳或偶尔入睡困难，但是总体上我完成正常的一日三餐或一觉到天亮。

(2)代表中度干扰。我的焦虑对我的食欲或睡眠有时会造成干扰，我还是可以完成饭点吃饭或睡觉，但是已经不像之前那样有胃口或睡眠很沉。

(3)代表重度干扰。我的焦虑给我的食欲或睡眠造成很大的影响，我常常只是可以吃下一点东西或眯一会，大多数的时候都是吃不下饭或睡不着觉。

(4)代表极度干扰。我的焦虑已经完全干扰到我的食欲或睡眠了，我已经完全不想吃任何东西或睡不着了，甚至连续几天都不吃饭或不睡觉。

5. 在上周的时间里，你的焦虑对你在学习生活上造成多大程度的干扰呢？

(0)代表从不干扰。我的焦虑从未对我的学习生活造成干扰。

(1)代表轻度干扰。我的焦虑只是对我的学习生活造成轻微的干扰，虽然这样会使我的学习生活有一定的困难，但是还是可以完成该完成的学习生活。

(2)代表中度干扰。我的焦虑对我的学习生活有时会造成干扰,我大多数的学习生活任务是可以完成,但是完成的情况并不像以前那样好了。

(3)代表重度干扰。我的焦虑给我的学习生活造成很大的影响,我常常可以完成一些学习生活任务,但是大多数的学习生活任务仍没法完成,很显然,我的学习生活受到了很大程度的干扰。

(4)代表极度干扰。我的焦虑已经完全干扰到我的学习生活了,使我无法完成所有的学习生活任务,甚至严重到休学或辍学。

6. 在上周的时间里,你的焦虑对你的人际交往造成多大程度的干扰呢?

(0)代表从不干扰。我的焦虑从未对我的人际交往造成干扰。

(1)代表轻度干扰。我的焦虑只是对我的人际交往造成轻微的干扰,我还是愿意和好多同学和朋友一起参与日常的社交活动,总体上我的人际交往还是令人满意。

(2)代表中度干扰。我的焦虑对我的人际交往有时会造成干扰,虽然还保持着一些较为友好的人际关系,我只是有时会社交,但我已经不会像之前那样花特别多时间与别人维系关系。

(3)代表重度干扰。我的焦虑给我的人际交往造成很大的影响,我常常会不喜欢人际交往的场合和活动,很少和好友同学来往。

(4)代表极度干扰。我的焦虑已经完全对我的人际交往造成特别显著地干扰。我的人际关系已经完全受到了影响,混乱,甚至人际关系紧张到破裂。

附3:愤怒水平量表

以下的题目是关于对愤怒情况进行测试了解的,请你基于自己的实际发生情况,把符合你在上周的情绪体验的数字画圈起来。

1. 在上周的时间里,你自己感受到愤怒的概率有多高?

(0)代表从不感到愤怒。在上周的时间里,丝毫没有感受到愤怒。

(1)代表偶尔感到愤怒。在上周的时间里,极少会感受到愤怒。

(2)代表有时感到愤怒。在上周的时间里,一半时间感受到愤怒。

(3)代表经常感到愤怒。在上周的时间里,大多数的时间都感受到愤怒。

(4)代表总是感到愤怒。在上周的时间里,一直都感受到愤怒。

2. 在上周的时间里,你感受到愤怒的强烈程度有多高?

(0)代表从不愤怒。没有愤怒的症状。

(1)代表轻度愤怒。感受到愤怒强度较低。

(2)代表中度愤怒。有时会感受到愤怒的强烈程度。

(3)代表重度愤怒。绝大部分时间愤怒的强烈程度都很高,感到情绪超级低落,无故感到疲劳。

(4)代表极度愤怒。一直都感受到愤怒的强烈程度极度强烈,已经被愤怒弄得崩溃,觉得生活没意思,甚至有轻生的举动。

3. 在上周的时间里,你是否因为愤怒而摔东西、骂人或打架呢?

(0)代表从不。我并没有因为愤怒而摔东西、骂人或打架。

(1)代表偶尔。我偶尔因为愤怒而摔东西、骂人或打架。我的日常生活方式并没有因此而受到丝毫的影响。

(2)代表有时。我有时会因为愤怒而摔东西、骂人或打架。我的日常生活方式会受到比较小的影响。

(3)代表经常。我常常会因为愤怒而摔东西、骂人或打架。由于常常回避事物、场合或参加一些活动,已经对我的日常生活方式发生了比较大的改变。

(4)代表总是。我总是因为愤怒而摔东西、骂人或打架,这对于我的日常生活方式也受到了极大的影响,更是不去参加任何场合或活动了。

4. 在上周的时间里,你的愤怒对你的食欲或睡眠造成多大程度的干扰呢?

(0)代表从不干扰。我的愤怒从未对我的食欲或睡眠造成干扰。

(1)代表轻度干扰。我的愤怒只是对我的食欲或睡眠造成轻微的干扰,虽然也会使我偶尔会食欲不佳或偶尔入睡困难,但是总体上我完成正常的一日三餐或一觉到天亮。

(2)代表中度干扰。我的愤怒对我的食欲或睡眠有时会造成干扰,我还是可以完成饭点吃饭或睡觉,但是已经不像之前那样有胃口或睡眠很沉。

(3)代表重度干扰。我的愤怒给我的食欲或睡眠造成很大的影响,我常常只是可以吃下一点东西或眯一会,大多数的时候都是吃不下饭或睡不着觉。

(4)代表极度干扰。我的愤怒已经完全干扰到我的食欲或睡眠了,我已经完全不想吃任何东西或睡不着了,甚至连续几天都不吃饭或不睡觉。

5. 在上周的时间里,你的愤怒对你在学习生活上造成多大程度的干扰呢?

(0)代表从不干扰。我的愤怒从未对我的学习生活造成干扰。

(1)代表轻度干扰。我的愤怒只是对我的学习生活造成轻微的干扰,虽然这样会使我的学习生活有一定的困难,但是还是可以完成该完成的学习生活。

(2)代表中度干扰。我的愤怒对我的学习生活有时会造成干扰,我大多数的学习生活任务是可以完成,但是完成的情况并不像以前那样好了。

(3)代表重度干扰。我的愤怒给我的学习生活造成很大的影响,我常常可以完成一些学习生活任务,但是大多数的学习生活任务仍没法完成,很显然,我的学习生活受到了很大程度的干扰。

(4)代表极度干扰。我的愤怒已经完全干扰到我的学习生活了,使我无法完成所有的学习生活任务,甚至严重到休学或辍学。

6. 在上周的时间里,你的愤怒对你的人际交往造成多大程度的干扰呢?

(0)代表从不干扰。我的愤怒从未对我的人际交往造成干扰。

(1)代表轻度干扰。我的愤怒只是对我的人际交往造成轻微的干扰,我还是愿意和好多同学和朋友一起参与日常的社交活动,总体上我的人际交往还是令人满意。

(2)代表中度干扰。我的愤怒对我的人际交往有时会造成干扰,虽然还保持着一些较为友好的人际关系,我只是有时会社交,但我已经不会像之前那样花特别多时间与别人维系关系。

(3)代表重度干扰。我的愤怒给我的人际交往造成很大的影响,我常常会不喜欢人际交往的场合和活动,很少和好友同学来往。

(4)代表极度干扰。我的愤怒已经完全对我的人际交往造成特别显著地干扰。我的人际关系已经完全受到了影响,混乱,甚至人际关系紧张到破裂。

附 4:进展程度记录表

24 23 22 21 20 1918 17161514 13 1211 10 9 8 7 6 5 4 3 2 1

抑郁量表总得分

1 2 3 4 5 6 7 8 9 10 11 12 13 14 15 16 17 18 19 20

周

24 23 22 21 20 1918 17161514 13 1211 10 9 8 7 6 5 4 3 2 1

焦虑量表总得分

1 2 3 4 5 6 7 8 9 10 11 12 13 14 15 16 17 18 19 20

周

24 23 22 21 20 1918 17161514 13 1211 10 9 8 7 6 5 4 3 2 1

愤怒量表总得分

1 2 3 4 5 6 7 8 9 10 11 12 13 14 15 16 17 18 19 20

周

第四章　识别与评估情绪

在学习和生活当中，个体都会有受到客观事物的刺激后所产生的不同情绪体验，这种情绪体验是一直围绕在我们身边的，会以不同的形式呈现，比如当事情发生很顺利的时候，会使人感到高兴喜悦；当遇到危险时候，会令人恐慌；当失去心爱之物或失去至亲时，会令人悲痛；当面对突如其来的事件时，会令人惊吓；当遇到丑恶现象的时候，会使人憎恶；当遇到不友好的人或事情的时候，会使人愤怒；当遇到喜欢的人或心爱之物时，会使人发生喜爱的情绪体验。简而言之，情绪犹如空气一样，是个体所需要的，所感受得到的，它们无时无刻不在影响着个体的学习和生活。各种情绪的体验没有好坏之分，关键在于个体是如何在适时适度地表达着情绪。善于处理情绪的人，可以快速觉察到自我的情绪，能够适当地进行调适，特别是有利于个体的社交活动；反之，易受到自我情绪影响的个体，容易被情绪所带动，所牵引，失去理性地分析事情，会令自己感觉到怀才不遇，有苦难申诉，孤立无援等等现象，甚至会令别人觉得个体阴晴不定，难以与人相处等等。所以情绪对于个体来说，具有很重要的意义，若能够处理好情绪，可用于辅助我们学习和生活的方方面面，有利于个体的身心健康；若反之被情绪所操控，被情绪所左右，会大大阻碍于我们的个人成长，不利于事情的顺利进行。因此个体要想真正做到管理情绪的主人，得先了解识别情绪，再评估情绪，管理情绪。

第一节　情绪分别与情感、情商的关系概述

一、情绪的定义和构成要素

（一）情绪的定义

关于情绪的定义，不同的学者有着不同的理解定义，目前还没有一个一

致明确的定义。基于情绪的复杂性,我们总结为情绪是个体对客观现实的心理体验,是由客观事物是否能够满足于个体的需要欲望所产生,能够反映的是个体需要欲望与客观事物之间的关系,能够反映出个体的心理活动过程的一部分。同时情绪在个体的学习和生活中扮演着尤为重要的角色,它是个体一种特别重要的心理体验的活动过程,影响着个体的决策、应对行为反应等等,另外情绪还可以影响到个体与外界建立和维持联系的功能,也是个体持续发展的动力。

了解了情绪的定义,那么接下来你观察下列常见的情绪词表(如表4.1所示),看看哪种情绪词可以表达你正在经历着内心感受的体验,并在相对应的情绪词上画圈,若提供的情绪词不能完全表达你所经历的情绪,那么你也可以把你想表达的情绪写在其他情绪栏里。当你不论是圈出代表自己情绪的词语还是写出了代表自己的情绪词语,那么你再观察一下,在当时当下所体验到这样情绪之中,你的躯体经历了什么样的感受?主观情绪体验到了什么?自己又会有着哪些显著的外在表现呢,比如面部表情、肢体动作和说话的语调等等?带着这些疑问,在后续的内容里将继续学习了解情绪的构成要素。

表4.1 常见的情绪词

情绪词					
愤怒	焦虑	抑郁	厌恶	兴奋	惊讶
内疚	平和	冷静	生气	紧张	痛苦
骄傲	失望	愉悦	绝望	落魄	气馁
忧伤	低沉	悲观	尴尬	恐慌	羞愧
心烦	惆怅	呆滞	快乐	羞涩	屈辱
恐惧	沮丧	惊恐	满足	哀愁	安全
激动	悲哀	感恩	着急	恍惚	关爱
担忧	放松	自豪	懊恼	反感	嫉妒
暴怒	疑虑	羡慕	孤独	烦恼	害怕
其他情绪:					

(二)情绪的构成要素

情绪的构成要素包含着两种因素的融合,是社会因素和生物因素相互结合的影响;是先天因素和后天因素相互结合影响的复杂心理体验。另外情绪的构成要素还包含着三种因素的融合,是主观情绪体验因素、生理基础因素和外在表现因素。生理基础因素是一种心理过程,是情绪的先天因素生理上的载体;主观情绪体验基础是情绪产生的时候的一种内在的主观上的体验感受,体现了外在环境刺激因素对其自身感受的利弊关系,进一步影响到其采取的应对行为反应;外在表现因素主要是一种反映面部表情行为的情绪信号工具,并能够影响情绪社会化的方式。个体要想对当前的情绪做出准确的判断,不能仅仅依据内在的主观情绪体验,还得要借助生理基础因素和外在的表情行为表现因素。通常情况下,大多数情绪研究者都倾向于情绪是由主观情绪体验因素、生理基础因素和外在表现因素这三种要素相互结合影响而成的。

1. 主观情绪体验因素

个体的主观情绪体验是个体能够对自己的情绪进行自我觉察和自我感受的一种知觉状态。个体的不同情绪感受达到意识层面水平之上和体现在自身的知觉上,进而可以引发个体产生不一样的内心主观体验和主观感受水平。个体在学习和日常生活当中,往往对各种情境或各种人、事物有不同的处理方式,也会产生相应的不同内心情绪体验的感受。比如说,个体受到挫折困难时,会感到烦躁不安;当面对灾难危险时,会感到害怕恐慌;当受到误解冤枉时,会感到愤怒委屈;当受到表扬赞美时,会感到愉快喜悦;当与好朋友相聚畅谈时,会感到开心快乐。然而当面对同一情境、同一人物或同一事物时,不同个体的情绪体验也一定存在着千差万别,因为每个个体的家庭培养方式、成长经历过程、所接受的知识背景、接受的文化熏陶和所处的环境背景大不一样,所以情绪的内心体验带有明显的人的主观性。另外个体的情绪引发的情绪体验因素具有两大特点:积极性和消极性,积极性的主观情绪体验会引发个体的积极的应对行为,而消极性的主观情绪体验会大大降低个体的行动能力。接着看看你在经历什么样情境时,会伴随着产生什么样的情绪体验呢?若你还有其他情境,那么你可以自己补充括号里面的句子,如表 4.2 所示。

表 4.2　主观情绪体验问题示范表

如：当你经历被指责或取笑的时候，会使你产生什么样情绪体验呢？
当你经历被辱骂的时候，会使你产生什么样情绪体验呢？
当你经历暴烈强度的突发事件的时候，会使你产生什么样情绪体验呢？
当你经历家庭变故的时候，会使你产生什么样情绪体验呢？
当你获得赞扬或嘉奖的时候，会使你产生什么样情绪体验呢？
当你面临重要考试的时候，会使你产生什么样情绪体验呢？
当你通过等级考试的时候，会使你产生什么样情绪体验呢？
当你经历/面临/获得（　　）的时候，会使你产生什么样情绪体验呢？

2. 生理基础因素

情绪的生理基础因素是个体在发生不同的情绪状态过程中所呈现出一系列持续的生理躯体变化（呼吸的频率、心率的跳动变化、血压的变化等等）。生理基础因素是与情绪状态相互影响的，是你自己的身体生理因素对于所体验到的情绪所做出的一种应对方式。个体在不同的情绪体验状况下所表现出来的生理变化反应模式也是不一样的。例如个体在恐慌的情况下，会出现瞳孔放大、心跳加速、呼吸急促和身体发抖等症状；个体在焦虑紧张不安的情况下，会出现手心出汗、心悸、尿频尿急、呼吸急促、血糖上升和胃痛等症状；个体在愤怒暴躁的情况下，会出现肾上腺素分泌增加、面红耳赤、头胀头痛、血压升高、呼吸频率增加和汗腺分泌增多等症状；个体在快乐喜悦的情况下，会出现瞳孔缩小和胆汁、唾液、胃液分泌增多等症状；个体在抑郁悲伤的情况下，会出现体温下降、血压降低、心率减慢和四肢沉重等症状；个体在出现防御状态时候，会出现心跳加速、肌肉紧张和血糖升高等症状。另外在情绪发生状态时候所产生的生理基础因素变化，是存在着不可控性的，是不受到个体的意识层面所控制的，比如在个体恋爱受挫、学业不如意、就业不顺利等情况下，或多或少会不受意识层面控制地出现一些负性情绪体验的过程，即使个体很不乐意很不情愿这些负性情绪体验的出现，不想沉浸于负性情绪体验当中，想方设法地控制负性情绪的发生，但是很快就会意识到越是要控制负性情绪的发生，那么负性情绪产生的强度和持续性就会越发持久，令个体感到越来越难受。也正是情绪的生理基础因素难以受到意识层面的控制，个体在产生不同的情绪体验情况下，会发生相应的一系列生理指标的变化，测谎仪正是利用这些原理，通过受试者回答问题时候所产生的一系列生理指标的变化，进而可以判断推断出其是否存在说谎的情况。接着看看你是否可以识别出当体验到情绪时，伴随着躯体上产生哪些生理变化呢？若你还体验到了其他不一样的情绪状态，那么你可以自己补充括号里面的句子，如表 4.3 所示。

表 4.3　生理基础问题示范表

如：当你体验到愤怒情绪状态的时候，会识别出伴随什么样的生理变化呢？
当你体验到恐惧情绪状态的时候，会识别出伴随什么样的生理变化呢？
当你体验到焦虑情绪状态的时候，会识别出伴随什么样的生理变化呢？
当你体验到抑郁情绪状态的时候，会识别出伴随什么样的生理变化呢？
当你体验到兴奋情绪状态的时候，会识别出伴随什么样的生理变化呢？
当你体验到厌恶情绪状态的时候，会识别出伴随什么样的生理变化呢？
当你体验到(　　)情绪状态的时候，会识别出伴随什么样的生理变化呢？

3. 外在表现因素

个体情绪的外在表现因素是个体产生情绪的过程中，会伴随着出现的一些相应的表情行为,即个体会不由自主地对某种情绪做出一些显性的外在反应,因为我们自己的身体知道该以哪种最好的外在表现方式来应对某些情绪。个体的言语和表情行为是相互配合、相互联系的关系,当个体言语发生的时候,常常会伴随着表情行为的发生,比如个体说出的同样一句话,若配合着不同的表情行为,会使别人对其的想法做法产生不一样的理解,所以外显的表情行为也是个体情绪体验过程中所呈现出的一种表达方式,也是可以判断情绪的一种依据。这些外显的表情行为常是情绪体验所表现出来的外部表现,常用以判断推断个体情绪体验的外部指标。

个体外显的表情行为又可以分为三种类型,即面部表情、语音语调和身体姿态。除了面部表情是最能够直接地反映出个体情绪体验的状态,我们还可以通过个体的语音语调和身体姿态所展现出的系列变化,进而推断出在当时当下的情况中其内心的情绪体验的状态。人与人在人际交往时,无论是在现实生活的面对面交流,还是在网络世界的线上交流,都是不断地向交往对象传递和表达自己的情绪状态的过程,表情也在其中,也在不断地向交往对象提供着一些外在刺激信息。而交往对象对于收到的外在刺激信息予以自身的言语或行为进行反馈回应。比如当个体遭遇悲伤时,往往表现出愁眉不展、愁眉锁眼、会哭泣、言语速度缓慢、语调深沉、身体姿态往往是蜷缩着的等等;当个体紧张焦虑不安时,常表现出嘴唇发干、眼神流离不定、说话结巴或语无伦次、身体姿态往往是呈现出发抖的情况等等;当个体愤怒时,常表现出面红耳赤、眉毛紧皱、眼神凶狠、咬牙切齿、语速加快、说话音量加大、紧握拳头和身体姿态往往是紧绷的状况,甚至还有一种愤怒是眼睛干瞪、咬紧牙关、嘴巴紧闭、嘴唇紧紧贴合在一起等等;当个体遇到紧急危机危难情况的时候,往往表现出脸色煞白、愁容满面、语音颤抖、身体姿态往往呈现出发紧蜷缩甚至双肩往往内缩等等;当个体满心欢喜时,常常会表现出眉飞色舞、眉开眼笑、满面春风、语调欢快、身体姿态相对会开放等等,如表4.4所示。

表4.4 外在表现问题示范表

如:当你体验到愤怒或暴躁情绪状态的时候,面部表情是什么样的?语音语调是什么样的?身体姿态又是呈现出什么样的状态呢?
当你体验到害怕或恐惧情绪状态的时候,面部表情是什么样的?语音语调是什么样的?身体姿态又是呈现出什么样的状态呢?

续表

当你体验到焦虑或慌张情绪状态的时候,面部表情是什么样的?语音语调是什么样的?身体姿态又是呈现出什么样的状态呢?
当你体验到抑郁或忧伤情绪状态的时候,面部表情是什么样的?语音语调是什么样的?身体姿态又是呈现出什么样的状态呢?
当你体验到开心或兴奋情绪状态的时候,面部表情是什么样的?语音语调是什么样的?身体姿态又是呈现出什么样的状态呢?
当你体验到憎恨或厌恶情绪状态的时候,面部表情是什么样的?语音语调是什么样的?身体姿态又是呈现出什么样的状态呢?
当你体验到(　　)情绪状态的时候,面部表情是什么样的?语音语调是什么样的?身体姿态又是呈现出什么样的状态呢?

综上所述,基于考虑到个体的情绪存在着显著的内隐复杂性,存在着一定程度上的防御性,有时所表现出来的外显行为会与内在的心理体验产生不一致性,出现背道而驰的现象,比如当个体经历悲伤悲痛的情境时,明明此时此刻的内心非常的伤心痛苦与难受折磨,可是外显的外在表现却呈现出春光满面、喜笑颜开、开怀大笑、欣喜若狂的现象情况,很明显这种外显的外在表现与其内心的感受体验很不一致、很不相称,那么这时我们还得要配合着生理基础因素和主观情绪体验因素结合起来加以识别与判断。所以情绪的发生是一个由个体的主观情绪体验因素、生理基础因素和外显的外在表现因素共同结合又相互影响作用的完整心理过程。另外为了让你们能够更好地清楚地意识到自己的情绪状态如何,意识到自己的情绪所带来的生理变化和显性的外在表现,你们可以把自己的主观情绪体验因素、生理基础因素和外显的外在表现因素聚焦在情绪的三要素模型图中,可以从情绪的三要素模型图中很清晰、很有条理地看到情绪的三种构成要素之间的相互联系、相互作用、相互影响。接着我们列举体验到在三种情绪状态下个体的生理基础因素、主观情绪体验因素和显性的外在表现因素,并填入相应的情

绪的三要素模型图(如图 4.1 所示)。

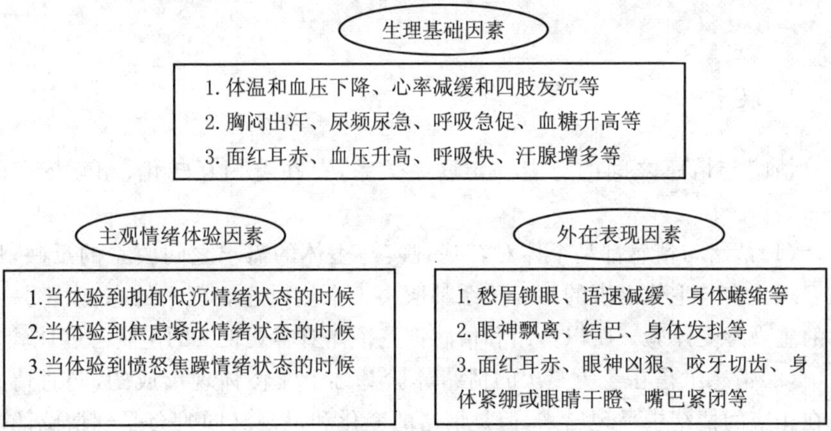

图 4.1　情绪的三要素模型图

二、情绪与情感的关系

(一)情感的定义

情感是指个体对于客观现实是否能够满足于自我需要而随之产生的一种主观体验反应。情感的组成部分一般分为美感、理智感和道德感。美感是指个体以一定的审美标准、审美规则来对客观现实事物进行评价时所产生的情感体验,如观看电影时候,引起人产生的心灵震撼、陶醉、共鸣。美感还包括三大类:艺术美感(如对艺术品欣赏时产生的情感体验等等)、社会美感(如对社会制度、民风民俗、生活方式进行评价时所产生的情感体验等等)和自然美感(如对自然风光进行欣赏时所产生的情感体验)。理智感是指个体对求知、探索知识和真理时取得的成就进行评价时所产生的情感体验,如解出了一道超难的竞赛题获得的喜悦成就感。最后道德感是指个体以一定的道德标准来评价评判自己或者他人的言谈举止和思想时所产生的情感体验,如爱国主义情感、集体荣誉感、义务感、责任感、友谊感、正义感等等。

(二)情绪与情感之间的关系

1. 联系

情绪与情感之间的有着一定联系关系,存在着相互转化、相互依存的关系。

(1)情绪与情感都是个体对客观现实与主体的需求之间关系的反映,那么客观现实与主体需求的相互关系都取决于个体对客观现实的态度,都是个体的主观感受体验。所以情绪和情感都是个体对客观现实的主观态度体验。

(2)情感虽是在经历多次的情绪体验基础上慢慢体现形成的,同时情感也在相应的情绪中呈现出来,但是情绪的变化和呈现又同时会受到情感的制约,所以情绪与情感是存在相互影响作用的,都是不能孤立存在的。

2. 区别

虽然情绪与情感之间存在着一定的有关联系,但是两者之间仍然也存在着某些区别,具体体现如下:

(1)情绪是可以用于人类与动物的共有现象,而情感只是人类所特有的一种现象。

(2)情绪是用来表达最基础最基本的感情现象,侧重点在于感情的过程,多数具有显著的动摇性和情境性、冲动性和外显性、短暂和不稳定;而情感是相对比较高级的感情现象,侧重点在于感情的内容,多数具有显著的深刻性和稳定性、持久性和内隐性。

(3)情绪的产生多数与人的生理性需求紧密相连,而情感的产生多数与人的社会性需求紧密相连。

(4)情绪的发生较早(从个体生命诞生开始,如饿了会哭闹等等),而情感的发生较晚(一般在社会实践阅历中逐渐产生)。

三、情绪与情商的关系

(一)情商的定义

情商是情绪智力的简称(即 EQ),可以衡量个体的情绪管理能力和人际交往中的适应调节能力。情商可以增强个体的自信心，提高幸福感、成就感和满足感。情商包含五大类能力，即：①自我意识情绪的能力：个体可以及时觉察当时当下自己的情绪及产生情绪的原因缘由；②自我调节情绪的能力：懂得掌握调情绪的方法，及时整理情绪，善于摆脱负性情绪，使得自己的情绪一直保持在平稳状态；③自我激励情绪的能力：遇到困难挫折时候能够自我鼓励、自我坚持、自我教育，并始终保持热情、乐观的心态来激励自己；④识别并了解他人的情绪的能力：善于了解并觉察他人的情绪状态，做到有同情心、包容心；⑤保持良好的社交技能：通过倾听、换位思考、与他人共情并理解他人的感受，积极地处理人际关系的问题，做到与人和睦相处。

（二）情绪与情商之间的关系

1. 联系

（1）情绪是情商的基础，若个体能够管理好自己的情绪和协调好他人的情绪，才是高情商的体现。

（2）个体的情绪与情商的高低存在着紧密的联系。如高情商的个体有着很强的悟性和反省能力，能很好地处理负性情绪体验，有着很好的自我情绪调控能力和共情他人情绪的能力，并且能很快地从情绪的低潮期中恢复过来。高情商的个体是求同存异，通过对自身情绪和他人的情绪进行觉察，建立一套对情绪反应的行为应对系统，并通过合理渠道的情绪宣泄，建立良好的沟通理解能力，使得双方的关系越来越稳固。如低情商的个体只会看到事物的表面，不能做到实际全面地分析问题；情绪稳定性差，容易急躁，容易紧张；容易受到他人想法的影响，立场不坚定；遇到困难挫折时，容易自暴自弃；不会换位思考，只顾从自己的角度去看待与分析问题；心理承受力差，易被激怒。

2. 区别

情绪具有先天性和后天习得性。如个体刚出生的时候就有了表情，这是先天的本能活动，是不需要模仿和学习得来的；但是有些表情或肢体动作是通过后天习得的，如随着年龄的增长，个体的表情越来越多样，越来越复杂。而情商是后天的学习和练习而得来的，比如在不断学习中，扩大自我的认知，对自己的情绪就会越来越了解，还会不断运用经验技巧妥善管理自己的情绪，做到在困境面前，不断地自我激励，那么个体除了具有觉察自身的情绪能力，还学会了观察别人的情绪，理解包容别人，进而更好地学习到更好的人际关系管理的技巧，因此，随着年龄的增大，个体的情感处理得越来越具有经验性。

第二节　情绪的功能与分类

一、情绪的功能

（一）组织功能

情绪有着相对独立的发生发展过程，对心理活动有着组织作用，具体表现为个体积极的情绪体验对心理发生发展活动过程有着协调促进的作用，而消极的情绪体验会对心理发生发展活动过程有着破坏阻碍的作用。个体的情绪体验的强度性质会影响认知活动的操作效果，如中等强度的积极情绪体验，有利于为认知活动提供最佳的操作效果。在通常的情况下，大学生如果在考试时过分地焦虑，会促发不理想的成绩；如果大学生没有半点紧张感，无所谓考试，甚至裸考，那么也会引起成绩的不理想；如果大学生把考试当成一种自我挑战，虽然也会存在紧张焦虑，但不是过度的焦虑程度，那么这种中等程度的情绪体验会唤醒大脑的最佳作战状态，成绩才有可能比较理想。反之消极的情绪体验如痛苦害怕、恐惧、忧伤的反应程度越大，将会对认知的操作起到负面的影响作用，收到的操作效果也会越差。

（二）信号功能

个人的情绪可以在学习、社交活动和其他方面的生活中具有传递思想，传递需求期盼，传递情感信息的功能，这些功能可以通过外显的表情行为呈现出来，即通过面部表情、语音语调和身体姿态来实现思想、需求和情感的传递功能。有的时候，有些信息是不能用言语来表达出来的，只能通过外显的表情行为才能表达出来，所以外显的表情行为在情绪的信号传递当中起到至关重要的作用。比如交警在执行交通指挥任务时候，可以通过手势、身体姿态来传递相对应的交通信息。

（三）动机功能

个体的情绪以一种与能够满足社会性动机或者满足自身的生理性动机相一致的方式来引导或者促发行为，促使或激发个体采取相对应的应对行为策略，当然所采取的应对行为可以是建设性的、促进性的，也可以是破坏性的、阻碍性的。例如，个体拥有满怀期待的情绪，会促使个体为了更好地接近目标，而更努力学习奋斗；而个体如果怀有抵触的情绪，那么会令个体逃避某些场合或某些事情。另外，适当强度的情绪体验是能够引发个体的动机，激活其行为能力，对于学习和生活上的任务起到了有效地提升作用。

（四）自我防御功能

个体在学习和日常生活活动中，情绪的体验能够快速地帮助其做出迅速的反应，具有很好的自我防御功能。比如，当个体与别人发生利益上的冲突时，往往会以愤怒或者攻击等方式来应对；当个体受到威胁时，往往会产生恐惧的心理来应对；当个体受到误解时，会产生气愤或者无助来应对；当个体受到批评时，会以闷闷不乐来应对；当个体被迫做不愿意的事情时候，会产生厌恶、憎恨感等等，个体的这些情绪反应都体现出了相对明显的自我防御机制和自我保护机制。

（五）社会适应功能

个体的情绪体验可以使得个体针对不同的场合、不同的事件、不同的情境，能够做出及时灵活的适应性调整反应，并使得个体与环境之间能够保持相对稳定协调的关系。情绪能够具有如此灵活的调整反应，是因为情绪不仅来源于先天的技能，更来源于后天的认知习得能力。比如，当个体对他人造成一定的创伤时，会产生内疚感，而这种内疚感会激发个体采取补偿策略，来重建相互之间的关系；当个体遭受自然灾难时，收到来自四方八方同胞的物质和精神上支持，这会大大激发个体的友爱感和感恩感，而这种友爱感和感恩感有着相互感染的作用，他人的行为和情绪会反过来影响到个体的情绪反应和行为策略，于是个体在日后的生活中会怀着友爱感和感恩感回馈于社会，并继续修复、构建和维持自身的社交活动。

(六)强化功能

个体的情绪反应有着强化的功能，比如，当个体遇到危机情况时，消极的情绪体验(如恐慌、焦虑不安等等)会激发和唤醒其大脑的警觉系统，会再一次强化了情绪和行为反应；当个体处于积极的情绪体验时(如开心喜悦等等)，会提高大脑工作的效率，会强化其感知觉能力，使得注意力更为集中，思维更为活跃，记忆力更为深刻，使得认知行为操作的质量和速度都得到明显的提高，更有助于个体的内在潜能的发挥，有利于个体保持身心健康平衡的水平。

二、情绪分类

虽然关于情绪的分类繁琐而复杂，说法不一，但是情绪学家还是基于各种角度而对它进行相应的分类。从生物进化角度出发，共分为两大类：基本情绪和复合情绪。不论是人还是动物都具有基本情绪，它有着特定的表情姿态，甚至还有一定的生理模式；复合情绪是基于两个或者两个以上的不同基本情绪相互结合而成的，它受到个体的认知水平和后天环境的影响。从情绪效价的角度出发，情绪学家又把情绪分为两大类：积极情绪和消极情绪。积极情绪是刺激事件能够满足于个体的需求而产生的欣喜、愉悦等内心感受的情绪体验，比如满意、快乐、愉快等都是属于积极情绪；消极情绪是在特定的任务中，不论是外部因素还是内部因素能够对个体产生阻碍影响，甚至妨碍到其正常思维或继续完成任务的情绪，比如焦虑、紧张、憎恨、悲伤、痛苦、忧愁、恐慌、愤怒等都是属于消极情绪体验。在我国《礼记》的记载中，提出了喜、怒、爱、恶、哀、惧、欲的“七情”说的基本形式。虽然关于情绪分类的类别很多，但是现代心理学一般把情绪分为四种基本情绪即恐惧、悲哀、快乐和愤怒。

(一)四种基本情绪

1. 恐惧

恐惧是个体想逃避、摆脱某种危险或威胁的情境，但又没有足够的能力应对而随着产生的情绪体验。当个体处于恐惧的情绪体验下，会引发一些躯体反应，如心慌、心悸、手心发汗、惊叫、手脚无力、脸色煞白，愁容满面、语音颤抖、身体发紧蜷缩甚至双肩往往内缩等等。引发恐惧的程度与很多因素有关，包括个体是否具有识别并排除危险或威胁的能力、是否具有应对危险或威胁的策略手段等等。比如，个体初次碰到惊恐发作的同学，会感到特别的恐惧、无助，但是具有丰富经验的精神科医生在面对惊恐发作的患者，已经司空见惯，处理起来得心应手，泰然自若。当然当个体在所处的熟悉环境发生了突如其来的变化，也会引起个体的极度恐慌，如正在上课的时候，突发地震，往往会使个体恐惧万分；个体的恐惧情绪往往有感染性，比如，在很安静的教室里学习，突然有同学发出巨大持续的尖叫，那么其他同学在不明原因的情况之下，也会受到那位同学恐惧情绪的感染，接着促使大家恐惧情绪的爆发，教室出现尖叫声连连。另外在婴儿身上所体现的恐惧体验发展比较晚，有可能与婴儿对恐惧刺激事物的认知较晚，认识水平有限有关。

2. 悲哀

悲哀是指个体理想、希望破灭或失去自己所爱之物、所喜欢的人时候，而产生的一种情绪体验。当个体处于悲哀的情绪体验下，会引发一些躯体反应，如食欲不振、失眠、愁眉锁眼、愁眉不展、语调深沉、言语速度缓慢、蜷缩着身体甚至还会伴随着哭泣，哭泣可以舒展内心的悲哀程度，使得心理压力或身体紧绷情况得以释放等等。能促发个体悲哀情绪体验产生的，有可能是惊天动地的大事件或至亲的亲人，也可能是一件不起眼的小事或一个陌生人，但是个体悲哀的程度取决于失去的事物或人对于自己的价值大小，还取决于事物或人对于自己的重要性，即悲哀是与自己所爱的人或事物的落空有关，当失去的事物或人对于个体来说价值越大，重要性越大，所引发的悲哀程度就会越强烈，越剧烈；反之价值越小，重要性不突出的事物或人引发的悲哀程度就会显得越小。当然悲哀也不全是消极的情绪体验，有时适当的悲哀还是可以转化成个体奋斗、前进的动力。

3. 快乐

快乐是指个体对于期盼或者追求的目标实现后，而随着之产生的欣喜愉悦的情绪体验。有时快乐也是当个体从对某刺激事件或场合的极度紧张、急迫感中解除出来的一种欢快、如释重负、轻松的情绪体验，即享受心理层面的快乐、舒适、愉悦、满足，体验到生活的幸福感。比如连考了几次的大学英语四级都没通过，终于在快毕业那年考过了，随之而来的是满满的幸福感。当然能够感受到快乐的强度是受到很多因素影响的，包括目标实现的难易程度、目标对自身的意义等等。比如找到遗失多年的家传宝物,会令人欣喜若狂,十分兴奋,因为家传宝物对于个体来说有着重要的意义,它意味着年代的延续、家族的延续;目标难度系数比较高,当实现了,会激发人特别的欢呼雀跃,如通过了通过率极低的考试,反之如果目标的实现没有难度,轻而易举,那么即使最终实现了目标,所感受到的快乐程度不比实现难度系数高的目标所获得的快乐感强。虽然快乐是属于积极的情绪,但是如果异常的兴奋过度,将会乐极生悲,收到了反效果,比如范进中举的例子正好验证了喜伤心的情况。

4. 愤怒

愤怒是指个体所追求的目标、愿望受到阻碍甚至无法实现,从而逐渐累积越来越多的紧张情绪体验。愤怒、快乐与恐惧有所不同,恐惧是使个体企图逃避、摆脱某种危险或威胁能引发情绪的情境,而愤怒、快乐是会使个体企图接近引发情绪的情境。另外当个体愤怒时紧张感会逐渐增强,有时可以控制得住,有时却控制不住,甚至严重时候可能会出现攻击行为。当个体处于愤怒的情绪体验下,也会引发一些躯体反应,如血压升高、呼吸急促、面红耳赤、心脏跳动加快、眼神凶狠、咬牙切齿、语速加快、身体紧绷、紧握拳头等等。当然愤怒的程度也是受到很多因素影响的,它取决于是否存在不合理或恶意的干扰、受到干扰的次数、受到挫折的目标或愿望的重要程度,如果只是一般的目标没有实现时,那么个体会感到生气和不快乐,但是如果是在努力实现目标的路上,遭受不合理的蓄意阻碍或者是毫无理由的恶意破坏时,那么就会加速个体的愤怒产生,甚至会对阻碍或破坏的对象进行攻击行为。

(二)常见的三种情绪状态

情绪状态是在一定的生活情境状态影响下,个体在一段时间内产生的情绪体验所呈现出来的一般情绪特征表现。根据发生情绪状态的持续时间、强度和紧张度,可以把情绪状态分为激情、心境和应激。

1. 激情

激情是一种具有高强烈程度的爆发,迅猛,持续时间却是很短暂的情绪状态,比如在学习和日常生活中,所见的狂怒狂喜、狂躁,还有极度的恐惧等等都是激情的体现。简而言之,激情是由某个情景或刺激事物引起的猛烈情绪，虽然发生得很迅疾，但是持续的时间不长，且涉及范围也不广。激情常常是对于个体来说出乎意料又具有重要意义的突发事件引起的，违背了个体的意愿的刺激事件也会引起激情。比如家里的至亲突发意外，突然离世，这对个体来说是极大的打击，在极度的过度悲伤中，一夜之间白了头，可见不同的生活刺激事件会引发不同的激情。

激情状态具有冲动爆发性，也常伴有往往生理的变化和行为的冲动表现。当处于激情的状态下，个体大量的情绪会在短暂的时间内汇聚一起，瞬间爆发，在短时间内，会使个体出现行为失控，但是一旦宣泄过后，待平静下来时，甚至会出现精力耗尽的状态。

激情对于个体来说也是具有两面性的，一面是积极性，另一面是消极性。激情状态的积极性表现为激情有时可以激发个体的内心能量，激发内心强大的动机来激活行为，促使行为发生的有效性，提高学习和生活的效率；反之，激情也具有一定程度的危害破坏性，有时激情发生的时候，强大猛烈的情绪会使个体迷失自己，过于沉溺激情情绪中，做事情会比较任性，甚至不计后果，会给自己、别人甚至社会造成一定程度的损失，比如有些激情犯罪的个案，由于受到激情的情绪所左右，一时冲动爆发，引发犯罪。因此，无论是在学习或者日常生活中，个体都要适当地有意识地控制过度激情，要尽可能地调动激情的积极作用。

2. 心境

心境是指个体的一种微弱、持久而弥散的情绪状态，也可以是日常所说的心情。心境不是只对某一刺激对象的情绪体验，而是一种弥散性的持久情绪体验，它所影响的开心或者不开心会维持一段时间，且这种情绪体验会影响到个体的学习和日常生活，也会影响到个体的感知觉、思维记忆等等。在日常生活当中，若发生在我们身上的喜事有足够的震撼力和影响力，例如高考被录取心中理想大学，自己获得嘉奖等等，都会让个体在较长的一段时间内保持着愉悦的心境，会使个体精神抖擞、思维活跃、注意力集中、满面笑容、待人宽容可亲；反之如果遭遇到不幸或不如意的刺激事件（如高考失利、退学、突发车祸等等），会让个体在较长的一段时间内依然情绪低落、精神萎靡、多疑、思维麻木，甚至有可能眼里看到的，耳朵听到的都觉得是不顺心的倒霉事，这些都是由于刺激事件引发心境状态，进而影响到个体的学习和日常生活。

心境具有两大特点：长期性和弥散性。心境的长期性是指刺激事件引发的心境状态会在较长的时间内影响或主导着个体的情绪反应，比如通过大学英语六级会使你长时间对于英语抱有激情和信心；但是有些生活创伤可能会在较长的时间里主导着个体的痛苦心境,甚至还会影响到一辈子的心境。心境的弥散性是指当个体体验到某种心境时,这种心境同样也会引起周围人的相应情绪反应,比如当大学生获得国家奖学金时候,自己特别高兴,心情愉快,那么这种心境状态会弥散感染到周围的好朋友,特别是家人,他们都会为此而感到骄傲自豪,为此感到较长时间的欣喜欢悦;当个体受到不如意的刺激事件时,心情会郁郁寡欢,闷闷不乐,情绪低落,甚至会泛化到看到大多的事物都会觉得特别地伤感,催人泪下。

综上,心境无论是对个体的学习还是日常生活都有着一定程度的影响。心境也是生活当中最常见的一种常态,个体也是每天都在心境的影响下学习、恋爱、人际交往等等。那么若是积极良好的心境会使个体拥有并维持积极的情绪体验,可以使个体以良好的心态,信心满满地面对生活的困难和挫折,同时也会使得个体的学习和生活收获到较佳的效果;如果个体长时间体验到消极负性的心境,会使得其萎靡不振、悲观厌世、情绪低沉,甚至还会影响到其的社交功能性适应不良,有可能还会引发身心问题的出现。因此,个体能够较长时间保持积极乐观,健康向上的心境对于其有着重要的社会性意义。

3. 应激

应激是由于突发出乎意料、突如其来的危险与紧急情境所引起高强度紧张的情绪状态。当个体在遭遇突发事件或危险意外事件的时候,迅速集中注意力与启动智慧,发挥自我力量和动员社会支持的力量,并快速做出选择,执行有效的应对行为,那么此时此刻个体的身心都处于高强度的紧张状态,这是一种应激状态。比如个体在学习与日常生活中突然遭遇到天灾(如地震、洪水、泥石流滑坡等等)或是人祸(如车祸、抢劫、火灾、战争等等),这些突然事件会使个体处于一种高度紧张、高度防御和高度警醒的状态,并能够快速做出选择和应对行为反应,这都是应激的表现形式。

个体在应激状态时往往会伴随着一些生理变化和躯体反应,这是由于在突发高强度的刺激事件面前,个体必须调动自身生理和躯体的能量用来发挥自己的力量或者是寻求外援的力量,以应对这种紧急状态的事件和大变故事件,这些生理变化和躯体反应如甲状腺激素分泌和肾上腺皮质激素分泌增多、血压和血糖均升高、心跳加快、呼吸急促、身体发抖、说话颤抖等等,甚至由于高度紧张、高度警觉,有些人还会出现胃痛、胃酸分泌增多等等,所以个体处于长期的应激状态,会大量地消耗身心能量,相对于短暂的应激状态来说,长期的应急状态对身体的损伤可能会更大。

个体的应激状态也存在着两面性:积极作用和消极作用。积极作用下的应激反应表现为思维特别清晰、沉着冷静、有着超强的特殊防御和排险机能、急中生智、注意力集中、精力旺盛、动作机敏、克服困难，甚至超常发挥，做到了平时不敢做或难以做到的事情，摆脱险境，化险为夷；消极作用下的应激表现为一筹莫展、言语不规则或不连贯、注意和感知觉范围缩小、惊慌失措、行为动作紊乱或行为出现严重的错误，甚至长期处于消极的应激状态，可能会引发休克的状态，这样反而会加剧和扩大了事情的严重性。综上，这两种截然不同的应激状态表现形式，与个体的能力、认知水平、心理素质有着很大的关系，同时也与经验累积有着关系，如接受过预防地震和逃生的训练，那么即使遇到地震的突发事件，也能够正确判断并做出最佳的救人或逃生的行为应对策略。

第三节　大学生的情绪

一、大学生情绪的特征

大学生正值青年期、心理断乳期，生理的发育情况已趋向于成熟，但是心理未达到成熟，内心情感丰富、复杂多变，还易受到外界因素的影响，引起带有很浓的情绪色彩的内心震荡。由于社会多元化的发展较快，大学生的自我意识和需求较为强烈，大学生的需求容易与社会的现实相碰撞，易打破心理平衡，情绪易起伏，往往会体验到较多的负性情绪，因此，这一阶段的大学生情绪也比喻为“暴风雨时期”，也与离不开家校社三者的共同影响。

（一）大学生情绪的总体特征

大学生阶段的情绪总体特征以矛盾性与两极性为主，它们是大学生情绪当中最为基本、最为集中体现的特征。大学生情绪的两极性是指大学生的情绪容易从一个极端情绪极为快速地跳跃到另一个极端情绪，跌宕起伏，忽高忽低，摇摆不定。大学生情绪两极性主要是心理原因、生理原因与实际现实原因等因素相冲突的结果，两极性的心理原因主要体现在大学生的认知水平还未完善，对现实的认识还不够稳定，缺乏完整性分析和把握问题，因此情绪较易忽高忽低。另外大学生情绪的两极性还往往反映了其内心的矛盾,如个人需求和现实实际相矛盾,理想的我和现实的我相矛盾等等,这些都易导致大学生产生矛盾的情绪,易让大学生感到迷茫和困惑,时而体现出激情洋溢,时而又体现出沮丧低落。

(二)大学生情绪的一般特征

大学生正处于快速走向成熟但又未完全成熟的状态,他们非常关注自我,注重自我的表现,情绪虽丰富,但又具有极强的波澜起伏性,且其情绪具有很鲜明的特征,大学生情绪具有以下几个一般特征。

1. 稳定性与波动性

随着时代的迅速发展,个体的生活节奏也在不断加快步伐,竞争越来越激烈。在大学时期,大学生们面临着很多重要的人生选择,比如交友、恋爱、等级考试、提高学位、择业就业等重要的学习和生活事件,大学生们也在不断地追求自我完善和自我需求中,承受着越来越多的压力,尽管随着年龄的增长,知识水平的累积、认知能力的不断提高、社会的见识面和生活经验的不断丰富,大学生对于自身的情绪发生也有了一定程度的了解,且有着一定的控制调节情绪的能力,情绪也日趋稳定,但是同在职场上摸爬滚打的成年人相比,大学生的情绪还具有显著的波动性,往往容易受到外界的干扰而出现情绪大起大落,起伏不定,波动易变,时而静如死水,时而手舞足蹈;时而怒发冲冠,时而欣喜若狂;时而悲痛欲绝,时而兴高采烈;时而低落萎靡,时而情绪高涨;时而冲动,时而冷静。当个体体验到正性情绪的时候,会表现出稳定、心情舒畅、兴奋、有自信心、善于言谈、有上进心等等,当个体体验到负性情绪的时候,会表现出不善言谈、消沉低落、郁郁寡欢等等。有时在学业的成绩、压力、人际关系、恋爱、择业就业等这些方面都可能会引起大学生的情绪波动。

2. 复杂性与层次性

大学生的情绪在心理发展过程当中存在着显著的复杂交叉同时又呈现出明显的层次性。进入大学后,随着新环境、新的学习和生活方式、新的人际交往对象、新的人生规划和目标的出现,还有更为独立自主的处理方式,这都会使大学生的个人需求凸显出多元多样化,然而在不同的多元多样化的需求下,大学生在满足个人需求的过程当中,会受到来自现实需求的影响和冲突，这样会使得大学生体验到不同的情绪变化，体现出情绪的复杂多样性，比如大学生在大学阶段对事物、对人和对社会的关注度都比较高，对新鲜事物也非常好奇，对爱情和友谊有着一定的追求，对学业和未来都充满了憧憬，会激发出更多的积极情绪，但是大学阶段毕竟人才济济，充满压力和竞争力，等级考试没通过、失恋、与同学闹矛盾都会导致消极情绪的产生，因此大学生的情绪呈现出较为显著的复杂性。另外大学生情绪的复杂性，在不同的个体身上、不同的年级阶段时期会体现出不同的情绪内心感受，表现出情绪的层次性，比如大一新生对校园的一切都充满好奇期待和憧憬向往，对于事物而言大多数都显得很新奇，兴趣广泛，能够激起大学生的探索和行动欲望，凸显出满满的自信心和憧憬的种种美好。但是随着时间的前进，大一学生的内心也发生了一些变化，学习内容的不断加深和变化、担心挂科的压力和人际交往对象的不断深入了解导致有些矛盾的爆发等等，都会使大学生感受到前所未有的理想和现实之间的落差，考级和考试的竞争压力会引发大学生的紧张焦虑感和抑郁沉闷感等负性情绪体验。大学生一旦度过了新生适应期，慢慢融入当时当下的大学生活，在学习和生活方面得到了不同以往的历练，情绪在这个阶段，相对比较平稳，也趋向于日益成熟。到了即将毕业、即将踏入社会的时期，大学生除了要撰写毕业论文、参与论文的答辩，还面临着是否继续深造学业还是选择择业就业等诸多选择，如此重要的大学阶段，如此重要的人生选择，大学生内心会再次体验到焦虑紧张和郁郁寡欢等负性情绪，从而呈现出明显的大学生情绪的层次性特征。

3. 理智性与冲动性

大学生在大学校园里面，经过知识的熏陶和人际关系的历练等等，其知识水平得到了更进一步的升华，认知能力水平也学会了很好的提升，对自己情绪的调节能力也不断地提高，也得到了相应地调节控制，对现实的事物分析理解力也不断地趋向于全面化，基本能够做到理智地分析问题，做到很好地自我调节和约束，甚至大多数情况之下，面对刺激事物，还会做到三思而后行，这些都是大学生情绪理智性的表现特征。但是由于大学生正从不成熟慢慢过渡到成熟的阶段，还处于心理断乳期，年轻气盛，血气方刚，自尊心相对比较强，也较为敏感，在面对外界刺激时，还会受到社会因素和家庭因素的影响，往往容易导致其产生行为或情绪上的冲动性，易感情用事。情绪上的冲动表现为敏感多疑，易怒，对他人或社会大环境常常抱有不满，爱发脾气，言语攻击，情绪易失控；在行为上的冲动性常表现为对事物缺乏全面分析且不计后果，冲动鲁莽，如一旦行为失控，有可能造成严重的伤害后果。

比如发生打架斗殴事件、违反校规校纪事件,甚至自伤或他伤事件等等。如果不予以及时正确地引导,将会对大学生及社会带来一定程度上的伤害或危害。

4. 外显性与内隐性

当代大学生虽然所处于社会竞争激烈的时代,但是随着整体高科技和经济的快速发展,同时也有着越来越多的机会。对于大学生而言,他们需要更多的机会展现自己,因此他们对于外界的信息和刺激反应都比较直接和迅速敏感,喜怒哀乐常常都形之于色,他们的情绪表达基本可以从表情和言谈举止当中判断出来,但是他们比具有职场经验的成年人来说更为直接和外露,这也正好凸显了大学生情绪外显性的特征,比如考试成绩是否理想,是可以从大学生的外显情绪当中就能判断出来的,因为他们往往会把很多情绪外显出来。相对于中小学生而言,大学生的表现往往会隐藏、修饰或抑制自己的真实想法和情绪体验,表现在他们的内心体验和情绪外在表现出现不一致的情况,这也凸显了大学生情绪内隐性的特征。比如在某些场合或某些敏感的问题上会选择抑制或隐藏自己的真实情绪体验,若在对待喜欢的异性问题上面,明明很喜欢,有好感,很想进一步去接近,但是却表现出不坦率直露,一副满脸不在乎,情感隔离,冷漠人家的样子等等。因此大学生的情绪虽然在好多情况之下都是直接外露,具有很强的情绪外显性,特别是在一些有成就的大事上往往马上就能体现出喜怒哀乐形于色的情况,但是,在大多数情况之下,大学生还是有着较强的情绪控制性和抑制性,因为随着大学生心理逐渐趋向于成熟和适应自己的社会角色转变,他们可以做到根据自己的目标规范有选择性地表达自己的情绪,表现出情绪的内隐性。

5. 独立性与依赖性

大学生进入大学校园那刻起,意味着大学生已经从熟悉的家庭环境中切换到独立自主的生活状态,能够唤起其成人感和自主感,另外他们的自尊心和自信心也有着一定程度的提高。一方面,大学生在情绪上有着很强烈的独立自主欲望,渴望能够自己处理学习和日常生活方面的问题,同时也希望社会或者他人能够相信并承认自己的独立完成能力。但是从另一方面而言,由于大学生自身的知识储备还存在着不足,社会经验还是不够丰富,所以他们在处理某些事情上,还存在着一些局限性,依然没办法做到完全依靠自己的能力来处理学习和日常生活当中的复杂事情,还得要对学校、家庭、社会和他人存在着相对明显的情绪依赖,但是大学生往往存在着既想事事独立自主处理但又因能力和认知水平不够，要依赖于学校、家庭、社会和他人的情况，常常会使大学生产生较为强烈的情绪冲突。

二、造成大学生情绪特征多元性的因素分析

由于大学生来自全国各个地方，来自不同的民族，不同的地方文化和生活习俗，不同的家庭背景和家庭教育方式，都会使得每个大学生都是独一无二的个体，他们受到诸多的因素影响才能造就现在的自己，所以在他们的成长过程中，他们会受到来自不同人、不同事物、不同环境等影响，造成其内心情感丰富而复杂，内心出现情绪震荡，形成多元性特征。造成大学生情绪的多元性特征的原因如下。

（一）教师对学生的情绪管理能力和专业学习压力，都会影响着大学生的情绪

1. 高校教师对学生的教育管理中，忽略了对大学生的情绪管理问题

在高校的学习与日常生活当中，高校科教师在教学的过程中，往往会重视学生的学习主动性、学习努力程度和学习成绩，或许只要做到学习认真成绩好，那么都是教师心目中的好学生，都是受到教师重视的；高校辅导员或班主任，除了重视大学生成绩外，往往更侧重于重视学生的个人能力表现，偏重于学生干部的能力表现，完成工作任务的效率表现，所以高校教师在重视大学生的成绩和个人任务能力的时候，会大力抓大学生的成绩和抓个人任务能力的表现，常常会忽略大学生在学习或做任务时候所体现出来的负性情绪，甚至对其负性情绪置之不理，如在优秀班级评比的时候，有一个大学生经常毫无征兆，毫无原因地迟到，甚至旷课，辅导员面对这类的情况，为了能够评上优秀班级，往往不顾三七二十一，不问迟到或旷课的原因，做不到与大学生共情的能力，只是会对大学生进行思想教育，进行纪律的教育，会拿学校的规章制度谈事，那么大学生会觉得辅导员太势利了，太强势了，都没给机会让自己做解释，慢慢发展下去，大学生内心会五味杂陈、情绪会变得相对复杂，会表现出越来越委屈和封闭，或者越来越愤怒和躁狂等等。因此高校教师在对学生进行学习和大学日常生活的管理工作时，学习成绩并不是唯一评价大学生好坏的标准，学校虽有规章制度，但是要实际考虑到大学生的实际情况，注重与大学生的沟通艺术和交流手段，多多了解事件背

后,大学生存在着哪些原因,多多考虑到大学生的情绪感受,做到与大学生很好的共情能力,才能做好大学生的情绪管理教育工作,进而影响到其学习与能力的表现,因为大学生的情绪体验表现,是其个人的心理素质的表现之一,是可以影响到其个人的成才要素的,对于学校的管理,也有着一定的影响力。

2. 专业学习压力过重或者不适应都会直接影响到大学生的情绪

大学生所选择的专业学习在一定程度上直接影响着其情绪的产生,如大学生选择的专业学习是自己所感兴趣的,那么很快就能调动其学习的积极主动性,学起来也会觉得毫无费力,相对比较轻松、愉快,即使有点压力,也会以全身心感兴趣和心情愉悦的状态来应对,状态的表现会比较良好;如大学生选择的专业学习是违背自己的意愿来迎合父母的意愿,学习就会显得特别被动,而且大学的课程相对于高中来说,课程会多样化,课程内容都是全新的内容,同时内容涉及的范围相对也会比较多,且每门课的上课地点并不是在同一教室,这就要求大学生除了要适应全新的学习环境外,还得根据实际情况来不断调整自己的学习方法,要是有些同学的学习方法缺乏变动灵活性,学习方法使用不当,会造成一定学业上的压力,那么学习起来就会更缺乏积极性,慢慢地,时间越长,对学习也就越来越厌倦、越来越抗拒,情绪也会越来越复杂和矛盾,导致可能会出现逃课、沉迷于网络或考试作弊等等。另外现在就业压力的影响也会导致大学生之间的专业学习竞争压力不断加剧,使得其感受到沉重的学业负担,易产生失落、抑郁、焦虑不安等负性的情绪。

(二)不同的家庭教育方式或者家庭经济能力,也会影响着大学生的情绪

1. 家庭教育方式影响着大学生的情绪

家庭是孩子最先接触的生活场所,父母也是孩子的第一任教师,也是孩子生活的社会导师,孩子会以父母教他的方式来反馈于社会之中,所以家庭环境是孩子最早生活的环境,在不同的家庭生活环境当中会造就不一样的孩子,如体现在孩子的认知方式、行为应付方式和情绪反应等方面,甚至在同一家庭生活当中的不同孩子,也会表现出不一样的想法、行为和情绪特点。如果父母的教育方式较为强势专制,孩子往往容易出现

内向、自卑、唯唯诺诺、敏感，常常表现出郁郁寡欢的神情；如果父母的教育方式较为粗暴，常常对孩子进行拳打脚踢，那么孩子就较易形成胆怯、焦虑紧张、害怕痛苦的情绪体验，甚至有些孩子学会了父母对待自己的教育方式，他们也会对别人进行暴力相向，对孩子造成易怒易暴的情绪；如果父母的教育方式是较为多疑多虑的，常常表现在过于保护孩子，过于干涉孩子的生活状况，那么孩子会形成压抑、敏感、苦闷甚至也较为紧张焦虑的情绪体验等等；如果父母的教育方式过于娇生惯养孩子，那么孩子又会表现出飞扬跋扈、唯我独尊、缺乏换位思考等性格，在情绪方面会体现出较为依赖性，易暴躁如雷等等；如果父母的教养方式过于放养型，虽然孩子会感受到无拘无束，想干什么就干什么，但是过于放养会导致孩子变得没有规矩，有可能会拉帮结派，染上恶习，那么孩子常会体现出一些怒气哄哄、过于自由的情绪感受；如果父母的教育方式是常常拒绝孩子或者是否认孩子，孩子较易形成消极的应对方式，对人对事往往表现出极大的不信任感和松散懈怠感，情绪也常出现无助、郁闷、抑郁、自卑等等；如父母的教育方式为以稳定的情绪地对待孩子、用心地陪伴孩子、体谅孩子、与孩子做到感同身受，并用适合孩子的教育方式进行教育，那么孩子也会以同样的方式来对待别人，对待社会，常表现出乐观、欢快的情绪体验等等。因此如果孩子生活在一个较不和谐、乌烟瘴气、关系错综复杂、父母情绪极为不稳定的环境当中，那么孩子的情绪易发展为孤僻、自暴自弃、焦虑、抑郁、自卑等负性情绪；如果孩子生活在一个较为和谐、相互体谅和尊重、父母情绪较为稳定当中，那么孩子的情绪常常会表现为开朗、活泼等等，所以说家庭的教育方式会影响到孩子的日后的行为模式，更是会对其情绪体验有着重要的影响。

2. 家庭经济的因素影响着大学生的情绪

有些来自家庭富有，条件较为优越的大学生，往往容易出现较高的优越感、自傲自负、高高在上、自私甚至把家庭唯我独尊的那套态度搬到大学校园生活当中，表现出较为强硬、强势的性格和偏激的表现；而有些家庭经济条件较为困难的贫困大学生，来到大学校园后，与来自家庭经济状况优越的大学生相比较，往往容易出现压抑、自卑、苦闷的情绪，不敢与同学有过多的接触，生怕出错，被别人看不起，特别是在想法表达方面，更是萎缩或逃避，会对其情绪造成一定程度的内隐性和波动性等等，若不及时进行干预，有可能会对其情绪造成长期的分歧状态。

(三)大学生个体的原因影响着情绪的变化

1. 大学生的自我认知影响到其情绪的变化

由于大学生来自不同的地域、不同的文化背景和不同的家庭,生活观念和行为应对模式上会存在着一些差距,而这些差距往往会导致其情绪的变化,如有的大学生来自繁华的大都市,有的大学生来自偏远落后的农村,由于在生活上的差距,往往来自农村的有些大学生虽然对大学生活充满期待,但是面对着现实,他们还是会觉得自己的生活质量不如别人,才艺不如别人,见世面不如别人,接触的事物和人也不比别人多,较易产生无助、自卑、抑郁的情绪,这样的认知问题的方式,会使得这些大学生不能够正确地认知自我,常以别人为标杆来衡量自己,导致自己内心越来越不平衡,看问题能力就会较易出现偏差,这就会影响到其的学习生活与人际交往能力等等。

然而大学生进入大学生活后,意味着自己背井离乡,离开了自己所熟悉的环境和人,意味着自己要独立自主地生活,需要自己有着对事物和人的良好自我认知能力,才能顺利应对着学习和大学生活中所发生的一切琐事。但是有些大学生对于大学生活里所发生的一些困难和挫折,过于敏感,有着不合理的认知,往往对困难和挫折的认知意识不够,评估过低或者评估过高,困难和挫折也得不到相应地解决,会使得其持续深陷于懊恼、自责、悔恨、愧疚的情绪当中,导致自我情绪找不到合理的调节途径。另外有些大学生在校期间,只顾学习,缺乏实践锻炼机会,缺少深入接触社会的机会,他们对于未来的期待自我认知过高,因此大学生对现实实际情况的把握与未来的理想之间存在一定的差距,不能很好地将现实与未来理想相互结合起来,有着一些矛盾冲突,导致大学生较易陷入烦恼、失望、抑郁、焦虑、痛苦等负性情绪体验当中,也给思想上背负上沉重的负担。因此,如果大学生长期体验到负性情绪的困扰,不能得到很好地调节或排解,会造成情绪有着较长的外显或内隐性,导致更严重的后果出现。

2. 人际交往影响着大学生的情绪变化

相对于高中生活而言,大学生进入大学后,对于新的人际关系的建立、适应与维持稳定远比对学习和日常生活的适应显得更有难度。进入大学之后,意味着要新建大学生活的人际关系。多数大学生在未进入大学之前,自己学习生活的社交圈一般都是自己较为熟悉的同学老师们或者亲朋好友们,人际关系之间还是比较稳定的,然而进入大学之后,要面对着来自五湖四海的全新同学们,有着生活习惯、方言、风俗文化和特点各异等方面的不一样,意味着大学生要重新结识新的人际交往对象,所以大学们所面对的人际交往会比高中时候相对复杂得多,他们所需要的人际交往技巧也得根据实际情况灵活多样化,同时情绪也会随之变得丰富而带层次性。首先大一学生由于刚进入大学,对于环境事物和人都相对陌生而具备新鲜感,在与同学进行社交活动的时候,会本能地隐藏自己的一些缺点,但是随着接触时间越长,自个的缺点会逐渐在学习和日常生活中暴露出来,常常会引发一些人际矛盾,产生焦虑、苦闷、压抑等负性情绪体验,待到大二或者大三时候,相对大一而言,经历了较多事件的变化发展和相互之间的磨合,那么此时大学生们会有着一些比较固定的人际交往圈子,情绪状态也趋向于稳定的发展当中。其次如果有些大学生在人际交往过程当中,缺乏应对的技巧和勇气,也较容易激发起恐惧、自卑等负性情绪的发生,比如有些大学生的父母常常大打出手,甚至要常闹离婚,他们的家庭关系存在着极为不稳定性,那么容易使大学生造成敏感多疑、不信任,常常担心人际关系会中断破裂,也害怕或不愿意与人进行人际交往活动,较易出现恐惧、孤独、郁闷、自卑等负性情绪体验;如果有些大学生从小否定自己,看到有些同学在某些方便比自己优秀,他们会感到自己的无能感,在人际交往方面会谨小慎微,甚至抗拒人际交往,导致妒忌、自卑等情绪的产生;如果有些大学生的家庭背景较好,经济基础条件富裕,那么他们容易产生优越感,在人际交往当中,会觉得自己高人一等,呈现出傲慢的姿态,这样类型的大学生易产生骄傲、自私、鄙视等情绪状态。最后大学生的寝室生活都是好几个同学同住一个寝室,彼此之间的作息时间安排、生活习惯等都得需要一段时间甚至较长时间的磨合,在磨合期间,如只是从自己的观点、自己的角度出发,那么出现一些人际关系的冲突也是必然的情况。其实由于大学们受地域文化、环境地理位置、家庭背景、风俗习惯和个人的性格等方面的影响,在大学的集体生活当中,难免出现人际矛盾,这些都是较为正常的现象,但是由于有些大学生在人际关系中,自我认知不够、调节人际关系能力有所欠缺,即使出现了负性情绪,也没有及时地进行干预化解,人际关系当中积累的矛盾就会越来越多,反之还会加倍影响到大学生的情绪调节,使其常体验到负性情绪的波动性。

(四)社会环境的因素影响着大学生的情绪

1. 生活环境变迁影响着大学生情绪的变化

生活环境变迁影响着大学生情绪的变化,更多地体现在大一新生方面,对于大一新生来说充满了挑战性,因为这种生活环境的变迁意味着大一新生远离熟悉的家乡生活环境、同学和亲朋好友,更是不能在生活方面依赖父母,需要自己独立生活,从而产生孤独感的情绪体验。再加上生活习惯、气候、新的人际关系、新的学习内容,还有随时要应对着即将发生在校园内外的一切生活琐事,导致大学生要重新评价自己与他人,重新调整自己来适应生活环境变迁所带来的新变化,在重新调整自己的过程当中,有些同学的适应性强,很快能融入当地的生活习惯和融入大学校园的生活,体验到开心有趣、愉悦的情绪体验;而有些同学一时半会还是没能很好地进行自我调适,对于新的生活环境变迁,激发起其较强的心理防御功能,处处小心翼翼,谨小慎微,很难做到放松地敞开心扉接受新环境、新事物、新同学们、新学习内容等等,使得他们常常体验到郁闷、紧张、焦灼等负性情绪,对他们的身心健康、学习和人际关系都产生了很大的影响。

2. 社会的快速发展影响着大学生情绪的变化

当今社会正处在于加速变革的不断发展中,随着经济与科技的飞速发展、生活节奏的加快,社会竞争也呈现日趋激烈的发展趋势,互联网和人工智能不断进步发展,再加上社会文化的多元性冲击等等,当今时代下的大学生在学习、日常生活方式和人际交往互动等方面都会呈现出有别于传统社会的一些特征,整个社会的发展变化也逐渐体现出多变性、复杂性和不确定性的增加。社会发展变化存在着复杂多变性和不确定性的增加,要求着大学生要具备更强的社会适应能力,具备较好的心理弹性能力,但由于大学生思想还未达到完全成熟,还缺乏着足够的社会实践经验,使得他们在面对社会发展变化时,存在着较大的压力,也往往随之产生焦虑紧张、怒气冲冲、抑郁沉闷、混乱和无所适从等负性情绪。

3. 就业形势的严峻影响着大学生情绪的变化

由于高等教育不断实施大规模的扩招发展,大学生、研究生和博士生的毕业生数量也随之增多,但是就业岗位的需求并没有跟上毕业生数量的步伐，导致每一年都出现就业难的现象，即高校的就业难问题与高校不断扩招、不断扩大办学规模之间呈现出并列的相伴而行的情况，给大学毕业生带来较大的挑战性和现实的冲击力。每年在招聘会上，一个岗位可能都存在着几十位高校毕业生甚至上百位高校毕业生相互竞争的现象，本来就业岗位的需求量就极少，然而大学毕业生还要顶着巨大的压力与高学历的研究生、博士毕业生相互竞争，使得大学毕业生深切感受到来自前所未有的全方位就业压力。另外，招聘单位想招到高质量的优质高校毕业生，他们会加设诸多招聘条件的门槛，比如毕业院校要属于"985"或"211"高等学校、专业对口、考过大学英语等级考试、计算机等级考试、具有社会实践活动工作或社会实习的经验等等。大学生为了能够搏斗到就业岗位的机会，平时除了不断增强自己的专业知识结构之外，还得利用业余的课外时间，不断地参加校内外的社会实践活动，来增加自己的社会实践活动工作经验，做到学习和实践工作相互兼顾，大学生必须得有强大的心理弹性才能抵挡得了现实与就业的压力，这往往也会导致有些大学生的情绪出现波动，体验到焦虑、无助感等等。最后社会上还会出现一些不公平的问题，比如拼父母的现象，也会导致大学毕业生的就业压力加剧，使得他们内心觉得不公平，很委屈，甚至他们还可能存在质疑自己是否有能力找到工作，是否可以适应社会的发展变化，同时也大大增加了大学毕业生步入社会之前的矛盾、恐惧不安、焦虑紧张、抑郁等负性情绪。

4. 信息化网络时代影响着大学生情绪的变化

随着科学技术的飞速进步，当今社会信息化也在不断发展当中，随之兴起的网络信息时代已经成为大学们学习和日常大学生活当中必不可少的一部分，吸引着大学生人群大量使用网络数据。网络信息时代的不断发展、不断丰富，各种线上使用功能不断被广泛应用，使得大学生们在享受着网络所带来的便利化的同时，更是满足了大学生的很多线上操作需要，比如大学生可以随时随地利用网络线上学习、线上查阅资料，传阅资料、线上交友、线上语聊视频、线上组队游戏娱乐等等，正是网络的出现，使得大学生可以在线上快捷地完成一些线下的学习生活任务。然而网络世界是一把双刃剑，若能够合理地运用好网络信息，它便能在大学生成才成功的道路上起到推波助澜的作用；若是过度使用或过度依赖于网络，那么对大学生的身心健康所带来的负面影响将是不可估量的，因为大学生处于青年期、心理断乳期，心理方面尚未完全成熟，还没有形成完全成熟的世界观、人生观和价值观，在面对网络世界的巨大吸力，大学生在享受着网络世界所带来的便利和多样化功能的同时，往往也很难做到很好地合理掌控和把握网络的时间，甚至还会有些网络不良的信息内容对大学生造成一定程度的干扰,甚至会令大学生误入歧途,加重了其寂寞感、孤独感、抑郁等情绪体验,深深影响着大学生的身心健康和应对问题行为模式的发展。此外有些大学生愿意花更多的时间和精力沉浸于网络世界,沉迷于线上网络的人际交往,长期发展下去会使得部分大学生们的线下真实的日常交流会越来越少,会逐渐弱化现实中大学生之间的人际交往能力;有些大学生自制力较差,难以抵挡网络世界的诱惑,会大大降低学习的能力,降低学习质量和学习效率,导致人际交往萎缩、社会理想淡化、自我认识偏差、情绪反应波动性大等等,也较易出现时而暴躁、暴怒,时而郁郁寡欢,时而焦虑紧张,时而恐惧不安等负性情绪体验,严重影响了大学生的学习、日常生活方式和人际交往能力,甚至导致其日后的社会功能适应不良现象的产生。

三、情绪对大学生的影响

(一)情绪对大学生行为的影响

从情绪的构成要素来看,主要包含了三大类:主观情绪体验因素、生理基础因素和外在表现因素。生理基础因素是一种心理活动中的心理过程;主观情绪体验因素是一种情绪产生时所体验到的内在主观感受,是心理活动中一种独特的主观内在的意识或者感知觉;外在表现因素是一种心理活动中反应情绪的信号工具。当大学生体验到主观上的某种情绪时候,不仅生理上会发生些相应的变化,同时也伴随着一些相应的外显身体姿态、语音语调和面部表情,因此产生相对应的某种行为,即情绪是心理活动过程中最为基本的一种心理过程,是对大学生的应对行为产生了影响,进而对大学生的学习与日常生活有着重要的影响。合理适当的情绪能让大学生保持一种平稳的觉醒状态,很好地意识到自己的情绪状态,有助于其采取较佳的应对行为,更好地完成学习或日常生活中的工作任务,进而使其获得主观上的幸福感,比如当大学生体验到积极乐观的正性情绪的时候,会感到开心、高兴、自信、幸福和安全感,对于周围环境也有着较好的融合,对于承接新的学习内容、学习任务或日常生活当中的任务都有着较好的心理弹性来坦然面对和积极行为应对,会使大学生越来越热爱大学生活,越来越接受自己和爱自己等等。但是若是唤醒强烈程度和波动程度极高的情绪,这时往往大学生所相对应的应对行为是带有破坏性甚至伤害性的,比如当大学生体验到消极的负性情绪的时候,会感到难受、焦虑不安、痛苦、郁郁寡欢或受到威胁等等,可能会引起大学生的不良反应,如对日常生活失去了兴趣、学习失去了目标、没奋斗劲、整天无精打采,甚至有时还会出现反社会行为,对于新的学习任务、学习内容或者日常生活当中的任务往往是持有排斥的态度,宁愿选择逃避的行为方式应对,因此情绪是对大学生的行为有着极为重要的影响作用。

(二)情绪对大学生动机的影响

大学生的情绪体验与其动机的关系有着较为紧密的联系。一方面正性的情绪体验具有较好的激励作用,影响着大学生的动机水平,可以激发大学生对待自己、他人和世界的积极向上态度,大大提高了其学习和日常生活的任务效率,比如,大学生能够感受到快乐、安全、乐观、开朗等等,从而可以影响到其从事学习和日常生活中的活动任务的积极性,增强其活动任务的动机水平;另一方面如果体验到较强的负性情绪,如痛苦、抑郁、惶恐、焦虑紧张等等,反而会大大降低大学生的学习和日常生活中的活动任务积极性。另外有些情绪体验却是兼备积极和消极的动机性质,比如伤心可以使大学生消沉,但是也可以使大学生化伤心为前进的动力。

(三)情绪对大学生认知的影响

大学生的情绪对其认知能力的水平存在着一定程度的影响和调节作用。比如大学生在良好的积极情绪体验之下,会大大地提高了其大脑的活动功能和思维能力,激发其无限的内心能量,不断地学习和获取新的知识点,扩大了其认知能力的范围,使大学生感到信心满满,思路和视野也逐渐变得越来越开阔,也更有利于其能够快速了解到更多的问题,并提高了其认知水平、解决问题,并能够顺利完成学习和日常生活的效率;然而不良的负性情绪会大大地抑制或干扰着大学生的认知能力水平,会降低其对问题的解决能力,如情绪郁闷痛苦时,可能会使其认知能力变窄,思维延迟,应对行为能力变得迟缓甚至僵硬,使得完成学习和日常生活的任务受到了阻碍,大大降低了任务效率。因此,情绪会影响着大学生的认知水平能力。

(四)情绪对大学生人际交往的影响

大学生正处在一个想要学习更多专业方面的知识,参加各种社团和实践活动,并且能够更多地了解社会,扩大自己的认知并努力丰富与探索人生的重要阶段,那么这些主要活动任务都是与人交往的过程当中不断地进行和完善的。在现在社会的快速发展之下,更是讲究人与人之间的联系、相互协调配合和相互合作共赢的关系,更是凸显了彼此之间人际交往的重要性。情绪在大学生的人际交往当中也起到了极为重要的作用,不同的情绪体验可以影响大学生与他人之间的人际关系建立或者破坏。由于大学生的感情细腻、丰富而复杂,甚至有时会对人对事过于敏感,有时又过于迟钝,往往两极化和矛盾化的情绪,易使得其与他人之间的人际交往缺乏稳定性,所以大学生在与他人进行人际交往的过程中,情绪反应和表达是否适时、适宜、适度,都会进一步影响着相互之间人际交往的持续性发展。如,由于情绪具有相互的感染性,在社会交往情境中,那些往往具备乐观、积极、热情、自信等良好的正性情绪体验的大学生,在人际交往当中有着较强的人际吸引力,容易受到他人的喜爱和赞赏等等,那么这对于彼此之间的人际关系的发展起到了良好的推动性作用。然而大学生如果常常表现出郁闷、难受、自卑、压抑、愤怒、坐立不安、焦虑紧张等消极的负性情绪体验,会让他人觉得太情绪化,难以相处,不易沟通,慢慢地使彼此之间的人际关系渐行渐远,如在大学生活中,有些同学一遇到些鸡毛蒜皮的事,小肚鸡肠,斤斤计较,较容易激起火冒三丈、怒发冲冠,极度的悲伤、痛苦难言,喜怒无常等情绪体验,这对于自己或者他人来说,都会造成一定程度上的影响或者伤害,会抑制彼此之间人际交往的发展作用。因此,大学生在人际交往中,应当调节好自己的情绪,做到合理的情绪反应和表达作用,这对自己与他人的人际交往起到了一定的良好促进作用。

(五)情绪对大学生身心健康的影响

情绪对大学生的身心健康有着一定程度的影响。如积极的情绪体验,容易使大学生保持良好的愉悦状态,使其乐观阔达,性格开朗,快乐至上等等;也容易激起其对知识的求知欲望,富有激情,爱好广泛,能够唤起大学生的自信心,唤起对未来学习和生活的向往,并对未来充满了足够的希望,有利于大学生建立良好的人际关系,同时积极地情绪体验也能够激发并提高人体的免疫功能作用,可以大大减少疾病的发生概率,有利于大学生的身心健康;反之,若大学生常常体验到紧张焦虑、恐惧、压抑、痛苦、愤怒、自卑等消极的情绪反应,会大大降低大学生的免疫能力,一旦免疫系统有所降低之后,往往疾病就会乘虚而入,身体的内脏功能可能也会受到一定程度的伤害或引起功能紊乱,比如会引起消化系统疾病、月经失调、心律失常、呕吐、头晕头痛等等疾病,另外消极情绪体验会破坏大脑皮层的抑制和兴奋之间的平衡，使得大学生的认知能力变弱，自制力不强，判断力易出现偏差，甚至还会导致其学习能力降低，记忆下降，思维不敏捷，想象能力受到了一定的局限，甚至还会导致其情绪不稳，起伏不定等等，可见大学生的情绪体验是对其保持躯体健康和心理健康之间是否能够达到平衡的一个重要条件。

第四节　识别与评估情绪

一、识别情绪

一种是当你想识别自己的情绪时候，若感到难以进行，甚至感到一切都是很乱的心情，根本不知道从何入手来识别，那么此刻你可以尝试从观察自己的生理方面表现入手。比如手心出汗、肩膀紧绷、呼吸急促、尿频尿急等，可能预示着焦虑不安；面红耳赤、头胀头痛、紧握拳头等，可能预示着愤怒暴躁；身体发抖、东张西望等，可能预示着恐慌；四肢沉重、体温降低、心率减缓等，可能预示抑郁低落。类似这样的躯体表现或许可以帮助你能够识别自己的情绪。

另一种是你在学习与日常的生活当中，若是你意识到自己所体验到的情绪，那么可以在常见的情绪词表(表 4.1)中圈出相对应的情绪，如果在表 4.1 提供的情绪词中，没有找到可以准确地表达自己的情绪的词语，那么，你可以把你想表达的情绪写在表 4.1 的其他情绪栏里。

另外还有一种是你可以描述你体验到强烈情绪感受时所处的情境，并且写下来此情境下你的情绪反应。接着使用情境与情绪的案例示范表(如表 4.5 所示)，进行示范练习。注：情境中的主人公为小 A。

表 4.5　情境与情绪的案例示范表

情境 1：今天早读的时间，我和同学们一起在教室上早读读书。 情绪：愤怒、生气、烦躁。
情境 2：今天早上你在家洗漱的时候，突然接到许久未联系的朋友电话，邀请我一起去 KFC 吃早餐。 情绪：焦虑不安、担心害怕。

续表

情境 3:今早第 3～4 节课的课间,我主动找老师探讨专业知识方面的重难点问题。 情绪:抑郁、愤怒。
情境 4:今天晚饭的时候,我约不到与我一起吃晚饭的同学。 情绪:郁闷、紧张。
情境 5:今天傍晚时分我独自在教室自习的时候,接到了我母亲的电话,母亲开口就说我指定是在玩游戏而不是学习。 情绪:悲伤、愤怒。

从上述的例子可以看到,如果单单只是了解曾经所经历的情境,并不能了解到小 A 为什么会在当时当下所处的情境下,会产生那样情绪的原因,比如为什么小 A 和同学们一起在教室上早读读书会产生愤怒、烦躁和生气呢;为什么今天早上小 A 突然接到许久未联系的朋友电话,邀请小 A 一起去 KFC 吃早餐,小 A 会觉得焦虑不安、担心害怕呢;为什么小 A 主动找老师探讨专业知识方面的疑惑时,会感到抑郁和愤怒呢;为什么今天晚饭的时候,小 A 约不到与她一起吃晚饭的同学,会感到郁闷、紧张呢;为什么今天傍晚时分小 A 独自在教室自习的时候,接到了她母亲的电话,母亲开口就说她指定是在玩游戏而不是学习,可小 A 为什么会产生悲伤、愤怒的情绪呢？面对大家产生的种种疑问,在后续章节里,我们将会揭开谜团,因为在后续章节中将会阐述个体体验到强烈情绪的背后原因,由于强烈情绪的产生,意味着对于个体来说,是发生了重要的事件,而这些事件注定着个体诠释想法的重要性,所以探讨情绪背后的原因可以让个体更为清楚地了解自己,了解到情绪的触发点,更是了解到个体引发情绪的想法问题等等。

二、评估情绪

当我们在识别自己情绪的时候,还得要对情绪的强度进行评估,因为对情绪的强度进行评估后,才能够帮助个体意识到面对情境时所产生的情绪的波动情况如何,意识到情境的不同可能会引发不同的系列情绪变化,那么在这些不同的情绪当中,到底又是哪个情绪占有主导地位。另外,还可以通过情绪的强度的变化过程,来判断想法的变化,即能够通过情绪来认清是哪些想法引起这些情绪的变化,且可以评估使用调节情绪方法的有效性。那么情绪强度等级评估表,主要评估的分值范围从 0 分至 100 分,每隔 10 分为一个等级，情绪强度等级的感受程度由轻到重的过程，如表 4.6 所示：

表 4.6　情绪强度等级评估表

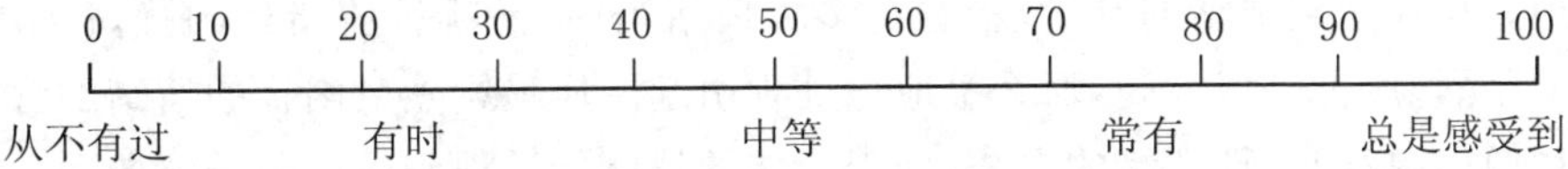

为了你们可以更好地观察到自己的情绪变化过程，需要在情绪强度等级评估表上，标注上能够反映出自己情绪强度的分数，下面以表 4.5 中的其中小 A 一例情境和情绪作为范例演示。

情境：今早第 3～4 节课的课间，我主动找老师探讨专业知识方面的重难点问题。

情绪：抑郁、愤怒。

抑郁：

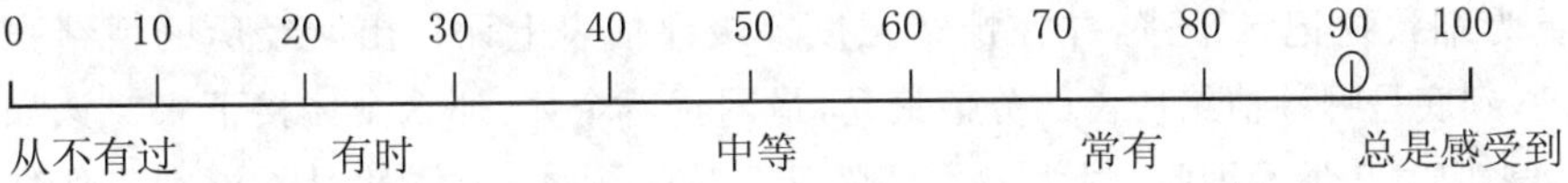

愤怒：

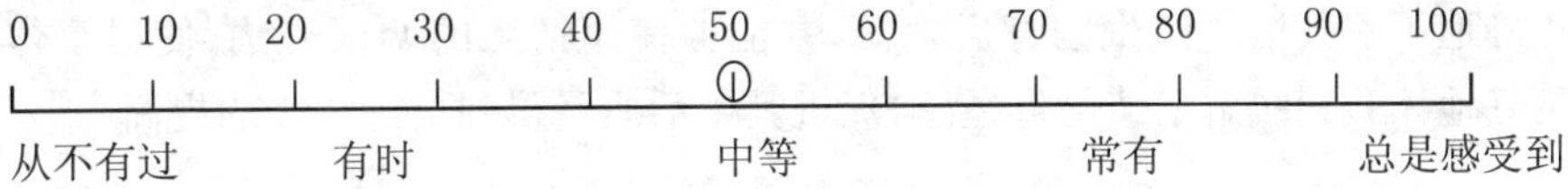

从情绪强度等级评估表中，我们可以较为清晰地看到个体在主动找老师探讨专业知识方面的重难点问题的时候，出现了两种情绪，分别为抑郁和痛苦，而且从评分的等级上，更能够明了地看到个体感受到较强的抑郁情绪反应，高达 90 分，而感受体验到愤怒程度相对于抑郁来说，愤怒占有的分值较低，达到 50 分，这可以说明在个体主动找老师探讨专业知识方面的重难点问题的时候，到底个体的脑海当中出现的第一想法有哪些或者闪过什么样的画面，才会使得个体会出现多种情绪，并且是抑郁程度占有分值相对较高，抑郁 90 分的分值对于个体来说意味着什么呢？剩下的 10 分又将意味着什么呢？为什么个体所感受到的愤怒分值又相对低点呢，为什么只给愤怒的等级评分 50 分呢，又是能够代表着什么呢？剩余的 50 分又能够说明什么问题呢？如果大家存在以上的疑问，那么将在第五章节里会着重探讨引发情绪背后的想法思维。另外个体在每天所经历的各种情境之下，常常会感受体验到各种情绪的影响，有时是体验到一种情绪，但是更多时候是体验到多种情绪的混合，正如表 4.5 所示的案例中所示，在一种情境之下，个体体验最多的是多种情绪的混合。当个体体验到了多种情绪，那么得好好利用情绪强度等级评估表，正确地识别个体当下所经历的情绪，并能够清楚地意识评估到情绪的等级，看看在多种情绪当中，是哪种情绪最困扰，反应最剧烈，所占分值最高，那么最应该处理引起反应最剧烈最困扰的情绪的背后原因，找到处理情绪的方法，使得个体的情绪能够得到适当的缓解调适。

个体在学习了第三章之后，学会了在过去一周的时间内监测记录情绪体验内容所使用专门的特定量表(即最常见的情绪状态：抑郁状态量表、焦虑状态量表和愤怒状态量表)，并把其得分记录在进展程度记录表上，使得个体能够意识到在过去一周的时间当中，整体的出现抑郁、焦虑和愤怒的频率有多高，对个体产生的干扰程度又是如何，另外在进展程度记录表中，更为直观地观察到过去一周个体整体的情绪体验状态变化如何。然而在第三章的基础上，第四章的学习内容主要是具体到在何种情境之下，个体能够识别出现所经历的情绪体验，到底是一种情绪，还是多种情绪体验的混合，接着更为细致地记录下来，并在情绪强度等级评估表上评估出所经历的情绪强度，到底是哪种情绪所占的分值最高，最困扰着个体，那么个体接下来又该如何来应对其最为困扰、最为棘手的情绪反应。因此，个体学习了识别与评估情绪，是为接下来即将学习的章节做好了充分的基础准备，使个体日后能够正确地了解其情绪产生的背后根源，并能够使用情绪的调试方法，使得个体更好地体验到缓解情绪的舒适感，促进其生活质量得到更进一步的提高。

家庭作业

一、简答题

1. 什么是情绪？情绪的构成要素包含着哪些内容？
2. 什么是情感？情感与情绪之间有着什么关系呢？
3. 情绪的功能有哪些方面呢？
4. 四种基本的情绪有哪些方面呢？
5. 常见的三种情绪状态有哪些呢？
6. 大学生情绪的总体特征有哪些方面呢？
7. 造成大学生情绪的多元性特征的原因有哪些方面呢？
8. 情绪对大学生产生哪些方面的影响？
9. 识别情绪有哪些方法呢？

二、判断题

1. 情绪强度等级评估表，分值范围从 0 分至 100 分，每隔 10 分为一个等级，情绪强度等级的感受程度由重到轻的过程。

2. 情绪强度等级评估表的评估等级分值对于个体来说，没有具体的意义。

（参考答案：1. 错；2. 错）

三、实践练习

练习 1：当你体验到有情绪的时候，列举体验到三种情绪状态下，个体的生理基础因素、主观情绪体验因素和显性的外在表现因素，并填在情绪的三要素模型图。

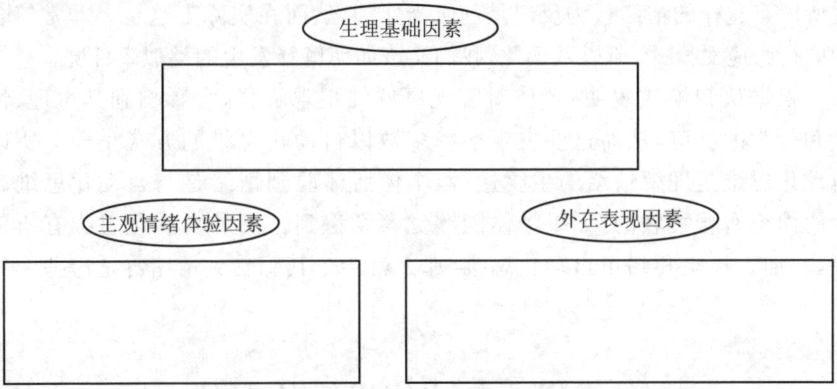

情绪的三要素模型图

练习 2：记录生活当中，在何情境之下能够引起你产生强烈情绪的反应，并评估当时的情绪强度如何，在情绪强度等级评估表上圈出相对应的分值。

情境：________________

情绪：________________

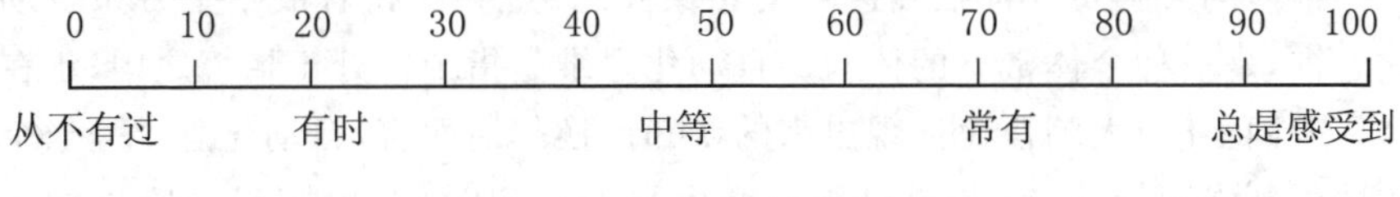

第五章　识别自动化思维

在生活当中，每天都会发生某些事件（积极和消极），然而个体的反应各不相同，有些个体的情绪反应与现实事件却表现出不匹配的现象，如受到老师的肯定与鼓舞后，变得更郁闷了；或者有些个体的情绪反应表现出过度的情况，如天气骤然降温，舍友提示个体天冷了要多添衣，结果个体暴跳如雷，埋怨舍友多管闲事等等，或许个体这种过激的行为反应可能会引起别人的匪夷所思，甚至不解，但是对于个体而言，他不觉得自己的行为出格，反倒觉得之所以有这样的情绪行为反应是理所当然的，然而在实际上这也是非常符合他的行为应对模式，所以基于此，我们又该如何解释发生的类似事件呢？

根据认知模式表明：个体对客观事件的主观解释，会影响到其生理、情绪和行为的反应，然而这些主观解释多数以自动化思维的方式呈现。所以自动化思维是理解情绪的主要途径，个体所体验到情绪是与自动化思维产生的内容有着关联的，如果个体能够觉察意识到自己的自动化思维有所偏差，并加以检验和纠正自动化思维，那么就会令其感受到情绪舒适一些。

第一节　自动化思维的概述

一、自动化思维的定义

个体的大脑每天都在飞速转动想象和思考，会存在着成千上万条自动化思维，是一种个体常见的体验。自动化思维是指个体处于情境之中（正在经历或回忆时）大脑快速涌现出来的认知。换句话而言，自动化思维是当个体感受到强烈情绪，或者是对情境产生强烈反应时候，大脑当中闪过的念头、画面、独白语等。

另外每个个体在面对同一情境的时候，所出现的自动化思维也是存着不一样的。比如除夕之夜，家里的大大小小成员都会回到老家，聚集在一起过大年。面对过年这一情境，有些家庭成员很期待过年，因为他们的想法是过年意味着团圆，可以有压岁钱，会收到很多祝福语等等，会使得他们感受到了开心喜悦；有些会觉得辛苦了一整年，今天终于可以放松下来，好好享受家庭的团聚，大家可以畅所欲言，感到很欣慰很满足；有些却很不喜欢过年，他们会觉得过年意味着又老了一岁，过年一大家子坐在一起会追问各种问题，令他们感到很压抑、烦躁。因此个体在面对同一情境的解读存在着各式各样的自动化思维，会影响到他们的情绪等方面问题。

二、自动化思维的特征

由于每个个体的自动化思维千差万别，所以当不同的个体面对同一情境，他们对情境的主观解读非常不一样，存在着较大的差异，但是自动化思维都有着一些较为明显的共同特征。

(1)自动化思维不局限于只是想法，有可能是内在对话的声音或者是画面的方式来呈现对事件发生做出具有主观性的解释。可以是单一一种形式呈现，也可以是两种形式同时出现，比如个体与同学谈及今日基础英语老师布置的作业时候，大脑一闪而过的念头："作业太多了，能做得完吗?"或者是大脑出现基础英语老师在课堂上布置作业的情景和同时想到："作业这么多，我啥时候才能做完这么多作业啊?"

(2)自动化思维来源于个体的价值观、态度与假设，以稍纵即逝、简短、"速记"形式自发涌现，为个体快速对情境做出反应提供了参考。由于个体所成长的环境、家庭教育方式、地域文化、受教育背景、气质类型等千差万别，造就了个体拥有不一样的价值观，对生活的态度与假设，当有情境出现的时候，个体的大脑会自发启动一直以来习得的惯用思考问题的想法，以最快速、简短、"速记"的方式一闪而过，因为这些自动化思维不需要努力、不需要耗费精力、不假思索地自然产生，所以这也是个体会自发采用毫无费力的自动化思维来完成对情境的解释。

(3)自动化思维的出现，大多数都是自然发生的，自动化出现对事件发生做出主观的解释，但并不是建立在深思熟虑和谨慎合理的分析上，往往都是未经过评估和理性的思考就迅速对这些自动化思维便接受，信以为真。换句话而言，虽然自动化思维是自发涌现的，但是隐藏在背后的信念一旦被确认激活，日后自动化思维就会变得具有可预测性，越来越坚信自己的想法是有事实依据真实存在的，且想法是正确无误的。

(4)尽管自动化思维多数是意识当下产生的,但是由于每天自然出现成千上万条想法,出现的方式非常地简单而短暂,迅速,适应性,而且常与情绪做联结,所以个体在更多时候会体验到自己的感受和情绪反应较多,却很难觉察和很难抓住情境下让自己引发剧烈不良情绪的自动化思维,多数时候个体是忽略了思维本身,意识不到快速一闪而过的自动化思维,因此这些自动化思维只有在个体稍加训练后,刻意去觉察关注才会被识别出来使个体最难受的那个思维想法。比如个体在宿舍听到舍友与父母有说有笑地打电话一个多小时,自己感到黯然伤感、伤心,失落至极,但是很难觉察到令自己引发最难受不良情绪的自动化思维(比如:我的父母为什么不像其他同学的家人那样打电话关心我?为什么父母对我这么冷漠?我感受不到父母对我的爱,我是累赘、多余的等等想法),如果本案例的个体经过了认知行为疗法的训练后,就会刻意地去关注自己的自动化思维,觉察到了自我的自动化思维是如何引发不良情绪的变化过程。

(5)从理论上来说自动化思维具有适应性,帮助个体节省时间,能够快速地做出符合当时情境的主观行为应对反应,但是由于每个个体的家庭教育方式、成长经历、受教育背景、社会阅历和气质类型等不一样的影响,因此并不是所有的个体自动化思维都具有功能良好的适应性,也会存在有些个体出现自动化思维不适应性,往往会表现出引发强烈的情绪反应与对学习生涯和日常生活造成非常大的困扰苦恼。

(6)如果个体没有心理障碍,即使能够觉察出自动化思维之后,也是可以自行找证据进行现实检验,但是如果对于焦虑或抑郁等障碍的个体而言,常常会体验到令其难受的大量歪曲或非适应性的自动化思维(如歪曲现实,妨碍个体实现学习生活目标和造成精神上困惑痛苦的自发思维),引发较为强烈的不良情绪反应和功能失调性行为应对模式。比如:个体提前预习一些即将学习的新知识点内容,会产生自动化思维:“老师还没讲解过,自己预习还是会存在些看不明白的地方。”一想到这,个体还是会体验到稍微的焦虑感,如果没有心理障碍的个体,会自发地不自觉对该自动化思维做出积极的反应回馈:“只是看不明白一些新的内容,但是还是看得懂多数新的内容,需要反复加强多看几遍不明白的地方,即使还是看不明白,还可以请教老师。”类似这样对消极思维的应对反应和自行的现实检验在学习生活中还是挺常见的;然而对于如果具有焦虑或抑郁等障碍的个体来说,他们会固执于坚持自己的不良认知,深深沉浸在自己的歪曲或非适应性的自动化思维当中不可自拔,比如这类型的个体遇到预习有些不明白的新知识点时,他们的想法相对会较为非黑即白、极端化、灾难化、个人化,甚至还会给自己贴标签等等,觉得:“自己太笨了,是个废物,什么事情都做不好,以后自行预习新的知识点，我永远再看不明白了。”紧接着会引发强烈的不良情绪反应和功能失调性行为，严重的话甚至还会做出威胁生命的行为。

三、识别自动化思维的误区

自动化思维是个体在面对情境时候，第一时间真实出现在大脑当中的想法、画面、内在对话或回忆等等。当个体在觉察或确认自动化思维时候，会出现一些自动化思维的误区，下面分别引用第四章里表 4.5 当中的小 A 三例情境（情境 1 至情境 3）的案例作为范例演示。

（一）自动化思维误区 1

个体往往把对一闪而过的真实想法加以主观解释当成自动化思维，可是这样的主观解释不能够完全代表自动化思维，因为有时候解释可能能够反映出实际的自动化思维，但也有可能并没有反映到真实的自动化思维的现象。

案例：

咨询师：小 A，今天早上你在家洗漱的时候，突然接到许久未联系的朋友电话，邀请你一起去 KFC 吃早餐，当时你心里想到了什么呢？

来访者：我不敢相信自己真实的感受。[个体对自己的想法和感受做出了主观解释，而非表达自动化思维]

咨询师：你能说得再详细一点吗？你是不敢相信什么样的感受呢？

来访者：不太明白这是什么意思。

咨询师：换句话来说，当你突然接到朋友电话时，当时你的情绪感受如何？

来访者：焦虑不安、担心害怕。[表达情绪]

咨询师：当你感受到了焦虑不安、担心害怕，是想到了什么？还是回忆起了什么？或者是出现了什么画面才使你产生如此的体验感受吗？

来访者：朋友突然间地联系，意味着有事相求。[表达自动化思维]

从案例中，我们可以发现小 A 出现了自动化思维与解释混淆的现象，刚开始的时候，小 A 是表达出了对自己的想法和感受的主观解释，误把解释当成了自动化思维。因此还得要加强学习如何识别自动化思维的自助方法，多加练习，才能达到熟能生巧的地步。

(二)自动化思维误区 2

其实有时个体把自动化思维与自己体验到的情绪感受混为一谈,有一种情况是个体常常会把自动化思维误以为是情绪,另一种情况是把情绪误以为是自动化思维。

案例一(把自动化思维误以为是情绪)

咨询师:小 A,刚你有提到了想谈一谈今天你和同学们一起在教室上早读的事。

来访者:是的,今早看到同学们个个都很认真地在读书,并且特别地有激情,而我却心不在焉。

咨询师:当时你的情绪感受是什么样呢?

来访者:我觉得这样下去我的学习指定会退步的,会拿不到奖学金。[表达自动化思维]

咨询师:你能表达出来这些想法都是挺重要的,那么当你想到"这样下去我的学习指定会退步的,会拿不到奖学金"时,你体验到的心情是什么样呢?

从案例一当中,我们可以发现小 A 出现了自动化思维与情绪混淆现象,误把自动化思维当成了情绪。其实不论是内心感受还是情绪,都是指你所体验到的心情,通常是用一个词语或多个词语组合来表达,比如愤怒、低落、难过、抑郁、生气、暴躁、恐惧、焦虑等等。而自动化思维是指大脑产生的一闪而过的想法,可以是词语、独白语、回忆、图片画面等等。因此当我们弄明白自动化思维和情绪所蕴含的意思之后,多加进行的训练,就会很容易使两者得到区分。

案例二(把情绪误以为是自动化思维)

咨询师:小 A,今早在第 3～4 节课课间,你主动找老师探讨专业知识方面的重难点问题时,当时你的脑子有想到什么吗?

来访者:抑郁、愤怒。[表达情绪]

咨询师:当你感受到了抑郁、愤怒,是由于想到了什么,还是出现了什么画面使你产生如此的体验感受吗?

从案例二当中,咨询师询问的是关于小 A 的自动化思维,可小 A 弄不清什么是自动化思维,该怎么表达,所以把自动化思维与情绪相互混淆了,误以为情绪就是自动化思维。因此我们还要进一步学习如何识别自动化思维的自助方法,将有助于个体可以提高自助觉察和识别自动化思维的能力。

第二节 识别自动化思维的自助方法

在学习和日常生活中，每天难免都会经历大大小小、各式各样的事件，个体对事件的理解方式和主观诠释是以自动化思维自发呈现，直接对其生理、情绪和行为的反应产生了重要的影响。另外个体如果学会了识别自动化思维的自助方法，有助于个体了解到自己的思维想法，明白自己之所以有这样的生理、情绪和行为反应，是由于自己在当时当下出现了非常简短而快速的自动化思维，因此应该要学会关注自动化思维，觉察识别自动化思维，有助于个体的身心健康发展。

一、识别情绪的变化

个体的情绪每天都会处在高低起伏的状态之下，只是每人的情绪强度呈现出来却不一样，有些人每天情绪波动的幅度不太明显，从他们的表面上是看不出情绪的变化转换；有些人的情绪波动幅度有着一定的过程，逐渐地出现高低起伏；还有些人的情绪波动幅度反应非常地剧烈，在短时间内突然间上蹿下跳。个体在先了解自动化思维的概念之后，了解认知模式表明个体的自动化思维是理解情绪的主要途径，个体所体验到的情绪是与自动化思维有着密切关联的，个体自动化思维产生的内容会影响到其所体验的情绪，进而影响到其行为应对的方式，且理解若是歪曲现实或非适应性的自动化思维，将会引发其较为强烈的不良情绪反应和功能失调性行为应对模式，所以当个体产生显著的强烈情绪反应时，可以将任何具有显著的强烈情绪反应都看作是出现较为显著自动化思维信号所引起的。基于此，个体应该利用其显著的强烈情绪起伏变化来觉察识别出较为显著突出的自动化思维。

个体强烈的情绪起伏变化的情况对觉察识别其自动化思维是非常有效的，很显然典型的认知模式包含着即时的、高度个体化、情绪激发的相关认知，所以显著强烈的情绪起伏变化是为了解一些非常重要的自动化思维提供了较好的机会。另外识别显著强烈的情绪起伏变化的另一个原因也是受到情绪记忆的影响，因为显著强烈的情绪起伏变化倾向于增强了个体对事件的日后回忆，使得个体更为可能理解并运用其自动化思维的概念。

二、明确辨别自动化思维的问题

由于在学习和日常生活当中,个体每天都会出现成千上万的自动化思维,那么怎么从这么多的自动化思维当中,辨别出最能够影响到个体生理、情绪和行为反应的自动化思维呢?由于个体会出现不一样的情绪状态,因此接下来讲述从几个一般的情绪问题出发,来明确辨别自动化思维的问题。当面对情境的时候,可以先从通用所有情绪状态的问题着手发问,接着再对表现出来的特定情绪,再自问相对应的具体问题,有助于个体产生情绪背后的自动化思维。

(一)通用所有情绪状态

个体无论在什么样的情绪状态下,都可以在第一时间使用常见的几个问题,对自己进行发问。

1. 问:"我当时心里在想什么呢?"

由于自动化思维是自然发生的,简单、短暂而快速,所以个体往往可能是体验到了情绪,而未知觉到想法的问题,无法识别闪过脑海中的想法是什么,因此,个体在有情绪的状态时候,可以对自己进行自问,在我没有体验到情绪之前,我当时心里在想什么呢?可能刚开始训练时,好多个体都会无法辨别出自动化思维,但是只要经过多关注,多观察自己的情绪,常常进行对自己进行发问的练习,那么很快就能够娴熟地识别出自己的自动化思维了。

2. 问:"我当时有联想到什么了吗?或者令我回想起了什么回忆呢?"

当个体体验到显著的强烈情绪反应的时候,其自动化思维不单单是使个体想到了什么样的想法?有可能是会令个体联想到一些出现在脑海的画面、成语、诗歌,甚至是一些生理感受。另外,个体有时大脑还会浮现出一些曾经的回忆。比如,今天早上下着湿答答的雨,我刚出门口看到家门前的草坪,我大脑出现了我穿过草坪时候,滑倒躺在草坪上起不来,并且没有行人经过,自己也没带手机,任由雨滴滴在身上的悲伤画面[注:联想的画面],紧接着勾起了去年自己由于摔伤躺在医院接受救治的那段伤痛回忆[注:回忆曾经发生的事情],顿时感到强烈的害怕、紧张、伤心。因此类似的联想或者回忆,可能会导致你出现显著的强烈情绪,那么你需要对自己进行发问"我当时有联想到什么了吗？或者令我回想起了什么回忆呢？”，紧接着用文字记录或者画下来，可以帮助到你能够快速地分辨自动化思维。

有的时候个体也会存在可能想不出自己当时心理在想着什么，那么这时个体可以运用回忆，尽可能把当时所发生的情境再重新从头回忆一遍，比如情境再次重现一样，把注意力集中在自己当时当下的感受状态，接着问问自己：“我大脑中在想什么呢？出现过什么画面、词语等等？”然后把自动化思维用文字记录或者画下来。

（二）焦虑状态

当个体体验到焦虑情绪的时候，往往会有以下较为明显的表现：对情境的控制感差，控制感越差，也越容易焦虑；倾向于对未来抱有消极的想法，想象一些会发生可怕的事情或者带来可怕的后果，并且相信这些可怕的坏事发生的概率比较高，高估了事情的复杂危险性，高估风险，不断扩大灾难化；注意力集中在情境的威胁、消极线索上，而忽略情境的积极线索；自信心减弱，质疑自己没有能力处理未来可怕的情境，低估自己解决问题的能力。简而言之，焦虑是来源于个体的灾难化想象，较为消极地预测未来的结果。

1. 问：“我当时在担心害怕什么？”

由于焦虑的指向对象是未来，是想象未来即将会发生糟糕可怕的事情，并预测自己没有能力，无法控制或者应对解决问题等等，所以你要反问自己：“可能会发生什么样的事情呢？自己到底在担心害怕什么呢？”这些问题有助于你可以识别出自己的消极自动化思维。

2. 问：“即使事情发生了，最坏的结果可能是什么？”

个体会想象一些发生可怕的事情或者带来可怕的后果，导致其会越来越焦虑，随着焦虑的不断增加，个体又会更集中注意力放在潜在的威胁上，形成恶性循环，因此，这时个体得反问自己“即使事情发生了，最坏的结果可能是什么？”让自己能够了解到一些自己具有哪些灾难化的想法，了解到最坏的结果也不过如此，增强其控制感，降低焦虑感。

另外当个体发生焦虑情绪的时候，除了记录焦虑想象出来的消极内容，还得尽可能地把自己所认为即将要发生的焦虑后果记录下来，有助于你更深层次地了解焦虑的自动化思维。比如，如果你在想，万一对于独居的我而言，真的在雨天摔倒在自家门口的草坪上，我会怎么办？这时你可以写："如果对于独居的我而言，真的在雨天摔倒在自家门口的草坪上，我会惊恐万分。我可以想象没有行人路过我家门口，我摔倒伤到脊柱，自行起不来，正好手机又忘带，这种感觉太让我窒息了。"因此，当你感到紧张害怕，焦虑不安的时候，可以对自己进行发问，"我在担心害怕什么？""即使事情发生了，最坏的结果可能是什么？"了解了问题的答案后，你就会知道，即使事情真的按照自己的想象发展，你最糟糕的反应会是什么？（比如想象摔倒没办法找人救自己，会撕心裂肺地哭喊）

（三）抑郁状态

当个体体验到抑郁情绪的时候，更倾向于指向过去，负性的自我判断（即对自己的否定），对未来持有消极看法，因此，如果个体感到高强度的抑郁、低落、悲伤、失望甚至绝望等情绪体验时候，可以用以下的方式对自己进行反问："这个情况对你而言意味着什么？对你的人生甚至未来意味着什么？"当个体对自己发问："这个情况对你而言意味着什么？对你的人生甚至未来意味着什么？"主要是为了了解个体抑郁背后的原因，了解其自动化思维的意义，了解对其人生和未来是否持有消极思维。这些问题都将有助于个体辨别出自己消极的自动化思维。

（四）愤怒状态

当个体体验到了愤怒情绪的时候，往往是指向自己受到了伤害，受到不公平的对待，被他人利用，利益被侵犯，会觉得是他人没有公平公正地对待自己或者是不尊重自己。因此个体可以用以下的方式对自己进行反问："他人这样对待我，对我而言，意味着什么呢？""这对他人而言，又意味着什么呢？"主要是了解个体觉得受到了不公平的对待或者被利用等，个体对于这种情况是持有什么样的看法，又是怎么看待他人。

（五）羞愧或内疚状态

羞愧和内疚一般都是个体做错事之后产生的情绪体验，即自己做了违反规则，甚至是违背了道德准则，或者是未尽应负的责任的事情，产生了羞愧感或者是内疚感。羞愧感往往是对自己做错事而感到愧疚，而内疚感是自己做的事情（如自己违反规则或者是违反了道德准则和社会规范等等）导致忽视别人或使别人遭受一定程度的损失、伤害等等，进而对别人产生了内疚感。因此，个体可以对自己进行反问："我做了这样的事情，我是怎么看待自己呢？""他人会怎么看待或者评价我呢？"

三、记录自动化思维

根据第四章的学习知识点，我们得知不同的情境，会引发不同的自动化思维，使得个体的情绪也会产生不同，有时是体验到单一的一种情绪，有时是体验到多种情绪的混合。即使是在同一情境当中，个体体验到往往不止一种情绪，大多数都是多种情绪相互结合的结果。不同的自动化思维会引发不同的情绪，只是不同的情绪反应的强烈程度不一样，因此个体需要运用所学的评估情绪的方法，对所体验的情绪进行打分，并着重记录下反应最强烈最困扰的情绪即分数最高的情绪，紧接着根据最困扰的情绪，找到相对应的本章节"明确辨别自动化思维的问题"，对部分问题或者全部问题进行自我发问，识别与你着重记录下最强烈最困扰的情绪相关联的思维想法。另外个体需要注意在本章节"明确辨别自动化思维的问题"当中的所有问题，不需要全部一一进行回答，而是先回答通用所有情绪状态的两个问题，然后再根据着重记录下的反应最强烈的情绪，有针对性地选择相对应的"明确辨别自动化思维的问题——焦虑、抑郁、愤怒、羞愧或内疚状态"进行回答，最后再把回答的自动化思维记录下来，并逐一看每条自动化思维对你的情绪影响会有多强烈，并进行评分，即分数最高的自动化思维也是最能够引起你相对应的最强烈情绪反应，可以让你理解强烈情绪背后的思维。因此个体在学习识别自动化思维之后，可以发觉为什么自己会在当时的情境下体验到一些特定的情绪。个体刻意地多练习关注脑海中一闪而过的想法，就会越来越容易找出最困扰情绪的思维，因此个体要多多练习如何自我观察情绪、如何识别出自动化思维，是为了以后学习的章节做好准备和铺垫。当个体学会自行识别出自己的自动化思维，熟练掌握识别自动化思维的技巧，才能顺利地与接下来的章节很好地衔接，因为在后面的章节中是帮助个体如何挑战非理性的自动化思维，做出什么样的改变才会让自己的情绪得以缓解。

为了使个体更好地识别出自己的自动化思维，接下来，可以练习把情境、自动化思维和情绪记录下来，现在回想一下，近期你所体验到强烈情绪（如焦虑、抑郁、愤怒、羞愧或者内疚等等）时的情境，或者尝试想象回到引起强烈情绪反应的情境中，想想并记录当时出现什么样的情境？你感受到了哪些情绪呢？有出现过什么样的自动化思维？你可以试图运用本书当中明确辨别自动化思维的问题的方法，根据所感受到的特定情绪，选择相对应的问题进行自问，并做好相关问题的记录，现在以表 4.5 当中关于小 A 三例情境(情境 3 至情境 5)的案例作为范例演示，来练习如何识别引发你最强烈情绪反应的自动化思维。

案例一：情境是小 A 今早第 3～4 节课的课间，主动找老师探讨专业知识方面的重难点问题。在当时的情境之下，小 A 所体验到的情绪是抑郁、愤怒，那么抑郁的强度等级占有 90%，愤怒的强度等级占有 50%，并着重标识小 A 当时体验到的抑郁情绪的强度反应最强烈。接着再根据所体验到的情绪，进行识别自动化思维，首先对照参考本章节“明确辨别自动化思维的问题——通用所有情绪状态”进行自我反问，即当你体验到出现情绪的时候，先回答通用所有情绪状态的两个问题，第一问：“我当时心里在想什么呢?”(答：自己没有能力自主解决知识的问题)，自动化思维的强烈程度为 60%；第二问：“我当时有联想到什么了吗？或者令我回想起了什么回忆呢?”(答：有一次我主动帮母亲打扫清洁卫生，结果母亲觉得我打扫不干净，帮倒忙，批评我连这点小事都做不好，还能干啥呢)，自动化思维的强烈程度为 50%。其次再根据着重标识的反应最强烈的抑郁情绪，定位到“明确辨别自动化思维的问题”——抑郁状态的问题。最后自问：“这个情况对你而言意味着什么？对你的人生甚至未来意味着什么?”(答：我没有解决问题的能力，我太没用了；将来一片渺茫，无望)，自动化思维的强烈程度为 90%。

案例二：情境是今天晚饭的时候，小 A 约不到与她一起吃晚饭的同学。当时小 A 的内心感受是郁闷、紧张，可郁闷的情绪强度为 40%，紧张的情绪强度高达 95%，并着重标识小 A 当时体验到的紧张情绪的强度反应最强烈。接着进行识别自我的自动化思维，先进行自我反问通用所用情绪状态的两个问题，“我当时心里在想什么呢?”(答：为什么我会约不到任何一个同学吃晚饭？我的人际关系太差劲了，不应该是这样的结果)，自动化思维的强烈程度为 60%；“我当时有联想到什么了吗？或者令我回想起了什么回忆呢?”(答：小时候有一次玩过家家游戏，小伙伴拒绝和我玩耍)，自动化思维的强烈程度为 40%。再者由于紧张的情绪与焦虑的情绪有着密不可分的关系，因此根据着重记录的反应最强烈的紧张情绪，定位到“明确辨别自动化思维的问题”——焦虑状态的问题。接着进行自问：“我当时在担心害怕什么?”(答：同学都拒绝我，当我有困难时，就永远都没有朋友可以帮我了)，自动化思维的强烈程度为 80%。最后再问：“即使事情发生了，最坏的结果可能是什么?”(答：我会被社会淘汰，最终无法生存下去)，自动化思维的强烈程度为 95%。

案例三:情境是今天傍晚时分小 A 独自在教室自习的时候,接到了她母亲的电话,母亲开口就说她指定是在玩游戏而不是学习。一听到母亲这样问自己,小 A 当时当下突然感受到悲伤与愤怒的情绪,若是给情绪的强烈等级进行评分的话,那么悲伤的情绪强度为 50%,愤怒的情绪强度则高达 98%,于是着重标识小 A 当时体验到的愤怒情绪的强度反应最强烈。紧接着进行识别自我的自动化思维,先进行自我反问通用所用情绪状态的两个问题,"我当时心里在想什么呢?"(答:母亲整天就知道拿游戏来质问我,从不顾及我内心的感受,太不相信我了),自动化思维的强烈程度为 70%;"我当时有联想到什么了吗?或者令我回想起了什么回忆呢?"(答:小学阶段有一次我明明写完作业后才出去和朋友玩,玩过后回到家,母亲不分青红皂白,不问缘由,直接冤枉我整天就知道玩,却不学习),自动化思维的强烈程度为 60%。其次再根据着重标识的反应最强烈的愤怒情绪,定位到"明确辨别自动化思维的问题"——愤怒状态的问题。最后自问:"母亲这样对待我,对我而言,意味着什么呢?"(答:我自己无论做什么,我都是不被别人相信的,我是失败者),自动化思维的强烈程度为 95%;"这对母亲而言,又意味着什么呢?"(答:意味着她的教育方式和爱子女的方式是错误的),自动化思维的强烈程度为 70%。

从以上小 A 三例情境的案例当中,我们学习到了如何识别引起强烈情绪反应的自动化思维。无论是案例一还是案例二或者是案例三,都是先进行自我发问通用所有情绪状态的两个问题,再接着根据面对情境时所体验到的情绪反应,回答"明确辨别自动化思维的问题"——特定的情绪问题(如焦虑、抑郁、愤怒、羞愧或内疚的情绪状态)。从三个案例当中,小 A 记录情境后,并对其产生的所有情绪分别进行情绪程度强烈等级打分,由于不同的情绪背后代表着不同的自动化思维,所以小 A 把感受到最强烈最困扰的情绪(即情绪程度强烈等级得分最高的情绪)着重标识,来试图了解最强烈最困扰情绪背后的思维,我们发现小 A 在案例一当中,得分最高的最强烈的情绪为抑郁情绪;在案例二中得分最高的最强烈的情绪为紧张情绪(紧张又与焦虑有着密不可分的关系);在案例三当中,反应最强烈的情绪为愤怒情绪,因此小 A 分别在三个案例当中,都回答了通用所有情绪状态的两个问题后,紧接着再分别从"明确辨别自动化思维的问题"——特定的情绪问题中回答相应的"抑郁状态"(如:"这个情况对你而言意味着什么?对你的人生甚至未来意味着什么?")、"焦虑状态"("我当时在担心害怕什么?""即使事情发生了,最坏的结果可能是什么?")和"愤怒状态"("母亲这样对待我,对我而言,意味着什么呢?";"这对母亲而言,又意味着什么呢?")的相关问题。

接着小A分别给三个案例当中所产生的自动化思维进行逐一评分。我们可以看得出在案例一当中，思维（我没有解决问题的能力，我太没用了；将来一片渺茫，无望）的强烈程度等级评分最高，让小A更抑郁；在案例二当中，思维（同学都拒绝我，当我有困难时，就永远都没有朋友可以帮我了）的强烈程度等级评分次高，而思维（我会被社会淘汰，最终无法生存下去）的强烈程度等级评分达到最高，这都会使得小A处于极度焦虑紧张的状态；在案例三当中，思维（我自己无论做什么，我都是不被别人相信的，我是失败者）的强烈程度等级评分最高，一想到这，小A的愤怒情绪等级也达到了最高，所以强烈程度等级评分最高的自动化思维能够引起最强烈情绪反应的思维。因此个体要多多练习如何识别自动化思维，这样就有可能使得个体找到引起最强烈情绪反应的自动化思维，也理解自己的情绪反应剧烈的背后原因了。

四、识别是否存在其他的自动化思维

当个体已经识别出自己最开始的自动化思维，接着个体还可以继续想自己发问，寻找是否还存在着其他更为重要的自动化思维？针对这个问题，往往更多采取的提问问题："除此之外，你是否还会存在其他的想法呢？"或者"再想一想，当时你心里还想到了什么呢？"

案例：

咨询师：当你在今早第3～4节课的课间，主动找老师探讨专业知识方面的重难点问题时候，你想"自己没有能力自主解决知识的问题"。除此之外，你是否还会存在其他的想法呢？（或者再想一想，当时你心里还想到了什么呢？）

来访者：我觉得其他同学可以自行解决知识的问题，他们都做得比我好。

咨询师：然后呢？

来访者：我不配去问老师问题了，我太笨了。

从案例当中，我们可以看到，个体通过再向自己发问："除此之外，你是否还会存在其他的想法呢？"得出了其他同学都做得比我好。因为在一个情境中，一闪而过可能是一个想法或画面等等，但是也有可能是多个想法蜂拥而至，速度快而简，想法的数目又多，所以个体一下子难以抓得住那么多想法，因此，个体还得要经过不断的学习，不断的训练，才能够抓得住一些具有重要意义的自动化思维。

家庭作业

一、判断题

1. 自动化思维是慢慢呈现在大脑里，是极为容易捕捉得到的。

2. 自动化思维往往与情绪做联结，所以个体在更多时候会体验到情绪变化反应而非觉察到自动化思维。

3. 所有的个体在察出自动化思维之后，都是可以自行找证据进行现实检验。

4. 个体所有的自动化思维都具有功能良好的适应性。

5. 自动化思维实际上只是个体大脑当中的想法而已。

（参考答案：1. 错；2. 对；3. 错；4. 错；5. 错）

二、简答题

1. 什么是自动化思维呢？

2. 自动化思维有哪些特征？

3. 分别解释自动化思维与解释、情绪有着哪些区别呢？

4. 识别自动化思维的自助方法有哪些呢？

三、实践练习

1. 从下列所列举的案例当中，找出自动化思维，并记录下来。

案例一：

咨询师：刚你有提及昨天在宿舍楼下，你看到一对情侣之后，觉得很气愤，是否愿意再聊得详细些呢？

来访者：可以。

咨询师：除了气愤之外，你还有其他的心理感受吗？

来访者：悲哀。

咨询师：当时你脑海里有着什么样的想法呢？

来访者：看到那对情侣在搂搂抱抱，有说有笑，我真的很气愤。

咨询师：那么当你看到情侣在搂搂抱抱，有说有笑这样的场景时候，你当时在想着什么呢？

来访者：我觉得他们作为大学生应有大学生的样子，而不是在公共场合这么不注重影响,这么不在乎其他人的感受,的确是有失风范。

咨询师:除此之外,还有其他想法吗?

来访者:我觉得我不会像他们那样,把时间浪费在恋爱上。

从以上案例对话中,找出哪些是属于自动化思维呢?

案例二:

咨询师:最近是发生了什么事情,导致你越来越焦虑呢?

来访者:下周六马上要考大学英语四级等级考试了。

咨询师:你的感觉如何?

来访者:担心、害怕。

咨询师:你担心害怕什么呢?

来访者:大学英语四级考试的结果没能够通过。

咨询师:"即使大学英语四级考试没通过的事情发生了,最坏的结果可能是什么?"

来访者:老师们和同学们都会笑话我,父母都会指责我。

咨询师:除此之外,还有吗?

来访者:我会找不到好的工作,我的人生太失败了。

从以上案例对话中,找出哪些是属于自动化思维呢?

(答案:案例一:我觉得他们作为大学生应有大学生的样子,而不是在公共场合这么不注重影响,这么不在乎其他人的感受,的确是有失风范。案例二:大学英语四级考试的结果没能够通过;老师们和同学们都会笑话我,父母都会指责我;我会找不到好的工作,我的人生太失败了。)

2. 练习识别自动化思维

请你在学习和日常的生活当中,留意在过去一周的时间里,你有出现过几次最强烈的情绪体验,并且练习观察与识别能引发自己最强烈的不良情绪体验感受(如:焦虑、抑郁、愤怒、羞愧或内疚等其他痛苦的情绪)的情境,接着运用"明确辨别自动化思维的问题"——通用所有情绪状态的两个问题和特定的情绪问题识别自动化思维,并分别记录下来。

第六章　学会识别你对情绪的反应

在前面的章节里，我们已经学习了如何识别和监测情绪，如何运用监测记录情绪体验内容所使用专门的特定量表和情绪的三要素模型图，那么在过去的一周时间里，你是否完成了特定量表的监测和填写情绪的三要素模型图呢？在上一章我们学习了如何识别自动化思维，所以你是否有观察到在过去的一周时间里，你是否有注意到自己产生强烈情绪体验的时候呢？当你有体验到强烈情绪的时候，你觉察到了什么呢？你是否有留意到，其实你的自动化思维可能以某种方式影响着你的情绪体验，影响着你的躯体感受，影响着你的行动应对，而这些情绪体验、躯体感受和行为应对的方式又会反过来影响到你的思维，使你产生了更多可能性的想法？针对这种循环，你是否有注意到呢？是否有弄清楚自动化思维、情绪、躯体感受和行为之间是如何相互作用的呢？因此，在本章节里，即将要学习在自动化思维和情绪的影响之下，个体学会识别对情绪的反应，清楚地知道自己在当时当下会有着什么样的躯体感受反应，又会做出什么样的行为反应呢？会有着什么样的结果表现呢？

个体如何学会识别其对情绪的反应，一般情况，对情绪的反应包含以下三个方面：躯体反应、行为反应和结果。

第一节　躯体反应

在学习情绪的三要素模型图的时候，已经了解了个体在发生不同的情绪状态过程中所呈现出一系列持续的生理躯体变化，这也是一种个体应对情绪和自动化思维的方式之一，也列举了关于个体在一些情绪状态之下所出现的躯体反应。所谓的躯体反应是指个体在面对情境、自动化想法和情绪的时候，其身体的生理反应感受。接下来，我们将进行更为详细的描述在常见情绪状态之下，个体又会有着什么样的躯体反应呢？

一、焦虑状态

(一)脑部症状

有些会出现紧张性头晕眼花、偏头痛、挤压性头痛、无法集中注意力;有些对外界事物的刺激表现为易多疑敏感,常感到紧张、忐忑不安或惊跳反应;甚至有些还可能伴有高警觉,入睡困难、睡眠浅、易惊醒且多梦、辗转反侧、失眠等等症状。

(二)口腔症状

有些会感到嘴里无味、口干舌燥难耐、吞咽困难,有些甚至可能会出现有异物感卡在喉咙,无法吐出来等等躯体症状。

(三)呼吸系统

有些表现胸闷、呼吸不顺畅、过度快速不断吸气呼气;有些感到心慌气短、心跳过于加速、血压升高、胸前有疼痛感有压迫感、有些甚至会感到窒息的濒危感等等躯体症状。

(四)胃肠系统

出现食欲下降、消化不良、腹胀、恶心反胃、胃部不适、呕吐、腹痛、腹泻或者便秘反应,有时甚至还会感到腹部很难受、过度排气,但是难以表达是属于哪种不舒服的具体感受等等。

(五)自主神经系统状态

自主神经系统的灵活性较为明显地降低、手心脚心冒汗、身体忽冷忽热、不自觉冒汗、心悸;面色发白或者发红,特别是急性焦虑发作的时候,表现出难以呼吸、大汗淋漓等等。

(六)泌尿系统症状

有些女性可能会出现痛经、月经不调混乱、闭经、性欲冷淡等等;而有些男性可能会出现尿频尿急、性功能障碍等等躯体症状。

(七)肌肉症状

较为常见的表现是感到肌肉紧张颤抖或浑身肌肉感到疲劳无力感的躯体症状,有些表现出胸部、颈部、肩部、腰背部的肌肉会出现酸麻胀痛、僵硬感甚至是四肢麻木;有些还有可能出现坐不住、不停来回走动、搓手顿足、一些无目的的小动作增多(如不停抠手等),甚至严重时还有可能导致会出现身体发软无力、抽搐、不自主颤动或说话紧张、语音发颤、口齿不清等躯体症状。

(八)皮肤症状

躯体的皮肤较为容易出现苍白、潮红或出汗等等躯体症状。

焦虑状态所表现出来以上的这些躯体反应,并不是每个焦虑者都会有着全部的生理反应症状,由于每个个体的基因、成长经历、教育历程、生活经验等都不一样,导致个体在面对焦虑问题的时候,所表现出来的症状也会出现不一样,有些是表现出单一的生理反应症状较为明显,有些是表现出两种生理反应症状的混合,有的却是表现出多种生理症状的混合反应较为显著等等。

二、抑郁状态

处于抑郁状态之下的个体,往往生理反应会涉及躯体的多个部位地方,会表现出不一样的躯体症状。

(一)思维迟缓症状

个体在抑郁状态的时候,思维受到一定程度的抑制,出现思维迟缓、思维能力变差、反应变慢和变迟钝、脑子不灵活、明显的主动性语言减少、语速出现较为显著地减缓。

(二)睡眠紊乱症状

抑郁状态的时候,最常见的生理反应是睡眠紊乱,有些个体往往会表现出难以入睡、多噩梦;有些个体表现出睡眠变浅,每晚醒来好几次;有些是早醒后无法再入睡;甚至有些还表现出失眠等症状,只有少部分的个体会表现为睡眠过多,感觉怎么睡都睡不够等等。

(三)自主神经功能问题症状

往往感到头痛头晕、身体不自觉地冒虚汗、气短、记忆力出现下降、腹部不适感、腹泻或便秘、体温下降、血压降低、心率减慢和四肢沉重等等躯体症状交替出现。

(四)疲惫无力症状

抑郁另一个典型的生理反应症状为个体常常容易感到身体乏力、疲惫无力感,不论是做什么样的事情,都会感到力不从心、疲惫不堪,即使是日常得到休息,也会仍然觉得没有精力来应付学习和日常生活的问题等等。

(五)内脏功能紊乱症状

抑郁状态会使肠功能受到一定程度的影响,因此常表现为肠功能蠕动下降、消化道分泌减少、对于食物产生食之无味和没有胃口、看到食物恶心呕吐,即使进食后会感到明显的胃部不适感、腹胀难以消化,体重自然会受到影响,有着明显的下降,但是也有部分的个体变现出胃口相当地好、食欲大增、暴饮暴食,体重也会出现随之增加的迹象。

(六)泌尿系统紊乱症状

尿频尿急、性欲减退、女性还会出现月经周期紊乱、提前闭经等躯体症状。

(七)身体疼痛症状

有些个体可能会感觉到胸口莫名疼痛;有些可能感到关节疼痛、背部痛和肌肉酸痛;甚至有些感觉到身体哪都不舒服,觉得到处都是疼,像这样的习惯性心身反应时常会反复出现,而且还会逐渐扩大化。

三、愤怒状态

(一)脑部及脸部症状

个体在愤怒时会对大脑的抑制与兴奋节律产生破坏性,导致思维混乱、大脑缺氧、面红耳赤、双眉紧皱、上下眼睑绷紧、瞪大双眼、鼻孔张大、咀嚼肌绷紧、头胀头痛甚至头晕眼花等等躯体症状。

(二)心肺功能症状

个体在愤怒的时候,其交感神经系统处于相对兴奋的状态,同时会出现释放大量的肾上腺素和去甲肾上腺素,会导致其感到心脏收缩力增强、心跳加快、心肌耗氧量增加、血压升高、血液也会变得越来越黏稠。另外个体处于愤怒时候,每分钟流经心脏的血液会剧增,对于氧气的需求也比平静时候更多,导致肺的工作量明显地增加,使得其呼吸急促或者也有可能是呼吸声会越来越沉重,还有可能会出现大口喘气、全身颤抖、手脚开始发冷,若是严重的话还会导致其手足或口唇出现麻木僵硬、胸闷心悸甚至昏厥等等躯体症状。

(三)肝脏系统

百病生于气,若是个体较为愤怒、生气时候,会出现气大伤肝、怒则伤肝的现象,还有可能导致出现肝功能降低、肝气郁结等等肝脏疏泄功能的问题,但是由于肝主疏泄,是排毒的主要器官,可以辅助一身气机的流畅,所以个体在愤怒时候,会感觉到肝区疼痛,脸色发黄等等症状。

(四)肌肉症状

较为常见的表现是愤怒时候手握拳头、身体肌肉发紧、捶胸顿足等等,有些个体表现出肩颈部、腰部发紧发胀甚至是四肢僵硬麻木;有些个体表现双拳紧握,无论是坐着、站着,还是躺着、其腿部肌肉都处于发紧的状态,甚至可能还会打颤;有些表现出说话语速很快、口若悬河,甚至情绪一上来,有可能会爆一些毫无意义的粗口等等;然而有些个体却表现出话语很少,甚至是不说话的状态等。

(五)内分泌系统症状

个体在愤怒状态的时候,会干扰到其内分泌系统的控制中枢,因此会导致甲状腺分泌的激素过多,可能会使其出现女性月经周期紊乱、月经量少、甚至是感觉到乳腺疼痛;男性可能会出现甲状腺不舒服或胸部疼痛等躯体症状。另外个体在愤怒的状态,还会使得肾上腺素、皮质醇等激素的分泌增加,同时也会导致血糖会升高,但是若情绪恢复平稳之后,血糖也会恢复到正常值。

(六)免疫系统症状

由于情绪与大脑分泌的多巴胺有着紧密联系,那么多巴胺作为激素,会影响其躯体其他激素的过多分泌,比如会影响到皮质激素分泌过多,而这种皮质激素如在体内累积比较多的情况,会对其免疫系统产生阻碍的作用,就会令其身体的抵抗力下降等。

(七)胃肠功能紊乱症状

由于交感神经较为兴奋会导致愤怒状态下的个体胃肠道功能蠕动减弱、胃肠道血管收缩、胃肠血流量降低、胃液的分泌也相对比较弱、食欲不振、胃口不好,一旦吃点东西后,就很容易会出现呕吐、恶心、胃痛、反胃甚至是腹部不适感增强等躯体症状。

四、羞愧或内疚状态

由于羞愧或内疚是个体做了违反规则或者违背了道德准则和社会规范,甚至是未尽应负的责任的事情而产生的感受体验,那么作为规则、道德等等学习或生活事件,个体往往会出现兴奋、紧张,从而进入一种应激的状态,刺激下丘脑垂体系统,导致内分泌紊乱,增加了肾上腺素的分泌,因此有些个体会表现出呼吸加快、心跳加速、脉搏也跳动很快、忐忑不安甚至心反射区出现不适感等;有些个体出现毛细血管扩张、血流量增加,导致时而脸部发烫、面红耳赤或时而脸色发白、冒冷汗等;有些个体则表现为手脚蜷缩,甚至是全身都在蜷缩的状态。

其实每种情绪状态的背后，都有它的两面性，相互矛盾着但是又相互存在着，都对个体的学习和日常生活产生了重要的影响作用。适当的情绪表达，是可以激发个体的动力与激情，激活其行为，使得其能够体会到丰富多彩的人生，但是若体验到情绪状态过当，不单单会对个体的躯体产生负面的效果，还会给其带来痛苦等不适的体验，那么对其行为也会造成一定程度的影响。

第二节　行为反应

学习了对情绪反应所表现出来的躯体反应后，接着再来看个体对其情绪的反应会采取什么的行为反应来应对呢？其实每种情绪都不是无缘无故就会产生，一旦产生了情绪，那么情绪的背后总是会有原因的，这时有人不禁要问，为什么今天我什么事都没有发生，但是就会毫无理由地产生了伤感的情绪，当遇到这样的问题的时候，个体要想一想，虽然今天自己没发生什么事情，但是在今天当中自己是否有看到过什么情境，或者因为天气变化（或听到某首歌曲等等）而触碰到了过去的情结呢？因为每种情绪的背后总是由一些情境和想法所引发的，面对情绪的反应，个体又会做出行为来应对情绪的反应。

所谓的行为反应是指对情境、想法和情绪体验做出行为应对。所以探讨个体的行为反应离不开要先了解情境、想法和情绪体验，即个体在情境当中，产生了自动化想法，引发情绪的体验，个体又是如何对情绪做出反应呢？接着我们从下面的案例当中，了解对情绪反应的行为反应。

案例：

今天下午小 C 和同学们在教室里一起上英语阅读课，英语阅读老师布置一个课堂练习，给同学们 15 分钟的时间，把课文的一段话好好看一看，接着 15 分钟过后，只有一个名额，自愿举手来翻译自己对这段阅读的主观理解，若理解得很到位，加平时分。于是小 C 立马非常努力地投入阅读当中，不断地查阅生单词，语法，只是希望自己一会能够把这段话翻译得更加“完美”。15 分钟刚一过，小 C 立马第一个举手，并站起来翻译，可翻译刚开始不久，小 C 瞥了一下老师和同学们，看到他们面无表情，有的同学甚至还在看书，于是这时小 C 觉得老师和同学们之所以有面无表情，各干各的事情，是因为他们都觉得自己翻译得不到位，翻译得不好，他们也看出了自己的焦虑，看出了自己表现很不好，自己太失败了，一想到这，小 C 有着很明显的感觉到心跳越来越快、口干舌燥、胃开始有点疼、手也有点发抖等，因此小C也很草率快速地结束了翻译。当翻译结束后，小C为了避免别人对自己的消极评价，避免再次感到失败，以后更加努力地做足准备，或者确信自己再也不会达到预想的效果，以后再也不想举手回答问题了。

在这个案例中，情境是英语阅读课的课堂上，举手翻译一段话；自动化想法是老师和同学们都觉得自己翻译得不到位，翻译得不好，他们也看出了自己的焦虑，看出了自己表现很不好，自己太失败了；情绪是焦虑；对情绪的反应是心跳越来越快、口干舌燥、胃开始有点疼、手也有点发抖(躯体反应)，草率快速地结束了翻译(行为反应)。

第三节　结果

当个体对情绪反应做出行为反应后，又会产生什么样的结果呢？所谓的结果是指个体对行为反应的结果。从本章第二节行为反应的案例当中，对情绪反应的结果是小C为了避免别人对自己的消极评价，避免再次感到失败，以后更加努力地做足准备工作，或者确信自己再也不会达到预想的效果，以后就再也不想举手回答问题了。

我们接着来看一下，在同一情境中，如果个体产生自动化思维不一样，会导致体验到情绪不一样，对情绪的反应也会有所不同。下面我们接着拿行为反应当中小C的案例，从不同的角度进行分析。

如果小C产生了质疑自己是否有能力把翻译做得好，是否能够把事情做得完美无误的想法，那么情境是英语阅读课的课堂上，举手翻译一段话；自动化想法是我是不是翻译错了，是不是有漏了内容没翻译到呢？还是翻译得内容重难点不突出呢？(注：注意到老师和同学们的反应后而产生的想法)；情绪是越来越紧张、焦虑不安和较为抑郁；对情绪的反应是手心出汗、呼吸急促、思维开始不连贯、说话也越来越结巴和声音越来越小(躯体反应)，草率快速地结束了翻译(行为反应)；结果是认为自己的能力不足，以后可能会更加努力学习或者再也不会举手回答问题了。

如果小C曾经有过惊恐发作的经历，她出现担心要是惊恐发作的话，自己无法逃离当下的情境，那么情境是英语阅读课的课堂上，举手翻译一段话；自动化想法是我觉得我有一种不祥的预感，快要惊恐发作了，我还不能逃离课堂，担心自己会一下子失去控制，可能真的会晕倒在教室里，老师和同学们会觉得我疯了；情绪是更加地焦虑不安、紧张害怕；对情绪的反应是呼吸越来越困难、透不过气，需要快速不断吸气呼气，心跳越来越快，无法集中注意力，身体还在不断地冒汗（躯体反应），对翻译的内容一句话带过，找了借口赶紧坐下，不希望在回答翻译的内容时候惊恐发作（行为反应）；结果是担心害怕自己下次不会像这次能够如此幸运地逃过惊恐发作，所以为了避免自己以后惊恐发作，以后可能做好更为充分的准备或者再也不会举手回答问题了。

如果小C产生老师和同学们不尊重她，对她不公平的想法，那么情境是英语阅读课的课堂上，举手翻译一段话；自动化想法是老师和同学们面无表情，各干各的事情，他们到底是啥意思呢？为什么要这么对待我，为什么其他同学回答问题时候，他们的反应是很活跃的呢？情绪是更加地焦虑不安、愤怒；对情绪的反应是呼吸急促、呼吸声会越来越沉重、大口喘气、心跳加快、紧握拳头、腿部肌肉都处于发紧的状态、身体冒虚汗、说话语速也越来越快和肝区开始有点疼（躯体反应），草率快速地结束了翻译，并睁大眼睛瞪了一下老师和同学们（行为反应）；结果是为了避免自己以后再受到不公平的待遇或受到不尊重，以后可能会更加努力学习或者再也不会举手回答问题了。

学习和理解了对情绪的反应的三个方面内容：躯体反应、行为反应和结果，那么个体要留意在平时的学习与日常生活中，如果发生了某些事情，个体要学会第一时间如何来自我帮助自己，并且快速识别自动化想法、情绪、躯体反应或行为反应和结果，可以快速简单问自己一些问题，如表6.1问题罗列清单所示。

表6.1　问题罗列清单

1.（情境）当时发生了什么事情，会影响到你的情绪？在什么时间、什么地点，又有哪些人一起参与了事情的过程呢？
2.（自动化思维）你当时有留意到自己第一时间产生哪些想法或画面吗？是否有回想起了什么事情呢？（具体可参考第五章“明确辨别自动化思维的问题”）
3.（情绪）你有着什么样的情绪感受呢？
4.（躯体反应或行为反应）你注意到你的身体感受了吗？你采取了哪些行为呢？
5.（结果）最终导致产生的结果是什么呢？

为了使大家更能了解对情绪的反应的知识点内容，我们结合第五章学习的知识点内容，再接着把表4.5中小A三例情境（情境3至情境5）的案例与对情绪的反应的知识进行结合分析，来练习如何识别你对情绪的反应（如表6.2所示）。

表6.2　对情绪的反应示范表

1. 情境	2. 情绪及百分等级评分	3. 自动化思维	4. 躯体反应/行为反应	5. 结果
案例一： 今早第3～4节课的课间，我主动找老师探讨专业知识方面的重难点问题。	抑郁90％ 愤怒50％	1. 自己没有能力自主解决知识的问题。 2. 有一次我主动帮母亲打扫清洁卫生，结果母亲觉得我打扫不干净，帮倒忙，批评我连这点小事都做不好，还能干啥呢？ 3. 我没有解决问题的能力，我太没用了；将来一片渺茫，无望。	力不从心、思维变得很迟缓、脑子不灵活、身体在冒汗（躯体反应）； 老师反问我的问题，我都回答不上，我还不断问老师，我是不是很笨，很没用（行为反应）。	老师也不耐烦了，我再也不敢问老师问题了。
案例二： 今天晚饭的时候，我约不到与我一起吃晚饭的同学。	郁闷40％ 紧张95％	1. 为什么我会约不到任何一个同学吃晚饭？我的人际关系太差劲了，不应该是这样的结果。 2. 小时候有一次玩过家家游戏，小伙伴拒绝和我玩耍。 3. 同学都拒绝我，当我有困难时，就永远都没有朋友可以帮我了。 4. 我会被社会淘汰，最终无法生存下去。	口干舌燥、没胃口、呼吸加快、心跳加速、胸前有疼痛感有压迫感（躯体反应）；不想晚饭了，回到宿舍，一个人躺在床上（行为反应）。	由于同学拒绝我，我感到我可能以后再也无法和别人沟通交流了，无法生活了。

续表

1. 情境	2. 情绪及百分等级评分	3. 自动化思维	4. 躯体反应/行为反应	5. 结果
案例三： 今天傍晚时分我独自在教室自习的时候，接到了我母亲的电话，母亲开口就说我指定是在玩游戏而不是学习。	悲哀 50% 愤怒 98%	1. 母亲整天就知道拿游戏来质问我，从不顾及我内心的感受，太不相信我了。 2. 小学阶段有一次我明明写完作业后才出去和朋友玩，玩过后回到家，母亲不分青红皂白，不问缘由，直接冤枉我整天就知道玩，却不学习。 3. 我自己无论做什么，我都是不被别人相信的，我是失败者。 4. 意味着她的教育方式和爱子女的方式是错误的。	胸闷心慌、双手紧握拳头、心跳加快，瞪大双眼（躯体反应）；与母亲吵架（行为反应）。	日后不想进行社交活动，时时刻刻都在处于学习的状态。

家庭作业

一、名词解释

躯体反应、行为反应、结果。

二、判断题

1. 负性的情绪都是会给个体带来不好的影响结果。
2. 了解个体的行为反应离不开情境、想法和情绪。
3. 个体对情绪的反应只需要了解躯体反应。

（参考答案 1. 错；2. 对；3. 错）

三、实践练习:记录对情绪的反应表

在过去一周的时间里,你在学习和日常生活当中,练习识别并记录下情境、情绪、自动化思维、躯体反应或行为反应和结果,并记录在问题罗列清单中或者记录在对情绪的反应表中。

表 6.3 对情绪的反应表

1.(情境)当时发生了什么事情,会影响到你的情绪?在什么时间、什么地点,又有哪些人一起参与了事情的过程呢?
2.(自动化思维)你当时有留意到自己第一时间产生哪些想法或画面吗?是否有回想起了什么事情呢?(具体可参考第五章"明确辨别自动化思维的问题")
3.(情绪)你有着什么样的情绪感受呢?
4.(躯体反应或行为反应)你注意到你的身体感受了吗?你采取了哪些行为呢?
5.(结果)最终导致产生的结果是什么呢?

1. 情境	2. 情绪及百分等级评分	3. 自动化思维	4. 躯体反应/行为反应	5. 结果

第七章　情境、情绪和思维

第一节　区别情境、情绪和自动思维

一、区别情境和自动思维

（一）情境

情境属于环境的一部分，又可以理解为事件、生活经历，它包含我们所身处的环境以及在这种环境背景下所发生的事件，亦包括我们在这些经历当中的行为反应。例如“我这次考试得了C”，这种情境可以发生在过去、现在和将来；也可以指一种感觉，例如“我心脏跳得很快”“我就快要窒息了”，可以是实际发生的感觉，也可以是预计即将发生的感觉，例如“我看到猫咪就会特别恐惧”“我进入黑暗当中就会浑身发抖手心流汗”。

我们在描述情境时，可以通过四个问题来确定情境与行为，即“我和谁在一起？”“我在做什么？”“什么时间发生的事情”“这时候我在哪里”，重要的是要注意，情境一定是客观存在的事实，在描述情境的时候，所用的词语通常是“那时候……”，“他/她正在做……”，“他/她怎么样……”，“我做了……”；而当我们用“我认为……”“我觉得……”“他/她好像是……”这样的词语去描述的，通常不是客观存在的情境，而是我们主观的想法或自动思维。

（二）自动思维

自动思维是指思想中涌现的现实的词或者想象。是在特殊情境下产生的，并且是最表浅的认知。通常我们描述自动思维时，会用“我认为、我觉得、我想、应该是、好像是……”等等带有主观性的词语，而我们主观的看法或想法，并不一定是真实的客观存在，更多是带有臆测意味的。当我们生气或抑郁时，很容易把头脑中的想法当作事实，例如“她就是在刻意针对我”“她们一定是在议论我，说我的坏话”，这时候我们觉得自己的想法是完全正确的，并且深信不疑的，但事实上可能是错误的；当我们焦虑时，头脑中的想法是“完了，我肯定不能顺利地完成这次演讲了”“这道题我根本没有复习过，肯定考试不及格了”，我们用了肯定一词，对此想法深信不疑，但事实上有可能是不顺利的也有可能是顺利的，有可能是及格的也有可能是不及格的。因此，我们在确认自己的思维时，要与客观情境相区分，就需要我们客观地去判断，这个是我们自己的想法，还是真正的客观事实。

(三)区别情境和思维练习表

情境会引发很多自动想法，但我们在区别情境和自动想法时十分容易混淆，为了更好地区别二者，我们可以尝试做以下练习表：

表7.1　区别情境和思维练习表

项目	情境？思维？
• 我觉得呼吸困难	
• 在家里	
• 我没法做这些	
• 我关掉电脑放弃继续做这些	
• 和朋友通电话	
• 我想我快要死了	
• 驾车	
• 我一直都这样觉得	
• 在单位	
• 我要发疯了	
• 我就是考不好	
• 我不好	
• 下午 4:00	
• 可怕的事就要发生了	

续表

项目	情境？思维？
• 每件事都不对劲	
• 我也许再也不能获奖了	
• 我永远无法克服	
• 在餐馆里	
• 我要失去控制了	
• 我是个失败者	
• 和妈妈打电话	
• 我知道她一定会拒绝我	
• 我真不会体谅人	
• 我是个输家	
• 我的心脏病要发作了	
• 他/她占了我的便宜	
• 我躺在床上无法入睡	
• 我不可能完成这个任务	
• 我总是不能表现得很好	
• 我会失去我所有的一切	
• 我没有填志愿	

正确答案：

表 7.2　区别情境和思维练习表答案

项目	情境？思维？
• 我觉得呼吸困难	思维
• 在家里	情境
• 我没法做这些	思维
• 我关掉电脑放弃继续做这些	情境
• 和朋友通电话	情境
• 我想我快要死了	思维
• 驾车	情境

续表

项目	情境？思维？
• 我一直都这样觉得	思维
• 在单位	情境
• 我要发疯了	思维
• 我认为我很差	思维
• 我不好	思维
• 下午 4:00	情境
• 可怕的事就要发生了	思维
• 每件事都不对劲	思维
• 我也许再也不能获奖了	思维
• 我永远无法克服	思维
• 在餐馆里	情境
• 我要失去控制了	思维
• 我是个失败者	思维
• 和妈妈打电话	情境
• 我想和妈妈打电话	思维
• 我真不会体谅人	思维
• 我是个输家	思维
• 我的心脏病要发作了	思维
• 他/她占了我的便宜	思维
• 我躺在床上无法入睡	情境
• 我不可能完成这个任务	思维
• 我总是不能表现得很好	思维
• 我会失去我所有的一切	思维
• 我没有填志愿	情境

二、区别情绪和自动思维

(一)区别情绪与自动思维

我们前面章节讲到情绪的由来、情绪的类型以及如何识别情绪,从而我们得知情绪和思维是不一样的,情绪或者感受是一种内部体验,比如焦虑、抑郁、绝望、恐惧、好奇、愤怒等,这种感受一定是事实的描述,也就是个体当下真实的自我体验;一般而言,一种情绪只能用一个词语来形容。例如,在遭遇地震的情况下,你可能会同时感受到"恐惧""悲伤""紧张"等多种情绪,而我们在识别情绪的时候,要把每一种情绪都用单个词语区分并且描述出来。

自动思维则是个体大脑中多个单词、图像、情境和记忆的综合,因此,当我们用多个词语或者需要用一句话去描述感受的时候,就不是在描述我们的情绪,而可能是在陈述我们的思维。当我们需要用更长的描述去表达感受时,我们可以把它写在思维的列表中,然后用一个词语来形容我们当时的情绪(感受),可以通过参照第四章情绪列表来更好的辨别和描述情绪,你可以在空白处补充自己的情绪。

(二)区别自动思维与情绪练习表

自动想法会引发各种感受和情绪,我们通常会将我们的自动思维描述成我们的情绪,为了更好地区别二者,我们可以尝试做以下练习表:

表 7.3 区别情绪和思维练习表

项目	情绪?思维?
• 紧张	
• 沮丧	
• 我没办法平静下来	
• 悲哀	
• 我想和朋友聊天	
• 易怒	

续表

项目	情绪？思维？
• 烦躁	
• 我想他是很快乐的	
• 我感觉很痛苦	
• 他看不见我就会特别开心	
• 愤怒	
• 我只要上台就会很焦虑	
• 尴尬	
• 我总是害怕带毛的物体	
• 抑郁	
• 气馁	
• 我永远都在焦虑着什么	
• 挫败感	
• 我要抑郁了	
• 我的情绪特别容易暴躁	
• 害怕	
• 我感觉他特别害怕	
• 我想我会吓死的	
• 羞愧	
• 内疚	

正确答案：

表 7.4 区别情绪和思维练习表答案

项目	情绪？思维？
• 紧张	情绪
• 沮丧	情绪
• 我没办法平静下来	思维
• 悲哀	情绪

续表

项目	情绪？思维？
• 我想和朋友聊天	思维
• 易怒	情绪
• 烦躁	情绪
• 我想他是很快乐的	思维
• 我感觉很痛苦	思维
• 他看不见我就会特别开心	思维
• 愤怒	情绪
• 我只要上台就会很焦虑	思维
• 尴尬	情绪
• 我总是害怕带毛的物体	思维
• 抑郁	情绪
• 气馁	情绪
• 我永远都在焦虑着什么	思维
• 挫败感	情绪
• 我要抑郁了	思维
• 我的情绪特别容易暴躁	思维
• 害怕	情绪
• 我感觉他特别害怕	思维
• 我想我会吓死的	思维
• 羞愧	情绪
• 内疚	情绪

三、区别情境与情绪

(一)区别情境与情绪

通常,我们在焦虑、抑郁、愤怒的时候,会认为这些情绪产生道德缘由是发生了什么事情,也就是我们当时所处的情境或事件所造成的,例如"我很绝望,因为我考试考砸了""我很焦虑,因为马上就要考试了"……这类想法所隐含的假设即事件或情境必然会导致、引发某种情绪感受,这种情绪感受会引发的一系列行为反应或生理体验,这一切结果都归咎于当下的事件或者情境,例如"我从联谊会中走掉了是因为没有认识的同学";当我们进一步去思考,就会发现"考试考砸了是否一定会感觉绝望呢?";"一个认识的同学都没有就一定要离开吗?",有的人会说"失败乃成功之母,找到失败的原因,解决它,下次考试争取顺利通过";有的人会说"虽然没有认识的人,但是很幸运的是,我可以认识更多新朋友呢!",我们会发现,并不是事件或情境直接导致了情绪或行为反应,而是对于事件或者情境的看法所引发的。

然而,我们经常在情绪发生时注意不到情绪,或者没办法把情绪和事件、情境联系起来,也有可能是知道我们在这种情境下是这种感受,但无法将这种感受命名为某种情绪,即缺乏描述和感受情绪的能力。对此,我们可以采用一些有效的措施,当我们在某种情境下,产生了巨大的情绪波动,我们可以尝试做一个情绪日记:"注意身体是否有什么感觉","注意是否产生了什么感觉体验","在情绪产生之前、之中和之后都说了什么,做了什么,想了什么",同时可以利用以上提供的情绪命名表进行参考。

(二)区别情境与情绪练习表

情绪与情境、事件的关系并不是必然的,为了更明确地记录情绪与情境、事件,我们可以尝试做以下练习表:

表 7.5　区别情境和情绪练习表

项目	情境? 情绪?
• 伤心	
• 愤怒	
• 他指着我的鼻子说	

续表

项目	情境？情绪？
• 低落	
• 我正在和同学打电话	
• 我感觉眼前黑了	
• 我们分手了	
• 痛苦	
• 她打了我一巴掌	
• 我回答错了一个问题	
• 焦虑	
• 他对别人说我的错误	
• 她说着就哭了	
• 我站了起来	
• 委屈	
• 怨恨	
• 所有的人都看着我	
• 内疚感	
• 我抑郁了	
• 我的情绪突然很暴躁	
• 她给了所有人礼物就没给我	
• 恐惧	
• 害怕	
• 惭愧	
• 我给他道歉他没接受	

正确答案：

表 7.6　区别情境和情绪练习表答案

项目	情境？情绪？
• 伤心	情绪
• 愤怒	情绪
• 他指着我的鼻子说	事件
• 低落	情绪
• 我正在和同学打电话	事件
• 我感觉眼前黑了	事件
• 我们分手了	事件
• 痛苦	情绪
• 她打了我一巴掌	事件
• 我回答错了一个问题	事件
• 焦虑	情绪
• 他对别人说我的错误	事件
• 她说着就哭了	事件
• 我站了起来	事件
• 委屈	情绪
• 怨恨	情绪
• 所有的人都看着我	事件
• 内疚感	情绪
• 我抑郁了	情绪
• 我的情绪突然很暴躁	事件
• 她给了所有人礼物就没给我	事件
• 恐惧	情绪
• 害怕	情绪
• 惭愧	情绪
• 我给他道歉他没接受	事件

第二节 情境、思维对情绪的作用

一、五因素模式概述

五因素模式是认知行为治疗理解和评估个人问题的基本框架,同时也是对自我进行认知行为引导的参考工具。这个模式从环境、认知、行为、情绪、生理反应五个维度来综合理解个人的心理问题。通常,我们认为生活中的各种触发事件导致了我们的不良情绪,例如:"我被老师批评了,我非常伤心难过,以至于再也不能很好地进行学习活动",事件即"我被老师批评了",结果即"悲伤甚至失去学习的动力",我们通常会理解为"老师批评我了"导致了"我难过且无法再很好的学习了",而 CBT 则认为不是事件本身导致了情绪,而是我们对事件的不恰当认知导致了不良情绪,即我是怎么看待"老师批评我了"这件事情的,也就是对此事的看法,例如"老师讨厌我""我太差了""我比所有人都差"等看法就会导致悲伤且失去积极性的结果反应;但如果换一种看法,例如"老师关注到我的劣势,在提点指导我""老师是对我有期待的,希望我能更好""老师是在利用我的问题给所有同学做警示,督促所有同学不再犯同类错误"等看法,导致的结果反应会大大不同,我们不会那么悲伤难过,甚至会增加积极性与行为动力。CBT 认为,我们在面对各种触发事件的时候,会产生一系列看待事件的想法,这些想法会激起相应的情绪反映,唤醒一些生理反应,从而表现出行为反应,也会逐渐发展出对类似触发事件相应的应对方式,应对方式包含积极的和消极的,其中,消极的即适应不良的应对方式维持和强化了我们的情绪困扰和认知曲解,从而形成问题的恶性循环。在五因素模型的工作框架中,改变其中一个因素就有可能打破整个恶性循环,促进问题的改善和解决。

我们可以画一个流程图模型,以流程形式来描述我与周围人、事、物的关系,理解我们的生活经历,这些流程图没有对错之分,只是关注的侧面和角度不同,所强调的概念之间的相互关系不同。

二、五因素模型框架

所有的问题均由五部分组成,即情境(环境、事件、经验)——生理表现——情绪——行为——认知(想法、思维)模型,强调是认知(想法、思维)中介因素,即认知(想法、思维)是情绪和行为产生的基础。从下图可以看出,五个因素之间存在着联系,并相互影响着,一个人生活中的任何一个因素改变,都会对其他所有的因素产生一系列的影响。例如,我们的行为的变化会使思维方式和感受(不论是生理的还是心理的)都发生改变,进而影响到外部环境及生活中的事件。同样地,思维方式的转变也将使行为、情绪、身体反应发生变化,最终对我们周围的社会环境产生影响。当理解了这五项因素在生活中是如何发生相互作用之后,我们将更加明确我们的问题所在。

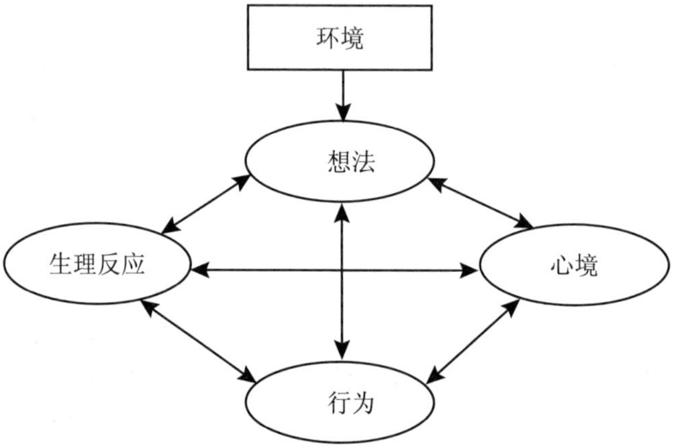

图 7.1　五因素模型图

三、五因素模型基本理念

(1)认知疗法是以认知改变和行为改变为主要干预途径的治疗方法。

(2)观念决定情绪。认知疗法的基本模型为:情境→认知→情绪。意味着认知是决定个体产生情绪体验的主要环节,认知不同相同的情景会产生不同的情绪。比如"塞翁失马焉知非福"这个典故。

(3)经验决定观念。认知疗法认为,观念来自个体的经验,要改变来访者的观念,就要从经验入手,通过改变经验结构来改变观念。具体来说,是通过唤醒一些记忆,让我们意识到过去经历中存在相反的经验,促使我们的观念自然而然地逐渐淡化、不确定,甚至改变,如果我们没有相反想法的经历,就可以使用"行为实验",为我们的认知创造经验。

(4)经验需要比较才有意义。让来访者产生不良情绪的经验,往往是因为与完美的标准比较出现的，改变来访者比较的标准，从而让情绪发生变化。

(5)不同人对同样事情的看法有差异。不同人处于不同年龄段，有着不同的经验和认知，在不同立场和角度下，对同一个问题的理解会有差异，CBT 自助疗法需要个人学习从多个角度思考问题，不执着于自己的思维和立场。

四、五因素模型工作表

(一)实例演示：认识你的问题

1. 案例：小微，女，20 岁，大学三年级学生。和宿舍同学关系紧张，教师资格考试临近，睡眠不好，头痛，记忆力下降、心情低落，提不起精神，总觉得不安，无法静心复习一月有余。我一直觉得人与人之间感情冷漠，进入大学以后，觉得宿舍的同学也都不喜欢我，也不愿意接纳我。所以平时也不怎么主动与室友交谈，学习、上课都是我一个人，我已经习惯一个人独来独往了。但是一个半月前，我晚上上自习很晚回来，已经很累，洗完澡就躺在床上睡觉，其他三个人在上网，叫了几声也不关灯，我当时就觉得是他们故意与我过不去，合伙整自己，一气之下就自己下床把灯关了，其他三人表示不满，发生了一些口角。觉得自己势单力薄，不是他们的对手(学校是四人间)，后来怎么也睡不着，越想越觉得人与人之间感情冷漠，关系复杂，难以相处。自从这件事情之后，我就经常睡眠不好，头痛，记忆力下降，越发沉默寡言。

表 7.7 认识我的问题工作表案例

环境/生活变化/情境：教师资格考试临近；宿舍同学关系紧张。
生理表现：失眠、头痛、记忆力下降。
情绪：抑郁、焦虑不安。
行为：更加沉默寡言。
思维："人与人之间感情冷漠，关系复杂，难以相处"，"宿舍的同学都不喜欢我，也不愿意接纳我"。

(二)五因素模型工作表训练

1. 问题自我分析

环境/生活变化/情境:
生理表现:______________________________
情绪:______________________________
行为:______________________________
思维:______________________________

2. 分析要点提示

(1)环境/生活变化/情境:我的生活最近发生了哪些改变(积极和消极变化都算)?在过去的一年/三年/五年或童年中,感到压力最大的事情是什么?是否经历过长期或仍然在持续的挑战(包括受歧视、被他人骚扰等?)

(2)生理表现:我有什么躯体症状?在能量水平、食欲、疼痛感觉和睡眠方面是否有变化?有没有感到肌肉紧张、疲惫、心跳加快、胃痛、多汗、眩晕、呼吸不畅等?

(3)情绪:用一个词来描述我最常感受到,或者最受其困扰的情绪(沮丧、紧张、愤怒、愧疚、羞愧等)

(4)行为:在工作中/与家人相处/与朋友来往/独处时,我的情绪会导致哪些行为出现?我会做什么或回避什么?

(5)思维:当我处于某种强烈的情绪时,我是怎么看待自己/他人/未来的?哪些想法干扰了我去做那些感兴趣的,或者是本应去做的事情?我的脑海中会浮现出怎样的回忆或画面?

五、思维与情绪的联结

(一)概述

前一章节你学到思维、情绪、行为、生理表现和环境/生活情境是如何相互影响的,CBT理论认为,如果要改变现状,首先要从思维入手。思维的变化会对我们在生活中的各个方面产生影响。思维和情绪之间紧密相连。

当你体验到某种情绪的时候，思维会分辨这种情绪是什么。例如，假如你在一次学校联欢会上认识了小李，当你和他交谈的时候，小李的视线总是越过你的肩膀，看向另外一端，一直没有把注意力集中在你身上，那么我们会产生以下三种可能的想法，请圈出每种思维可能引发的情绪：

想法一：小李非常无礼，他通过忽视我来羞辱我。

可能产生的情绪（圈出一个）：愤怒 悲伤 紧张 关心

想法二：小李认为我很无聊，我让所有人都感到乏味。

可能产生的情绪（圈出一个）：愤怒 悲伤 紧张 关心

想法三：小李有点害羞。对他而言，直视我可能会感到不太舒服。

可能产生的情绪（圈出一个）：愤怒 悲伤 紧张 关心

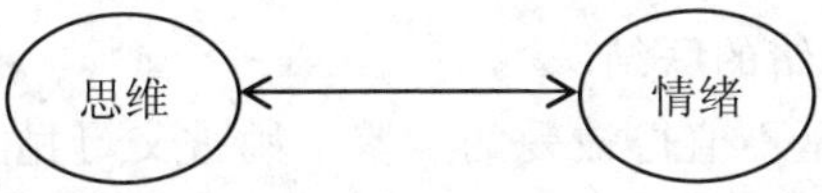

我们会发现，我们所体会到的不同情绪并不是因为事件（小李的视线越过我看向另一个方向），而是取决于我们的思维方式（以上三种可能的想法），对一件事情的不同认知（思维、想法）会触发不一样的情绪。鉴于情绪经常会导致一些相关的行为（比如对小李说他很无礼），或者自己产生困扰，因此，准确地识别自己的思维，并在行动前确认是不是事实就非常重要了。假如小李只是害羞，那么认为他无礼、粗鲁这个想法就是不准确的，你也会为愤怒的反应而感到后悔。

即使是那些看起来会引发相同感受的情境，也会由于不同的信念、思维、想法产生多种情绪。例如，面对考试不及格，有人可能会想“我是个失败者”，然后感到抑郁；而同样的情况下，另一个人可能想“我得罪过这个老师，他就故意对我的考试非常苛刻”进而感到愤怒；还有的人可能会想“虽然我这次考试没有及格，但我发现了我欠缺薄弱的方面，下次考试会更有答题经验了”，心怀紧张和期待。

思维能帮助我们分辨特定环境中的情绪。而一旦某种情绪出现之后，我们相应的想法又会进一步加强这种情绪。举例来说，愤怒的人总是想到他们被伤害的方式，抑郁的人只看到生活中的消极面，焦虑的人则关注危险的事物。当然，并非错误的思维方式才导致了某些强烈的情绪，但不可否认的是，当我们体会到某种强烈的情绪时，很有可能会歪曲或忽视真实的情绪和信念。换言之，情绪越激动，思维可能越极端。

假如我们在参加一个聚会前感到有些焦虑,可能会产生这样的想法:“我在陌生人面前不知道该说什么,不会沟通交流方法,会觉得特别尴尬。”但若是处于极度焦虑的状态下,想法可能就变成:“我完全不知道要说什么,脸会涨得通红,让我看起来像个傻瓜。”在这个时候,我们不会想到之前去过很多次应对自如的聚会,只会关注眼前的困扰。当我们真正了解自己的思维之后,就会知道它们是如何影响情绪的,而这也能帮助我们从痛苦的情绪中解脱。

(二)案例

下面的例子可以看出,小影的思维方式是导致她的抑郁愈加严重的原因。

小影:思维与情绪的联结

小影认为自己是不值得被爱的。鉴于她被父母抛弃的悲惨经历,小影不相信有人会真心地对她好,而这令她倍感抑郁。由于小影热爱弹钢琴,经常会参与学校组织的各类演出,经常会受到舍友、同学们的赞美,她的同桌对她说“你看你越来越受欢迎了,大家都喜欢你!”,小影立即回应道:“大家怎么可能喜欢我,我又不认识他们。”(对积极的信息视而不见)

当同桌称赞小影时,她的想法是:她这样做只是为了保持良好的同学关系而已。(忽视积极的信息)

当同桌邀请小影参加生日会时,她想到:她只是因为每天都要跟我坐在一起学习才邀请我的。(直接得出消极结论)

在一起吃午饭时,同桌表示非常喜欢跟小影相处,觉得小影是个非常有吸引力的人,而且非常喜欢与小影共同度过学习时光。小影想:同桌的人际能力很强,她可能对每个人都这样说来维持良好关系,并不是真的喜欢和自己相处。(忽视积极的体验)

由于小影坚信自己是不值得被爱的,她会忽视或曲解那些有悖于此想法的信息,处于抑郁之中的她也很难相信别人的建设性的意见。通过练习,我们可以不再忽视那些与现有认知相悖的信息。对于小影而言,积极看待自己具有吸引力且可爱的一面会是个好的开始。

（三）思维与情绪联结练习

表 7.8　思维与情绪联结训练表

	抑郁？焦虑？愤怒？内疚？羞愧？
1. 我太笨了，永远都理解不了这些。	
2. 我迟到了很久，可能要被解雇了。	
3. 她真是太不公平了。	
4. 我不应该这样伤害别人。	
5. 如果人们了解真是的我，他们就不会喜欢我了。	
6. 当我演讲的时候，大家会笑话我的。	
7. 我不应该这样想。	
8. 她不但欺骗了我，还侮辱了我。	
9. 努力没有任何意义。	
10. 如果情况发生了变化，我不知该如何面对。	

答案：

表 7.9　思维与情绪联结训练答案

	抑郁？焦虑？愤怒？内疚？羞愧？
1. 我太笨了，永远都理解不了这些。	抑郁
2. 我迟到了很久，可能要被解雇了。	焦虑
3. 她真是太不公平了。	愤怒
4. 我不应该这样伤害别人。	内疚
5. 如果人们了解真是的我，他们就不会喜欢我了。	羞愧
6. 当我演讲的时候，大家会笑话我的。	焦虑
7. 我不应该这样想。	内疚
8. 她不但欺骗了我，还侮辱了我。	愤怒
9. 努力没有任何意义。	抑郁
10. 如果情况发生了变化，我不知该如何面对。	焦虑

六、思维与行为的联结

思维和行为通常是紧密相连的，比如我们更愿意去做那些被认为“可能”的事情。在多年以前，没有人相信4分钟内可以跑完1英里。世界级的田径比赛中，最好的运动员也只能跑到4分钟多一点。直到一名英国运动员 Roger Bannister 出现，他坚信可以通过调整跑步方式和策略突破这个瓶颈。经过数月的努力，他在1954年首次在4分钟内完成了1英里跑。RogerBannister 的行为变化归功于他坚持必胜的信念。

值得注意的是，当 Bannister 打破纪录之后，越来越多的运动员也能在4分钟内跑完1英里了。与 Bannister 不同，这些运动员的技巧并没有实质性的改变，唯一发生变化的是他们的信念。相信这个速度能够实现之后，他们的成绩也相继有了提高。当然，仅凭信念无法让所有人都做到如此出色，但人们一旦相信某件事情是可行的，就更有可能去尝试它，获得成功的概率就越大。

在日常生活中，我们的行为都会被一些“无意识”的想法所影响。假设你正在参加一次家庭聚会，自助餐的食物已经摆在桌上了。一些家庭成员在座位上聊天，另一些人已经开始盛食物。你正在和兄弟姐妹们闲聊，下面是可能的几种想法，思考一下每种想法可能导致的行为。

表7.10　思维与行为联结练习表

想法	行为
如果我现在不去取餐，食物就会被拿光。	
在谈话的中途去取食物是失礼的。	
我的爷爷看起来拿不稳他的盘子了。	
我们的对话太棒了，我从未遇见过如此有趣的人。	

你的行为是否会根据思维的不同而变化？

有些时候，我们意识不到思维对行为产生的影响。经常是习惯性地做出某种行为，而不会去注意最初导致这种行为的想法。举例来说，如果别人与你意见相左，你可能就放弃了自己的坚持，顺从对方。这种行为或许源于这种“要是和别人发生意见冲突，就顺着对方，否则我们的关系就会受到影响”的想法。一旦行为被固化，导致其发生的原因就会被忽视。通过对小王的生活的描述，我们可以看出思维和行为之间是如何联结的。

小王：思维与行为的联结

在爷爷因心脏病突发去世之后，小王减少了和家人、同学、朋友们的来往。起初，大家以为这是他过于思念爷爷的缘故。但在数月以后，小王仍然远离他的家人、同学、朋友们，于是他的家人开始猜想其中是否有别的原因。某天早晨，妈妈询问小王为什么要回避与同学朋友们的各种交往，小王说：“谁也不知道即将会发生什么样的事情，也许明天我就会突发心脏病而离开这个世界，这些人际交往有什么意义呢?”妈妈听了十分震惊，十分不理解小王为何有这种想法。小王也没有留意支配自己行为的思维究竟是什么，所以他也不能解释清楚为何什么都不想做，回避一切活动，在学会理清思维之后，小王发现了自己的一系列想法：“每个人都会走到生命的尽头，只是有的早，有的晚，生命到底还有什么意义呢?”爷爷的突然离世使小王感觉到生命随时都可能到尽头，这直接影响了他的思维，做事也提不起兴趣。由此可以看出，对生命的不同看法对行为也有着显著的影响。

七、思维与生理表现的联结

除此之外，思维也会影响我们的生理表现。假设你正在看一部精彩的电影，通常情况下都会对即将发生的情节有所预期。如果你认为接下来会出现恐怖或暴力的场景，你的生理也会产生应激表现：心跳加速、呼吸加快肌肉紧张起来；如果你期待一个浪漫的场景，身体会感到温暖，甚至可能产生性冲动；运动员会充分利用思维与生理表现之间的联结作用；优秀的教练通过激动人心的演讲来“点燃”队员比赛的热情，促进运动员肾上腺素的分泌，从而更好地发挥成绩；奥运会选手在训练中需要经常回忆比赛中的细节；研究表明，运动员在清晰回忆这样的细节时，肌肉会像正在进行比赛动作一样轻度收缩。这种思维与肌肉之间的联结有助于运动员提高成绩；研究还发现，思维、信念和态度会影响人们的健康，得益于“安慰剂效应”如果人们相信某种治疗方法或药物管用，实际的治疗效果会得到大幅度的提升，即使被认为有用的药物只是普通的糖；认知科学研究指出，“安慰剂效应”的成因可能由于信念属于大脑活动的一部分，可以对身体产生直接的影响。

小林:思维与生理表现的联结

思维和生理表现是相互影响的。例如,小林由于家族病史(妈妈和姥姥都是心脏病),坚信自己也是有心脏方面的问题,当她爬了很多层楼梯之后,心跳加速,而她恰好怀疑自己的心脏有问题,因此当心跳加速的时候就会想到"我一定是犯心脏病了"。这样的想法使她的身体产生了呼吸短促、大量出汗等一系列应激反应,但同时也因呼吸不畅而缺氧,心跳更快,甚至伴有眩晕和轻微头痛。如图所示,小林坚信自己有心脏病的这种想法,加重了身体的生理反应,从而强化了她对自己有遗传心脏病的这种担忧。

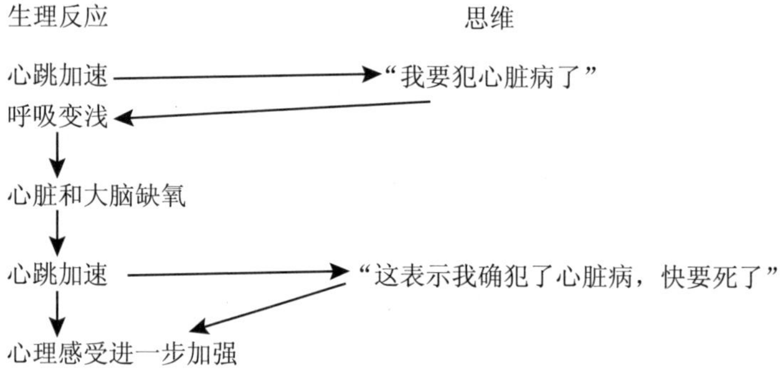

图 7.2 思维与生理表现

八、思维与情境(生活经历)

在章节伊始,我们谈到了思维影响情绪的方式。和其他人相比,有些人似乎更容易产生一些想法或情绪。先天遗传占一部分原因,但人们所处的周围环境和生活经历也会对情绪和信念造成影响。我们用"环境"和"生活经历"来描述外界的一切,包括家庭和社会关系、居住的场所、与他人的来往,甚至文化。实际上,自童年开始的经历到现在体验的一切都在时刻影响着我们。

小雨在幼年和青年时期都不幸遭受了性侵害和身体虐待,这些经历让她感到自己是没有价值的、不被人接受和被爱的,男人在她的眼中都是施虐成性、危险且毫无怜悯之心的。不难理解,她在试图接受过往经历时会贬低自己,并对他人的负面反应格外关注。

当然，并非只有创伤性的外部事件才会对信念造成影响。我们看待自己和生活的方式受到文化、家庭、邻居、性别、宗教和大众传媒的综合影响。以文化的影响为例，在我们成长的环境中，小女孩更容易因为外表的漂亮可爱被赞赏，而小男孩更多因为身体强壮得到表扬。如此一来，女孩们可能会非常看重外表，觉得只有漂亮可爱才能被人认可，而男孩则将体育的好坏作为评判自我的标准。

我们对美丽的外表或强壮的体魄并没有根深蒂固的偏好，但一些文化从小就教会我们建立了这样的联系，一旦形成就不易被改变。因此，有些体格健壮的女孩很难发挥自己的特长，那些喜爱艺术但不擅长体育的男孩们也承受着更多的非议。

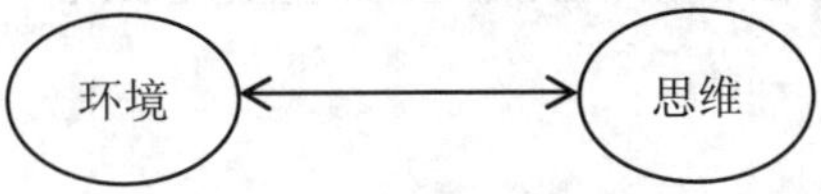

九、思维联结练习

通过案例介绍，在下方练习表中展现思维与情绪、行为、生理表现及环境之间的关系。

【案例一】陈同学在小学期间初次英语考试中不及格，由于全班只有她一人不及格被老师当众批评指责拉低了班级总体成绩，从此以后陈同学就很畏惧学习英语。在大学期间，英语老师在讲解课程的时候，陈同学常常会产生许多疑问，每次都纠结于要不要举手提出自己的问题，同时很担心，如果同学们和老师认为她提的问题很愚蠢怎么办？为此感到十分困扰。

（一）思维与情绪的联结

根据陈同学的想法推断，她可能存在哪些情绪？

(1)焦虑/紧张

(2)悲伤

(3)快乐

(4)愤怒

(5)热情

(二)思维与行为的联结

根据陈同学的想法推断,她会产生哪些行为?

(1)大声提出问题

(2)保持沉默

(3)公然反驳其他同学的问题

(三)思维与生理表现的联结

根据陈同学的想法推断,她会产生哪些生理表现?

(1)心跳加快

(2)手心出汗

(3)呼吸变化

(4)头晕眼花

(四)思维与情境的联结

根据陈同学的想法推断,她还有哪些类似的生活经历?

(1)英语成绩总是很差

(2)很积极努力地学习英语

【案例二】端午节李同学接到同学邀请,准备去参加聚会,准备的过程中他开始想“她们我都不认识,我不知道到时候该说什么;所有人都会看到我脸红的;别人都会认为我看起来傻极了;我会紧张得要死并想马上离开的!”李同学心情越想越焦虑、紧张,最后找借口不去参加聚会了。

请根据思维与情境、情绪、行为、生理表现的联结做以下分析练习:

1. 根据李同学的想法推断,她可能存在哪些情绪?

2. 根据李同学的想法推断,她会产生哪些行为?

3. 根据李同学的想法推断,她会产生哪些生理表现?

4. 根据李同学的想法推断,她还有哪些类似的生活经历?

第三节　三栏表的应用

一、三栏表简介

自动思维监控表又称作三栏表，因为这个表包含三个主要的栏目：情境、自动思维和情绪三个栏目。前面章节讲到，我们的思维或想法决定了我们的情绪、行为以及一系列生理反应，若转变另一种思维或想法，那么就会带来不同的结果，但我们在很坚信某个思维或想法的时候，是无法做到转变的，因此，需要我们识别这种让我们产生不良反应的思维或想法，进而才能够通过各种方法去客观地评价这种思维或想法的真实性，正确性，形成信念松动，达到自然而然转变思维或想法的效果。由此可见，识别自动思维是评价自动思维的基础，学习监控自动思维（三栏表）是心理自助的第一步。三栏表是培养个人运用所学知识的习惯，把 CBT 知识转化成个人自助心理治疗的能力，是一个技能学习的过程，重复是关键。形式是为了让我们更好地养成习惯，就像本节的自动思维监控表（三栏表）就是一个形式，我们大多数人会觉得把表打出来填写太麻烦，我在头脑里想一下不就完了，这是一个常见的误解，也是人和人之间差别的分水岭。当你熟练掌握之后你当然可以在头脑里想一下就行了，但是你在生活里自动思维出现的那一瞬间能否把这个想法识别出来，想到和它相关的情境、情绪和行为后果是什么，能否及时进行心理调整这个很关键，没有前期的形式训练养成的习惯和能力，你是做不到这一点的。

表 7.11　自动思维监控表(三栏表)

日期时间	情境	自动化思维	情绪
	什么现实的事情或意识到的事情导致情绪	1. 什么思维/意象？ 2. 思维相信程度？	1. 体验到的情绪？ 2. 情绪的强度？

二、三栏表填写步骤及使用说明

(一)自动思维监控表填写步骤

(1)记录下自己的情绪体验(用一个词或几个词来表示自己的情绪,如果无法表述情绪可以参照情绪识别章节内容);

(2)填写日期时间和情境(事件):什么时候,什么地点,周围发生了什么事或者注意到/意识到什么;

(3)觉察自动思维内容,询问自己:在体验到这种情绪的时候,自己在想什么?(觉察自动思维十分重要,如有困难,可参照识别自动思维章节内容)

(4)对自动思维进行评估,评估对自己想法或思维的相信程度(0～100%)。

(5)对情绪反应进行评估,评估对自己情绪反应的强烈程度(0～100%)。

表 7.12　自动思维监控表(三栏表)示例

日期时间	情境	自动化思维	情绪
	什么现实的事情或意识到的事情导致情绪	1. 什么思维/意象? 2. 思维相信程度?	1. 体验到的情绪? 2. 情绪的强度?
6月18日 16:30	妈妈没有接我的电话	她只关心妹妹,从来都无视我的一切。100%相信 我不被任何人关注和认可。100%相信	伤心　100% 委屈　100% 沮丧　100%
6月19日 21:25	查询到大学英语四级考试成绩不合格	我永远都考不好了 我太没用了,什么都做不好	沮丧　100%

(二)自动思维监控表使用说明

(1)调整预期,练习初期能够识别的自动思维有限;

(2)随着练习越多,能捕捉到自动思维和情绪就多;

(3)如果部分栏目无法填写,可以留白;

(4)如果填写有误,需要根据要求修改。

（三）表格填写中常见错误

（1）情境描述中包含解释，即并非客观事实，而是臆测或自己的想法；

（2）自动思维中包含联想和讨论，我们要准确抓住自动思维，才能对其进行工作，而联想、讨论是无法进行工作的。

（四）三栏表填写实例

表 7.13　自动思维监控表（三栏表）实例

情境	自动思维	情绪
何时、何地何人、何事	有强烈不良情绪时，你心里在想什么？把最影响你的思维圈起来，并评估相信程度。（0～100%）	当时感受怎样？给自己情绪打分。（0～100%）
×月×日下午宿舍，与室友吃完火锅后，我来洗碗，不小心把钢丝球倒进厕所下水道。	完蛋了！钢丝球掉进去了，下水道肯定会堵，堵了之后要找人疏通，宿管会知道我们煮火锅，那就一定会被处分的，那我考研，毕业会不会受影响？那我妈知道了我就完了……我不应该洗碗的，我肯定是白痴！什么都做不好（相信程度 100%）	担忧紧张 85% 自责　80%
现在，回想到朋友说"真是伺候不下去"了	我总是有问题解决不了。（85%） 我脾气太差了一直都是。（100%） 我是不是不值交朋友。（80%） 肯定是我的性格导致的。（100%） 我对她们都很好，可她们都离我而去。（90%）	伤心 90% 委屈 70%
室友很努力，不断的抢我的实验做，回到宿舍又不断地要求我辅导	她把我当书童了。（100%） 她会超过我。（90%） 老师会喜欢她，别人就不会觉得我有那么优秀（我是失败者 90%）	不开心　95% 烦　80%

三、三栏表实操训练

小李是学习委员，平时实验课上表现很好，什么问题都能回答出来，主任常常夸她们班。实验课全班都考得不好，班主任找小李谈话，小李认为自己是学习委员，应该对全班成绩负责。并认为主任会因为她实验课考试问题没有回答好，以后再也不教她们班了，并且她觉得大家都会这样认为。她开始不断地责备自己，她对自己说"你是个坏人，别人都会讨厌你"，她一直处于内疚之中，并且害怕碰见主任，甚至不敢提起主任。

小李不小心把朋友私下悄悄说给她听的话告诉了别人，碰巧传到了朋友那里。那位朋友对她"嘴巴不紧"大为恼火，她对自己说：我是一个背叛者，是一个卑鄙小人，再也不配得到别人的信任，她羞愧的要死。

×年×月×时，上体育课，老师教完大家打排球，让同学们一个一个来练习扣球，前面二十个同学都顺利通过了，小李试了好几次都没有做好，她很难过，"她们都能通过，我却不能，我真没用，不只是打排球，其他什么我都做不好，我没有能做好的事，我是一个废物。"

回想一下最近一次你感到难过或羞愧内疚或自责的情绪，按照前面两个步骤来试试，看看你的情绪有变化吗？

表 7.14　自动思维监控表(三栏表)

情境	自动思维	情绪
何时、何地何人、何事	有强烈不良情绪时，你心里在想什么？把最影响你的思维圈起来，相信程度	当时感受怎样？给自己情绪打分

第四节　情境、思维和情绪的工作表应用

一、情境、思维和情绪工作表概述

(一)思维记录单工作表简介

众所周知,我们在各种操作技巧上,是可以通过不断重复训练来实现的,例如,通过记忆的训练,可以倒背5000位圆周率;通过指法乐理的训练,可以成功弹奏一首钢琴曲;每位运动员的比赛成就,都需要经过每天固定时间、固定方法的训练;以上例子说明,每个初学者在进行专项技能的不断训练之后,都可以熟练掌握,并且我们每个人都经历过这种熟能生巧的经验,例如开车、做饭、下象棋等。同样地,CBT理论认为,我们的情绪也是可以通过练习专项技能得到改善的。如下表单中体现了部分专项技能,我们可以称之为"思维记录单",就像我们学习驾驶汽车,要将每个步骤分解,每一项都进行不断地练习,由此,在完成整个表单之前,我们需要对每个部分进行反复训练,直到熟练掌握。

表7.15　思维记录单(三栏)

思维记录单(三栏)		
1. 情境 (1)谁? (2)做什么? (3)什么时候? (4)在哪里?	**2. 情绪** (1)你有什么感受? (2)评估每一种情绪(1%～100%)。	**3. 自动化思维(图像)** (1)在你产生这样的感受之前,闪过你脑海中的是什么?有没有其他的想法或图像? (2)圈出或者标记出重要的想法。 (3)评估每一种重要想法的相信程度(0～100%)。
周六下午3点钟,我在教室上课,看到同桌和另外一个同学窃窃私语。	抑郁:100% 生理表现 头晕　80%	她们一定是在说我什么。相信程度:100%。 我永远都无法和她们相处得很好。相信程度:100%。

(二)思维记录单工作表应用提要

本节我们将重点聚焦在思维记录单的前三列,即情境、情绪和自动化思维的填写技巧上,以下对表单前三列依次进行简要说明:

第一列:情境

前面章节介绍了从人物、事件、时间和地点四个方面来描述情境的方法。在填写思维档案的第一列时,情境的描述要尽可能地精确,最好定位在具体的时间点或者30分钟以内的时间区间。比如:"周二全天"这个描述就不够精确,即使你在这一天只感受到一种情绪,但一天之内发生的情境太多了,我们不可能把它们全部填入思维档案。因此,最好在感受到某种强烈的情绪时,记录这一时间点发生的情境,这也能更好地帮助你理解自己的情绪。我们来看一个足够精确的例子:"星期二上午9:30,我在老师的办公室,看着不及格的试卷。"

第二列:情绪

在思维记录单的第二栏列出这个情境下你感受到的所有情绪,并用百分比评估它们的强度。通常情况下,我们只用一个词语来描述情绪。在前面章节中提到,人们在同一情境下可能体验到多种不同的情绪。若是你感到难以辨别这些情绪,可以参照情绪识别一章中的情绪列表。如果你需要用一句话来描述它,那么这可能是你的思维而不是情绪,可以将这句话填写在第三列"自动化思维(图像)"中,然后再找一个合适的词语来描述情绪。对于那些被恐慌和焦虑困扰的人们来说,记录自己的生理表现也非常重要。思维记录单中没有专门描述生理表现的栏目,可以在情绪的下方画一道横线,用一到两个词语列出相应的描述,比如"心跳加速85%"。

第三列:自动化思维(图像)

在这一列填写该情境发生时,从你脑海中闪过的所有事物。需要注意的是仅需记录那些伴随着情境出现的思维,信念、图像、记忆等。思维的表现形式可能是文字,也可能是一幅图像,用文字描述或者画出图像均可。例如,在这一栏中填写"如果考砸了,拿着很差的成绩单回家,被父母责骂"就是一幅画面。

二、区别情境、思维和情绪案例实操

(一)实践案例演示

小张,男,20岁,大三学生。性格内向,但乐于帮助同学解决问题,从大一开始考英语四级，一直没通过，自述极度焦虑，静坐也不能平静下来。最近又要参加英语四级考试，感觉很无力，坐立不安，无法正常学习。最近一次这种非常差的感受，是周三晚上 8 点钟，在自习室拿着未通过的成绩单发呆，什么也做不下去，感觉自己做再多练习也无济于事，可能永远都不会通过考试了，并且感到十分内疚自责，晚上回到宿舍也无法入眠。

表 7.16　思维记录单(三栏)实例

思维记录单(三栏)		
1. 情境 (1)谁？ (2)做什么？ (3)什么时候？ (4)在哪里？	**2. 情绪** (1)你有什么感受？ (2)评估每一种情绪(1%～100%)。	**3. 自动化思维(图像)** (1)在你产生这样的感受之前，闪过你脑海中的是什么？有没有其他的想法或图像？ (2)圈出或者标记出重要的想法。 (3)评估每一种重要想法的相信程度(0～100%)。
周三晚上 8 点钟，我坐在自习室里，拿着未通过的成绩单发呆。回到宿舍后，无法入眠。	自责：100% 内疚：80% 焦虑：90% 生理表现 胸闷　80%	自己做再多练习也无济于事。相信程度：100%。 我永远都无法通过四级考试。相信程度：90%。

如果在这个情境当中，你体验到了不止一种情绪，你将需要从第二栏里选择一个最困扰你的情绪，圈出来，然后问自己一些相关的问题(在思维一列，思考如下问题表单)，识别出与这个情绪相联系的思维，这可以帮助我们明白，为什么我们在不同的情境下会产生这种感觉。

回答前两个通用的问题，以及下列和情绪相关的部分或全部问题：
1. 在我体验到这种感受之前，我在想什么？(通用)
2. 这个情境令我联想到了什么？或是引发了我怎么样的回忆？(通用)
3. 这对我来说意味着什么？对我的人生和未来又意味着什么？(抑郁)
4. 我担忧的什么事会发生吗？(焦虑)
5. 最坏的结果是什么？(焦虑)
6. 其他的人看待我/推测我的方式意味着什么？(愤怒、羞愧)

续表

7. 这对其他人来说意味着什么?(愤怒)
8. 我是否违反了规则、伤害了他人,或者未尽到应负的责任?我如何看待自己做了这样的事情?(内疚、羞愧)

(二)实践案例练习

案例练习1:赵同学上台做汇报,情绪是紧张90%,担心80%,脚发抖,声音发抖,语速很快,当时的想法是:"怎么办?老师同学们都看着我,老师同学都没有找到我的笑点,大概我讲得不好,我是不是出错了,我真没用"开始自责。

案例练习2:高同学身体不适看医生,医生问了一些问题,高同学不能给出确切的答案。情绪是紧张70%、羞愧80%。感觉手心出汗,心跳加速,眩晕恶心,当时想法是:"怎么办,我也不知道自己好些了没。医生肯定会很无语我的。怎么办,医生还在一直问我,她看到我填的资料好像觉得很不满意。我想回家,我是不是很笨呀,单子都填不好"开始自责。

思维记录单(三栏)		
1. 情境 (1)谁? (2)做什么? (3)什么时候? (4)在哪里?	**2. 情绪** (1)你有什么感受? (2)评估每一种情绪(1%~100%)。	**3. 自动化思维(图像)** (1)在你产生这样的感受之前,闪过你脑海中的是什么?有没有其他的想法或图像? (2)圈出或者标记出重要的想法。 (3)评估每一种重要想法的相信程度(0~100%)。
	生理表现	

第八章　功能适应性不良的思维

第一节　歪曲认知的产生

一、歪曲认知的概述

当有人对我们说“你到底在干什么?”,我们通常第一反应在大脑的想法是什么呢？我想每个人都会有自己的答案,但无论你的答案是什么,我们几乎都不会去怀疑、去反驳这种想法,因为通常情况下,人们对自我大脑中出现的想法都是深信不疑的,毕竟那是我们大脑反应的信号,并且是我们真切的感受。我们可以说这种现象是良好的,因为大脑会及时提醒我们去识别危险信号,并且远离可能对我们造成伤害的事物,更能帮助我们去解决日常生活中要面对的很多问题。但也有一些例外的情况,有时候我们需要经过思考大脑反应给我们的信息,再去做出判断,即我们常说的“三思而后行”。我们会疑惑,难道大脑反应的信息是假的？这并不是我们的大脑不好用了,而是在时间的推移下,大脑中的信息联结会受到干扰,从而形成一些不符合事实的信息联结,我们将这些称之为无用的或者错误的联结。我们的大脑往往会在事件、想法、感受、行为和结果之间建立联结,不管它们是否真的有关系,例如“我每次回家爸爸妈妈都会吵架,他们应该不喜欢见到我,于是我很少回家”,其中包含了事件、感受、行为和结果的联结,而没有真正关系的联结,会导致我们对此类事物的偏见。

我们的大脑很容易形成错误的联结,很容易出现巧合或更复杂的关系,以及做出错误或过于简单的假设,如果牵涉到个体想法和信念,这类错误就被称之为“认知歪曲”。

“认知歪曲”是指个体的认知出现了偏离和扭曲,也就是说,认知歪曲是一个人对自己以及自己周围的世界产生非理性的认识或偏见。我们会随着时间的推移和环境的变化,不断巩固、强化大脑中存在的非理性的、歪曲的想法和信念。当我们将这些非理性的、歪曲的想法和信念内化,成为我们日常的思维模式时,我们就会像普遍的想法一样对它们深信不疑,导致我们无法识别,这也是为什么这些非理性的、歪曲的思维模式会产生如此大的危害,因为我们无法意识到它们的存在,也就无法去改变它们。

我们所谈的"认知歪曲"以各种各样的形式存在,但万变不离其宗,所有的"认知歪曲"都有一些共同的特征,即个体思维都倾向于相信或思考模式、都是错误或者非理性的、都会影响个体的心理健康。并且,大多数人都普遍不愿意承认自己存在这种认知歪曲,并无意识的受摆布,我们的大脑会坚信,我们不会坚持任何比较明显的错误观点或错误信念。所以大多数人在日常生活中并没有出现认知歪曲,但事实上,每个人在对待每个事物都会或多或少地出现这种认知偏差,你可能会同时陷入多个认知歪曲的怪圈中,也可能偶尔会产生这样或者那样的认知偏差,而于我们的心理健康危害与否的区别,就在于个体识别和修正这些错误思维模式的能力。和所有的技能、能力一样,识别和修正错误信念的能力因人而异,程度不一。有学者研究发现,认知歪曲与抑郁存在正相关关系,也就是说,认知歪曲越严重的个体,更容易产生抑郁情绪、发展成抑郁症(Burns,Shaw 1987)。精神病学和心理治疗领域的两位临床心理学家:Aaron Beck 和 David Burns 带领我们认识和了解了歪曲认知,他们还将抑郁症、歪曲认知以及如何应对这些问题的方法理论撰写成书籍,供我们进一步理解和研究歪曲认知。以上都说明了,认知歪曲即非理性信念或错误观念很容易引发或加重抑郁症状,虽然还无法确定因果关系,但我们可以确定的是,二者之间有高度的相关性。

二、歪曲认知的发展

你是如何看待世界的呢?我想我们每个人都会有自己的答案,区别就在于我们用不同的视角去看待世界,而我们的认知系统就是我们如何看待世界的基础,也就是说,你所经历的、你所认识的,看到的,最终形成了你的一系列生活认知。这些根植于大脑当中生活认知是从你呱呱坠地,甚至是胎教时期就开始习得了,比如父母的教养方式、育儿观念,或一些有重要影响力的成年人、长辈、权威者的思维观念。而这些习得的价值体系和思维信念在大部分时间都是功能良好的,适应的,但在一些特殊时期,就会对某些生活状态产生巨大的破坏力。比如,汪同学在自己7、8岁时,经常生病,身体不够强壮,经常被父母称为"药罐子",父母也经常和自己的同伴、老师、长辈说"自己从小体弱多病,身体经不起一点折腾,捧着药罐子长大的",这种父母的价值观内化到自己的价值体系当中，在生活中遇到任何事都能与自己的身体弱相联结，反复出现这种自动化思维，逐渐形成自己的核心信念“我没有能力做任何事”，只要遇到具有挑战性的任务，比如高考、考证等，就会感到十分焦虑，习惯性的选择逃避，严重影响正常的社会功能，产生了严重的回避行为，该同学被诊断为躯体形式障碍。此病患就是由于从小就被父母灌输这种价值信念，逐渐让自我失去对个体自控的自信，在成年后就会产生严重的心理健康问题，影响个体正常发展。

当我们成年以后，我们在青少年时期所形成的信念价值就会与当前的生活不兼容，也就是说一些过去所形成的错误的、非理性的、歪曲的信念会在我们越来越成熟时爆发，使我们的日常生活感觉非常不适，感受也十分痛苦。大多数这种功能不良的认知都是由很多年的反复强化形成的，个体过去深信不疑的歪曲认知导致了个体功能不良的认知或信念在认知系统中不断巩固，所以我们对我们所经历的事物、情境不理性的认知偏差造成了我们大多数的负面情绪。比如，处在青春期的青少年特别容易情绪激动和容易愤怒，常常会感觉很无力、难以自控，对自己的这种负面情绪感觉不知所措，这往往是由于个体缺少自我调节能力和应对问题技巧，各种学习、生活和人际压力，让他们唤醒许多错误信念，因而产生很多不安、焦虑、愤怒等负面情绪。也就是说，你不能识别出自己的认知歪曲或非理性信念时，也许是你已经习惯性的深信大脑出现的想法，即使是错误的想法，或是非理性的、非客观的信念。它们就如同在思维中沉睡的寄生虫，在我们的大脑中隐蔽潜伏，当一些特定的情境或事物发生，它们就会被激活。

三、认知歪曲与 CBT 理论

歪曲的认知会使人们无法正确、客观地进行思考，所呈现的认知和态度也都是非理性的。

因此能够跳出主观感受，客观的、中立的去看待我们当前的情绪状态，可以让我们的认知更加理性、正确。CBT 强调个体通过训练，觉察并捕捉自己头脑中的想法、信念以及情绪，让我们能够更清晰地感知到我们的大脑是如何产生这些不良情绪的，能够更清晰地认识到导致这些不良情绪的信念或想法是什么，当我们去注意观察这些信念与想法时，我们会思考大脑是怎样通过信念和想法反应信息的机制，同时就会注意到我们的大脑中哪些想法和信念是理性客观的，哪些是非理性的。我们学会辨别歪曲认知或错误信念，并且反复练习巩固强化，将这种反射内化，成为一种我们自然而然的、习惯了的思维模式，那么，我们就可以建立理性的认知联结，形成良好的情绪反应。CBT强调通过改变个体的歪曲认知、错误信念,进而改善情绪,它不仅仅只是试图摆脱所有消极思维、负面想法,并用积极思维与正面想法取而代之,它还强调了即便是在困境当中,我们如何能够让自己保持较好的生活满意度与主观幸福感,逆境中如何依旧保持积极的生活态度。

第二节　歪曲认知的分类

一、最常见的歪曲认知及实例

歪曲认知会严重影响个体的心理健康状态,以下将结合实例详细介绍最常见的歪曲认知及其特征:

(一)绝对化的要求

1. 描述分析

这是一种走极端式的认知方式,也是不合理信念中最常见的一种。它是指人们从自己的意愿出发,对某一事物持有必定怎样的不合理想法,常常带有"必须"和"应该"的特点。这种必须和应该又表现为三个方面:

一是"我必须""我应该"。如"我必须每件事都成功""我必须使每个人都喜欢我""我必须是最优秀的""我绝对不能输"等等。这些都是人们对自己提出的难以实现的目标,是过于追求完美和苛求自己的表现。因为人们不可能事事成功、时时如愿,人们也不会总是一帆风顺或成为最优秀的,也不可能得到所有人的赞赏。所以持有这种不合理信念的人很容易产生失败感和挫折感,导致失落、自责或忧郁等情绪。理性的认知是努力做好每一件事,不过于追求完美,也不过于重视他人的评价,一切都保持一个适当的度。

二是"你(他)必须""你(他)应该"。比如"你必须对我诚实""大家都必须听从我的安排""你应该成为最优秀的人""他必须受到惩罚"等等。这些是人们对他人提出的绝对化要求,是苛求他人、控制他人的表现,也是自我中心和高傲自大的一种倾向。每个人都有自己的喜好和主见,都有自己的优点和不足,我们没有理由去苛求、左右他人"必须"怎样,有时也只能是希望或建议而已。

三是"事情必须""事情应该"。如认为"学校或家庭环境必须符合我的要求""那件事应该是明天做的""已经计划好的事情是无法改变的"等等。有些事情不是由我们某一个人所决定的，尤其是在集体的大环境中，要通过调整自我去积极适应。当然，许多事情也都可能存在回旋余地，不能看得太绝对。

2. 实例展示

问题：当我想到我当前要完成的一个任务，我会怎么去看待这个任务完成的结果？

想法：我觉得我必须做到最好，应该要呈现最好的状态，我的组员也必须都配合我的工作。

（二）过分概括化（以偏概全）

1. 描述分析

这是一种以偏概全、以一概十的片面思维方式，是一种"理智上的法西斯主义"。它指个体根据一件或很少几件事情就武断地得出关于个人能力或价值的普遍性结论，并将其应用到其他情境之中。

这种思维方式主要表现在两个方面：

一是个体对自身的片面认识和评价。有的人往往以自己做的某一件事或某几件事的后果来评价自己整个人，断定自身的价值，其结果常会导致自负或自卑等消极心理，产生相应的不良行为。如偶遭失败便认为自己"没用，什么也干不成，是废物，是垃圾"；稍有成就，就认为自己"很了不起，最聪明、最能干"；某个人对自己不友好或者几次与人打交道受挫，就觉得自己"人缘最差，缺乏人际交往能力，乃至具有人际交往障碍"等等。

二是对他人的片面认识与评价。例如，当别人稍有过失或不合自己的意愿时就愤怒地认为其"一无是处"，从而导致一味地指责等。

2. 实例展示

问题：当我想到"舍友都在针对我"的念头，除了在宿舍有出现过之外，在其他什么时候还会出现类似的念头呢？

想法：我觉得舍友在任何时候任何地点都会想方设法刁难我，让大家都知道我的缺点，就算我换了新宿舍，新的舍友还是会一样的针对为难我，其实他们都是一样的，会故意刺激我。

（三）糟糕至极（灾难化）

1. 描述分析

这种不合理信念认为一件不如意的事情发生了，必定会非常可怕、非常糟糕、非常不幸，将事情想象为“灭顶之灾”“大难临头”，从而消极地预测未来而不考虑其他可能的结果。如考试前，有的同学会想“到时候我会很紧张的”，“我会彻底失败的，那我就一切都完了”等等。这种糟糕至极或灾难化的想法是对自己的消极暗示，更会加重自己的焦虑，并且也常常会使个体由于对失败和挫折的过度恐惧、焦虑而产生自暴自弃、悲观消沉乃至轻生等行为。

其实，“塞翁失马，焉知祸福”。在同一件事情上，幸与不幸是彼此相随的，没有任何一件事情可以定义为百分之百的糟糕透了。若我们只看到暂时的结果、突发的因素部分，而忽视事件的全部，就会得出极其片面的认识。并且对于任何一件事情来说，也可能还有更糟糕的情形发生，我们的不幸与他人的遭遇相比或许只是“小巫见大巫”罢了，又何必妄自菲薄呢？此外，挫折是客观存在的，随时随地都可能发生。尽管我们渴望一帆风顺，但总会出现事与愿违的情形。所以勇敢地接受现实，在可能的情况下去尽力改变不如意的状况；在不可能时，则要学会适应这种状况，并坚强地生活下去。有这样几句话说得好：“绝望往往是希望的开始，危机的尽头往往是转机，山穷水尽的地方终会柳暗花明。”在遭受挫折时，只要敢于面对而不是逃避，勇于坚持而不是放弃，我们就会取得成功。这正是心理健康教育要传达给学生的合理认知。

2. 实例展示

问题：想想看，如果这次大学英语四级或六级考试没有通过，那么我觉得将会发生什么事情呢？

想法：我要是没能通过大学英语四级或六级考试，那么老师和同学们都会认为我学习英语能力不行，意味着我的学习能力也不行，干什么事情都是不行的，久而久之，老师和同学们会讨厌我，会慢慢远离我，这简直太可怕了（灾难化念头）。

(四)两极性思维(非黑即白)

1. 描述分析

这是一种极端的直线性思维。这种认知方式往往把事情看成是非黑即白、非此即彼;要么全对、要么全错,常常以全或无的方式思考问题,其间没有任何的过渡和余地,没有弹性和弯曲。如“我总是失败”;“所有人都总是跟我作对”;“我总是最棒的”等等。这种“都”“总是”“没人”或“所有”的两极性思维方式常常会导致个体对自己、他人及周围事物过低或过高的评价,导致过度自负或自卑。事实上,任何事物都没有绝对的完美,也没有绝对的坏。我们要学会辩证思考。

2. 实例展示

问题:当我一想到下个星期马上就要进行期末考试了,我的大脑会一闪而过什么样的想法或画面呢?

想法:如果我能顺利通过期末考试并且每科分数都达到奖学金分数线,我就是成功者,否则我就是失败者(注:将自己进行了两极化分法,不是成功者就是失败者)

(五)选择性提取(夸大或缩小)

1. 描述分析

仅考虑个别细节或部分而不顾及其他信息,便草率地对某种事物做出片面的结论和判断。自卑的同学只选择性地提取和关注有关自己的消极、失败的信息。忽视自己的优势和特长,对自己做出了片面的评价,从而得出一个支持其抑郁或焦虑的结论。相反,一个高傲自大的人,总是夸大自己的优点而缩小自己的不足,从而一味地自我陶醉。

2. 实例展示

问题:当我想到我在演讲比赛中获得了二等奖,但还是无法高兴起来是为什么?

想法:即使是获得二等奖这都是正常的(忽略其他相关的线索),我总是没能获得一等奖,说明我还是能力不够好(强调错误或不好的地方)。

(六)人格化(个人化)

1. 描述分析

这类认知歪曲是指个体把那些与自己无关的事件看作是与自己相联系的,是具有人格意义的,并且把所有过错都归因于自己。持有这种认知歪曲的人在遇到挫折或失败时不能看到客观因素,而是一味地归咎于自己的能力和责任,最终导致自卑或抑郁。

2. 实例展示

问题:当我想到最近家庭的氛围逐渐变得很冷清,是什么原因导致的呢?

想法:一定是因为自己每次都不主动找话题所造成的结果,因为我没有主动找话题,害得家人之间没了共同的话题,连累了他们越来越沉默,家庭氛围也变得很尴尬,所有的这些都是我造成的(把外在不相干的事情归咎于自己身上)。

(七)乱贴标签或错贴标签

1. 描述分析

即在错误判断和归纳的基础上给自己做出一个"专业化"的结论,这种乱贴标签会进一步强化自己的消极观点。例如,"我是不讨人喜欢的,我有人际交往障碍。"如此地对自己贴标签,就可能会导致个体对自己个性、能力、品质等方面的错误认知和评价,从而进一步引发其他不良情绪和行为。

2. 实例展示

问题:当我与同桌或舍友发生争吵,我会怎么看待这件事情呢?

想法:我就是一个失败者,连人际关系都处理不好,而同桌真的是一个自私自利的人,连这点小事还要与我斤斤计较。

第三节　识别功能性不良的思维

一、识别功能性不良思维的意义

我们的信念体系，对事物（自己，他人，环境）的核心认知自幼童时期开始发展，之后个体的成长经历与生活经验不断修正并匹配我们的核心信念。我们的核心信念会影响个体对事物的认知，从而影响个体的情绪、行为和反应。个体在成长过程中，任何人对特定的事物难免会有不同程度的偏见，这些偏见可能来自教育，网络信息，他人的评价或个体的直接经验；而这些偏见并不一定准确反映客观现实，个体却深信不疑。因此，能够澄清我们的想法——自动化思维，并且识别出功能性不良的自动思维是整个 CBT 自助治疗的重要部分，澄清并识别进而才能够去对其进行工作。

二、识别功能性不良的思维工作表

（一）思维记录单的使用

1. 思维记录单使用概述

功能性不良思维记录单是识别歪曲认知的有效工具。我们的自动化、消极想法常常与认知歪曲有关。完成这项练习可以帮助你弄清楚你是在何时，何处做出不准确的假设或得出错误的结论。

工作表第一部分用以描述负面的自动化思维产生的情境。具体内容包括你在哪里，你在做什么，以及其他相关的上下文信息。接下来，评估你在该情境下所产生情绪的强度，范围从 0%（最弱）到 100%（最强）。工作表的第三部分需要你写下负面的自动化想法，包括任何伴随想法的画面或感觉。在你确定想法之后，然后填写证据，既包括支持该想法的证据，也包括驳斥该想法的证据。我们在识别功能性不良思维之前，首先要利用此工作表中前五列进行自动化思维澄清与举证，再对歪曲认知进行识别，如下所示：

表 8.1 思维记录单(五栏)

思维记录单(五栏)				
1. 情境 (1)谁? (2)做什么? (3)什么时候? (4)在哪里?	**2. 情绪** (1)你有什么感受? (2)评估每一种情绪(1%~100%)。	**3. 自动化思维(图像)** (1)在你产生这样的感受之前,闪过你脑海中的是什么?有没有其他的想法或图像? (2)圈出或者标记出重要的想法。 (3)评估每一种重要想法的相信程度(0~100%)。	**4. 能够支撑重要想法的证据** (1)寻找支持重要想法的证据; (2)评估支持的证据的客观性、真实性。	**5. 能够否定重要想法的事实** (1)寻找驳斥重要想法的经历; (2)判断、识别对应的歪曲认知类型。

(二)识别功能性不良思维工作表

1. 识别功能性不良思维工作表使用概述

这项练习是上述思维记录单的子表,可以将每一项自动化想法单列出来,使用 CBT 理论和技术帮助你检查非理性思维,即功能性不良思维。我们将以客观的视角,为自动化想法辩护,为不合理的想法提供证据,并根据这一证据评估想法的准确性以及识别歪曲认知类型。

该工作表首先要填写的内容是"自动化想法",即你在思维记录单当中澄清的自动化想法。接下来,我们需要找出证实或支持这个想法的证据并将之填写在"辩护"框中。一旦你列出了所有的辩护证据;对"驳斥"框也进行同样的操作。把所有的证据都写下来,有哪些证据可以质疑想法的可靠性。当你列出了所有你能想到的证据,无论是赞成还是反对,都要评估证据,并把你的评估结果以及你所确认的歪曲认知类型写在"判断"中。

该项工作是以一种有趣的方式,可以批判性地思考消极或非理性的想法,并重建适应性思维模式的有效方式(哪些想法可以修改,哪些想法可以接受)。如下案例所示:

表 8.2　识别功能性不良思维工作表

<table>
<tr><td colspan="2">识别功能性不良思维工作表</td></tr>
<tr><td colspan="2">自动化想法：
她怎么这么自私，根本不顾别人的感受。100％</td></tr>
<tr><td>辩护：她用手机聊天声音很大，宿舍并不是只有她一个人，并且我跟她沟通，她完全不理会，所以她很自私。</td><td>驳斥：每天早上上课，别人都走了，但是她会等我，买零食也会分享给我，好像也不是自私的人。</td></tr>
<tr><td colspan="2">判断：
可能有一些其他的原因导致她没有回应我的要求，她应该不是个不顾别人感受的人。
歪曲认知类型：以偏概全</td></tr>
</table>

在我们进行功能性不良思维识别的过程中，你可以通过引导式发现的过程来帮自己澄清功能性不良思维，我们通常在问题引导下能够诱发出个体自动化思维，即自动想法、信念或意象，我们需要从这些自动化思维当中提取出哪些是最让自己感到困扰的自动想法，那么我们可以通过一系列的问题引导，来帮助我们澄清那些歪曲认知，并不是所有这些问题都适用于全部自动思维，你可能需要针对情景选择不同的方式提问。但是这些问题有很好的引导作用，可以帮助你填写上述工作表：

"有什么证据能够证明你的想法是正确的？反面的证据又有哪些？"

"有没有看待这个问题的其他方式？"

"最糟糕的结果会是怎样的？如果它真的发生了，你该如何应对？最好的结果会是怎样的？对于这个情境，最有可能实现的结果是什么？"

"相信你的自动思维会带来什么样的结果？如果你改变想法又会怎样？"

"如果你的朋友或家人在这个情况下，产生了同你一样的自动思维，你会给他什么样的建议？"

"你应该做些什么？"

第四节 识别功能性不良思维的练习

一、辨别事实与想法工作表

想法不等于客观事实,这是认知行为疗法(CBT)参与者的第一堂课,即事实并不是意见,想法只是想法,想法不等于客观事实。这是显而易见的,但在日常生活中人们很难记住并坚持这个事实。这项训练可以帮助你了解事实和想法之间的区别,并帮助你正确区分自己的想法和事实,进而自行在自动想法中进行识别功能性不良思维。

辨别事实与想法工作表(见表8.3)列出了15项陈述内容,需要读者判断每一项是事实还只是个人的观点:

表8.3 辨别事实与想法工作表

◆我是个坏人。	
◆Sam告诉我她不喜欢我私下评价她。	
◆所有事情发展方向都不对。	
◆这将会是个灾难。	
◆我没有他们那么迷人。	
◆我考试没及格。	
◆我太胖了。	
◆他吼我。	
◆我很自私。	
◆我是怎么了,怎么又出问题。	
◆我太懒了。	
◆我不会借给朋友钱的。	
◆我的脚太大了。	
◆我长得很丑。	
◆没有人会爱我。	

训练区分客观事实和个人观点可以提高你快速区分两者的能力。以下是上方的答案：

表 8.4 辨别事实与想法工作表答案

◆我是个坏人。	个人观点
◆Sam 告诉我她不喜欢我私下评价她。	事实
◆所有事情发展方向都不对。	个人观点
◆这将会是个灾难。	个人观点
◆我没有他们那么迷人。	个人观点
◆我考试没及格。	事实
◆我太胖了。	事实
◆他吼我。	事实
◆我很自私。	个人观点
◆我是怎么了,怎么又出问题。	个人观点
◆我太懒了。	个人观点
◆我不会借给朋友钱的。	事实
◆我的脚太大了。	个人观点
◆我长得很丑。	个人观点
◆没有人会爱我。	个人观点

二、识别歪曲认知的练习

(一)识别歪曲认知练习:找出认知扭曲

(1)我准备上台演讲了,突然心就狂跳起来,我觉得紧张不安:“我的天啊！我好像忘记演讲词了。现在满脑子一片空白,这场演讲肯定会一团糟,这次丢人丢到家了。我真是太没用了,什么都做不好。”

(2)我准备约会,可对方却在最后一刻打电话说她生病不来了,我既生气又失望:“她肯定是想甩了我。我是怎么把这事搞砸的？一定是我哪里做错了！”

(3)我一直想减肥。这个五一有点心神不宁,又加上无事可做,我开始一点一点地吃零食。吃完第4颗糖时,告诉自己:"我没办法控制自己。好不容易跑步节食一星期,现在全泡汤了。我现在肯定肥得像肉球。我不应该吃这些东西。哦,我好烦,这个周末我得大吃特吃!"这时,你内疚至极,不知不觉又把另一把糖塞进嘴里,只希望这样会感觉好受一点,不过没用。

(4)赵同学上台做汇报,情绪是紧张90分,脚发抖,声音发抖,语速很快,当时的想法是:"怎么办?老师同学们都看着我,老师同学都没有找到我的笑点,大概我讲得不好,我是不是出错了,我真没用",然后开始自责;她去看医生,医生问了一些问题,她不能给出确切的答案,情绪是紧张70分、羞愧50分,当时想法是:"怎么办,我也不知道自己好些了没。医生肯定会很无语我的。怎么办,医生还在一直问我,她看到我填的资料好些觉得很不满意,我想回家,我是不是很笨呀,单子都填不好",然后又开始自责。

表8.5 思维记录单

思维记录单				
1. 情境 (1)谁? (2)做什么? (3)什么时候? (4)在哪里?	**2. 情绪** (1)你有什么感受? (2)评估每一种情绪(1%~100%)。	**3. 自动化思维(图像)** (1)在你产生这样的感受之前,闪过你脑海中的是什么?有没有其他的想法或图像? (2)圈出或者标记出重要的想法。 (3)评估每一种重要想法的相信程度(0~100%)。	**4. 能够支撑重要想法的证据** (1)寻找支持重要想法的证据; (2)评估支持的证据的客观性、真实性。	**5. 能够否定重要想法的事实** (1)寻找驳斥重要想法的经历; (2)判断、识别对应的歪曲认知类型。

表 8.6 识别功能性不良思维工作

自动化想法：	
辩护：	驳斥：
判断：	

（二）歪曲认知对照表

表 8.7 歪曲认知对照表

歪曲的认知	解释	举例
读心术	即使没有他人在想什么的充分证据，你也以为自己知道人们在想什么	他认为我是一个失败者
预测未来	你对未来进行预测——事情会变得更糟或者前面有危险	我不会得到这份工作 我会考不过这次考试
灾难化	你相信已经发生的或者即将发生的事情是如此的糟糕和难以忍受，以至于你不能够承受它	如果我失败，那将太可怕了
贴标签	你给自己或他从以整体的负性评价	我是不受欢迎的人 他是个极讨厌的人
低估正性信息	你认为自己或他人所取得的正性的成绩是微不足道的	那些成功是很容易达到的，所以它们并不能说明什么
选择性负性关注	你几乎只关注于负性信息而很少注意到正性信息	看看所有这些不喜欢我的人
过度概括化	在只有少量信息的情况下就对整体做出消极预测	这总是会发生在我身上，我在很多事情上都失败了
两极化思维	你以全或无的方式来看待事件或人	我被所有的人拒绝 这完全是浪费时间

续表

歪曲的认知	解释	举例
绝对化要求	你根据事物应该怎么样而不仅仅依据事物是什么来评价事件	我应该做得好。如果我做不好,那么我就是一个失败者
个人化	你将消极事件更多地归因于自己的过失,而没有看到他人也有责任	失恋是由于我失败
责备	你认为是其他人了你的负性情结,从而拒绝承担改变自己的责任	我的父母造成了我所有的问题
不公平的比较	你根据不切实际的标准来解释事件,并主要关注那些做得好的人,然后在比较中做出你比较差劲的判断	她比我更成功 这次测验其他人比我做得要好
后悔倾向	你认为在过去你应该能做得更好,而不是关注你现在能在哪些方面做得更好	我本不应该那样说
如果、怎么办?	你持续地问一系列诸如“如果某事发生了该怎么办”的问题,不满意任何答案	是,但如果我紧张了怎么办若我不能控制呼吸怎么办
情感推理	你让你的感受支配了你对现实的解释	我心情沮丧;因此,我的恋爱不会有好结果
不能驳斥	你拒绝任何可能与你的负性想法相矛盾的证据或者观点	当你有“我不可爱”这样一个负性想法的时候,你拒绝任何人们喜欢你的证据

(三)歪曲认知识别工作表

表8.8 歪曲认知识别工作表

自动化思维	认知歪曲
1.	
2.	
3.	

第九章　评价与应对自动化思维

第一节　选择重要的自动化思维

一、为什么要选择重要的自动化思维

自动化思维是我们大部分时间无法意识到的，如同思维流一样不断出现，我们接收到这种自动思维的信号，就会迅速做出反应，或者做出总结。比如，当我们在大街上看到一个人群聚集地，有的人会想要凑上去看一看到底发生什么事情，有的人就会匆匆离开，生怕遇到不好的事情，此时的个体就在快速的执行这种认知过程：情境→大脑反应→行为。其中，大脑反应主要就是我们的自动化思维，几乎我们没有间隙去意识到它的作用。如上述例子，凑近看看究竟的人大脑的反应是一定有什么稀有的事情发生，我去凑个热闹；而匆匆离开的人大脑反应的就是这一定是发生了什么不好的事情，太危险了，我要离得远远的；但是，我们匆匆离开还是凑上去看看几乎都是立刻反应的，并没有去刻意地觉察到底为什么做出这样的反应，因此，我们大部分时间是无法意识到自动化思维的。自动化思维是我们从小至今经历的结果，并构成了我们比较稳定的信念或价值观。我们大多数情况下，都会普遍关注对我们影响比较显著的结果，即情境引起了行为反应。自动思维常常是非常简洁的，人们普遍关注的是情境、情绪、行为等，而没有去觉察到自己在看到眼前的情境，大脑闪现了怎样的自动化思维，又怎样通过这样的反应信号做出了一系列行为策略；而这些自动化思维和行为经过长期的反反复复的强化，形成思维和行为惯性模式，即自动反应机制，而没有觉察到自己的思维过程，觉察那些过程中扭曲观念的自动化思维，呈现了一种固有的情境引起行为或结果模式。

我们每个人每天都会有成千上万的自动化想法出现在脑海中，有些想

法功能性不良，而有些则不是，我们只需要对一些重要想法进行评价即可。自动化思维呈现的形式主要以语言和视觉为主，语言形式一般以内部语言为主，有时单独呈现，有时视觉与语言同时出现。评估自动化思维主要依据的是它的有效性及有用性。自动化思维的有效性是指准确的、客观的思维；自动化思维的有用性是指对这一思维的合理反应(非绝对化，非高度概括化，去灾难化的想法)。当我们找到一个自动化思维，我们需要对这个自动思维是不是重要的、值得关注的，也就是说，要去评估这个自动化思维有没有对我们产生痛苦的感受，是否会造成功能损伤，或者经常会出现，而且这个自动化思维一定是刚刚发生不久的(最好是过去一周之内中出现的)。那么我们就要问自己以下几个问题：

(1)“在什么样的情境中我产生了这个自动思维？那是我多大程度相信它？现在又是多大程度相信它？”

(2)“它是如何影响我的情绪的？那时情绪的强度有多大？现在这种情绪的强度有多大？我当时还做了什么？”

(3)“如果再次出现这种自动想法，我是否还会感觉到痛苦？”

(4)“在此情境下，我的脑海中想到了什么？有任何想法或画面吗？那个想法或画面让我感到最不安？”(关于未来情境)

二、选择重要的自动化思维工作表

这项练习是我们完成思维记录单(即五栏表)的重要组成部分，我们可以将每一条自动化思维呈现出来，并且利用此表来判断出对我们来说比较重要的自动化思维，以便于我们可以找到引起我们强烈负面情绪的因子。

该工作表首先要填写的内容是“自动化想法”，即你在思维记录单当中所呈现的所有的自动化想法。接下来，我们需要将我们的所有自动化想法填入“当时的感受”一栏中，并根据你当时感受的强度做好详细记录和评估(0～100％)；然后，我们再将这些自动化想法填入“现在的感受”一栏中，并进行现在的感受强度的评估(0～100％)，通常，个体在承受各方面的损伤时，都会有自我修复的能力，同理情绪、感受也是一样，我们大多数情况是处于当下情境中时，引起的情绪或感受比较强烈，但经过一段时间的自我修复，往往可以平复比较强烈的感受或情绪，而那些我们经过一段时间的自我修复也无法缓解的强烈感受或情绪，就是我们需要选择处理的、划重点号的自动化思维。最后，我们经过筛选，把你的重要的自动化思维填写在“选择重要的想法”一栏中。如下所示：

表 9.1 选择重要自动化思维工作表示例

自动化想法:1. 我太笨了,什么都学不会,怎么都做不好。 2. 父母知道我挂科了一定失望至极。	
当时的感受: 想法 1:痛苦程度:100% 情绪:伤心、自卑 情绪强度:100% 想法 2:痛苦程度:80% 情绪:沮丧 情绪强度:80%	现在的感受: 想法 1:痛苦程度:100% 情绪:伤心、自卑 情绪强度:100% 想法 2:痛苦程度:30% 情绪:沮丧 情绪强度:40%
选择重要的想法: 1. 我太笨了,什么都学不会,怎么都做不好。	

三、选择重要的自动化思维训练

(一)案例演练 1 示例:小芳的重要自动思维

小芳自述:在周二上课时,我不知道如何解答老师在课堂上提出的问题,我感到十分懊恼和伤心,因为我在想:“我在课堂上永远都没办法克制紧张,永远都做不好这个事情”,我感觉到非常的伤心和沮丧。在图书馆,我找不到我需要的书,于是我想“这个系统很低效,无法找到我需要的书”,我感到十分伤心和沮丧,于是我回到宿舍,跟舍友借了书做练习题。

表 9.2 自动思维表

自动化想法:1. 我在课堂上永远都没办法克制紧张,永远都做不好这个事情 2. 这个系统很低效,无法找到我需要的书	
当时的感受: 想法 1:痛苦程度:90% 情绪:伤心、沮丧 情绪强度:90% 想法 2:痛苦程度:70% 情绪:伤心、沮丧 情绪强度:80%	现在的感受: 想法 1:痛苦程度:90% 情绪:伤心、沮丧 情绪强度:90% 想法 2:痛苦程度:50% 情绪:伤心、沮丧 情绪强度:50%

续表

选择重要的想法：1. 我在课堂上永远都没办法克制紧张，永远都做不好这个事情 情绪：伤心和沮丧

在这里我们选择了想法1作为重要的自动化思维，想法2并没有引起小芳的不安，不需要进入未来的讨论，因为(1)小芳不再因它而痛苦，(2)她已经采取了有效的应对方式(3)问题已经解决了，(4)如果相同问题再次出现，她有很好的解决办法。

(二)案例实操2：小章的重要自动思维

小章自述：在周二上课时，我不知道如何解答老师在课堂上提出的问题，我感到十分懊恼和伤心，因为我在想："我在课堂上永远都没办法克制紧张，永远都做不好这个事情"，我感觉到非常的伤心和沮丧。在图书馆，我找不到我需要的书，于是我想"这个系统很低效，无法找到我需要的书"，我感到十分伤心和沮丧，于是我回到宿舍，跟舍友借了书做练习题。

(三)案例实操3：小彤的重要自动思维

小彤是学习委员，平时实验课上表现很好，什么问题都能回答出来，她的班级常常被评为优秀班集体。期末考试，实验课全班都考得不好，班主任找小李谈话，小彤认为自己是学习委员，应该对全班成绩负责。并认为主任会因为她实验课考试问题没有回答好，以后再也不教她们班了，并且她觉得大家都会这样认为。她开始不断责备自己，她对自己说"你是个坏人，别人都会讨厌你"，她一直处于内疚之中，并且害怕碰见主任，甚至不敢提起主任。

(四)案例实操4：我的重要自动化思维

请闭上眼睛回忆一下，最近一周你所经历的一切，何时何地因何有过特别强烈的痛苦感受和强烈的情绪体验？当你感觉很痛苦的时候，你头脑当周闪过的想法或画面是什么？尝试着把它们填入重要自动化思维工作表中，并做出判断选择。

第二节 苏格拉底式提问

一、苏格拉底式提问概述

(一)什么叫苏格拉底提问?

“我只知道一件事,就是我一无所知”——苏格拉底(Socrates,469-399 B.C.)。苏格拉底认为,智慧就在我们每个人的内心,只不过是受到一些错误认识的干扰和掩盖,导致我们无法发现它们。因此,苏格拉底强调“无知”,称为“自知无知”的智慧,因无知,才会不断求知,才能更接近真知。苏格拉底式提问,亦强调在问答过程中要保持观点中立,避免带有偏见;强调通过提问,启发引导个体自我认识提升;苏格拉底式提问讲求不怀疑一切,但一切始于怀疑,终于真理,通过问答过程中探究假设与逻辑性,让个体看到自己的谬误,揭示事物的本质;苏格拉底式提问,以问题引导,让个体从多个方面、多个角度去看待同一个问题,从而揭示事物从特殊到一般的真理。苏格拉底式提问,即在谈话进行中,苏格拉底偏重于问,他不轻易回答对方的问题;他只要求对方回答他所提出的问题,他以谦和的态度发问,由对方回答中而导引出其他问题的资料,直至学生承认他的无知。

(二)苏格拉底式提问的由来

苏格拉底式提问(Socratic questioning)起源于苏格拉底,苏格拉底是古希腊时期的一位十分杰出的哲学家,他主张人的智慧源于人的内心的理性认知,而并不是依据外界或他人的给予。人类理性的认知能够帮助个体获得更加正确、客观的智慧、理论或信念,并且,只有正确的价值或信念才能够引导出良好的行为结果。反之,若个体违背其内在的理性认知,就会产生错误的价值信念,进而引发不良的行为结果,造成不良的情绪体验。因此,苏格拉底启发他人得到智慧升华的方式,并不是一味地教授讲解,而是将自己扮演为无知者,提出一系列问题,来推动回答问题者认识上的发展与提升,即我们耳熟能详的苏格拉底式提问。苏格拉底式提问,更被视为一种探索,巧妙地帮助个体探索自我无知或无意识的领域,引起个体求知及自我认知提升欲望。所以苏格拉底式提问又称为产婆术,苏格拉底认为,智慧真理就在每个人的肚子里,这种提问和回答的过程,就如同"智慧"的婴孩即将出世的过程,而提问就是在给"智慧"助产,让他自己"生"出来,苏格拉底式提问更关注的是思考过程本身。并强调通过提问,鼓励个体发现自己是如何找到这些问题答案的,从而提高个体思维能力。

【拓展阅读】

苏格拉底与麦穗

一天,苏格拉底带领几个弟子来到一块麦地边。那正是收获的季节,地里满是沉甸甸的麦穗。苏格拉底对弟子们说:"你们去麦地里摘一个最大的麦穗,只许进不许退,我在麦地的尽头等你们。"

地里到处都是大麦穗,哪一个才是最大的呢?弟子们埋头向前走。看看这一株,摇了摇头;看看那一株,又摇了摇头。他们总以为最大的那一穗还在前面呢。

突然,大家听到了苏格拉底苍老的如同洪钟一般的声音:"你们已经到头了。"这时,两手空空的弟子们才如梦初醒,他们回头望了望麦垄,无数株小麦摇晃着脑袋,似乎在为他们惋惜。

苏格拉底对弟子们说:"这块麦地里肯定有一穗是最大的,但你们未必能碰见它;即使碰见了,也未必能作出准确的判断。因此最大的一穗就是你们刚刚摘下的。"

苏格拉底的弟子们听了老师的话,悟出了这样一个道理:追求应该是最大的,但把眼前的那一穗拿在手中,才是实实在在的。

(三)苏格拉底式提问的应用

大多数认知行为治疗师都认为苏格拉底式提问是认知行为疗法干预的重要组成部分。《理智胜过情感》的作者之一,Christine A Padesky,认为苏格拉底式问话是认知行为治疗的基石;Roth 等人认为苏格拉底式提问是认知行为治疗师的必要的核胜任力。《认知疗法基础与应用》第二版第 12 页就提道:苏格拉底式提问引导式发现这样的认知策略是认知行为疗法的中心;Padesky 认为,那些认为认知治疗就是改变扭曲认知的治疗师和那些认为认知治疗是一个教个体评估他的想法、行为、情绪,生理反应以及生活的环境,来选择做出适应的反应的治疗师有巨大的不同,治疗师更多是用苏格拉底式问话和指导发现。通过连续地提出问题,让被提问者通过理性思考,发现谬误、拓宽思路、获得启发、找到真相的过程,最终得出正确的结论。

在心理咨询理论中，美国认知治疗学派大师 A. T. Beck 发展出一个治疗技术称为“苏格拉底式提问”(Socrates Dialogue)，他引用苏格拉底这种非教导的论证式对谈，来形容咨询师用提问的方式，协助个体修正或改变错误认知。主张用一系列的问题先了解个体的观点，并评估自己的想法，进而引发出不同的结论，促使个体得到自己的解答。

二、苏格拉底式提问步骤

(1)苏格拉底式提问强调个体通过提问获得理性的认识，也就是修正个体一些非理性信念，人过于绝对化、非现实、非客观的歪曲认知，我们可以通过以下流程来进行自助提问：

①澄清或界定问题；

②辨识思想、影像或假设；

③检视事件的意义；

④评估特定思想和行为产生的结果。

(2)苏格拉底式提问主要分为三个步骤：

①定义与澄清语意

苏格拉底式提问的第一步，就是要澄清我们所使用的语意。我们大多数情况下，所表达出来的概念或者感受都是模糊不清、比较笼统或抽象的，例如当有人问你今天有什么样的感受，我们通常会用“开心”或者“不开心”来形容，比较笼统模糊，不够具体，就无法进行进一步的评估，也就无法觉察到自己的核心问题是什么，导致无法解决问题或困扰。因此，定义与澄清语意帮助个体清楚、明确与具体地定义或澄清自己的想法或概念，最终使得真正问题所在突显出来。而需要定义与澄清的语意就是哪些模糊不清、笼统不具体或抽象的部分，特别是对个体有重要影响的关键词语。

②找出思考规则

大多数个体都存在很多我们无法意识到的思考规则，在特定的情境刺激下，个体的这些无意识的思考规则就会开始进行作用，引导个体按照这些规则去理解和认识当下情境，也引发了个体的思维、感受、情绪和行为结果。例如，同学 A、B 两个人在操场散步，另外一个同学 C 迎面走来，并且瞪了两人一眼。A 大脑中隐藏的思考规则是瞪我等于挑衅我、瞧不起我，于是解读为 C 瞧不起自己，认为自尊心被人践踏了，于是很愤怒，同时做出了行为反应，即回瞪对方并大声回应“瞪什么瞪?”；而同学 B 看到 C 瞪自己一眼，大脑中隐藏的思考规则是瞪我就等于坏人、她想要伤害我，B 同学认为自己可能会受到伤害，可能会有危险发生，于是很害怕、很焦虑担心，同时做出了行为反应，即假装没看到，避开对方视线，加快离开的速度。

以上事例说明了，每个个体都在大脑中隐藏了各种各样的思考规则，而这些思考规则引发了我们一系列的想法、感受、行为与决策。而这些思考规则有良好的部分，也存在一些比较僵化刻板的、错误的、非客观非理性的部分，因而，一旦我们激活了不良的思考规则，那么我们就会做出错误的、不良的反应。这通常是一个自动化的历程，是我们无法意识到的作用机制，我们也察觉不到我们在运用怎么样的思考规则，却对相应导致的结果深信不疑。

苏格拉底式对话第二步就是要找出我们的思考规则，我们要去探究和寻找我们用什么思考规则在解读事物、如何决定行动和感受。

③找出证据

经过上一个步骤的操作，我们发现了我们的思考规则是不良的，即僵化刻板的、不合理的、不客观的或太绝对化的，都会使我们做出不合适的反应，导致我们感觉十分痛苦与困扰。所以，在我们澄清了思考规则后，下一步就是要去检验思考规则的合理性。要如何进行检验呢？我们可以自己给自己做侦探，我们将每一条思考规则找到支持的有力证据，当我们对那些不良的思考规则，无法找到支持的证据，那么我们的理性部分就会修正这些不良的思考规则，使其趋于合理化。理性的思考规则即会引导个体产生新的感受和行为。

(3)依据以上三个步骤进行举例说明：

案例：我最近情绪非常低落，与妈妈的关系渐趋恶化，我们每天生活在一起，但是已经很多天没有沟通交流了。

第一步提问：

提问：最近情绪低落的原因是什么？

回答：感觉妈妈很讨厌我。

提问：妈妈哪些方面体现了讨厌你呢？

回答：就是她对待我的态度。

提问：态度是指她对待你的行为？还是她的情绪、表情、眼神之类的？

回答：应该是行为。

提问：她做了什么行动让你心情不好？

回答：我们最近都没有任何沟通交流，连问候也没有。

提问：那还有其他的方面吗？

回答：以前我和妈妈的刷牙口杯都是并列放在一起的，最近我早晚刷牙，她刻意放在了另外一边，离我特别远。

上例中，"讨厌我"就是一个模糊笼统的语意，乍听之下好像我们都可以轻易地了解什么叫作"讨厌我"。但实际上，每个人对于什么是"讨厌"有不同的定义，我们也无法说清楚为何会心情低落。所以通过定义或澄清语意的步骤，我们才了解“妈妈讨厌我”其实是意指“没有沟通交流”“刷牙口杯没有放在一起了”。后面的语意比前面的语意具体清楚多了，后面的语意也比前面的表达方式更容易引申出解决方法。

第二步提问：

提问：如果妈妈今天跟你说话了，你会怎么想？

回答：感觉妈妈可能没有那么讨厌我。

提问：你会怎么做？

回答：我会开心一点，每天主动陪她聊天。

提问：之前妈妈跟你沟通的时候有这种想法吗？

回答：没有。

提问：如果妈妈一直不跟你沟通交流，你会怎么想？

回答：我会想离家出走，或者尽量不要出现在她面前。

通过第二步的提问，我们可以发现这样的思考规则：如果妈妈跟我说话就等于她爱我并且会主动跟妈妈沟通；如果妈妈不跟我说话，就等于她讨厌我并且离家出走。

第三步提问：

提问：妈妈不跟你沟通交流，就表示她不爱你，有什么证据？

回答：可能就是一种感觉对比。

提问：什么样子的感觉对比？

回答：她以前都会早上问候我一下，晚上睡觉也是。

提问：妈妈有没有表达过讨厌你呢？

回答：没有。

提问：妈妈除了讨厌你还有什么其他可能性会让她不跟你沟通交流？

回答：不知道。

提问：妈妈除了你以外，和其他人交流了么？

回答：好像也没有。

提问：那妈妈跟谁都没有沟通交流，可能是为什么？

回答：也许是妈妈心情不好，她最近有不开心的事情。

提问：如果是这样，那你要怎么办呢？

回答：我想我应该多去关心妈妈，多跟她说说话，帮助她做点什么。

上面的例子就是帮助个体找出证据来验证自己的思考规则，当我们觉察支持自己思考规则的证据不够充分的时候，我们就比较容易去修正自己的不理性思考规则，进而产生新的感受和行为。人的理性会随着“新证据”来修改自己的思考规则。换句话说，如果我们愿意不断接纳新的信息来修正不良的思考规则，那么，我们可以发展成为一个心理更有弹性的个体。我们的思考规则也会更有效率、更能靠近现实,我们的思考、行动和情绪也会更健康。

三、苏格拉底式提问技巧实训

(一)苏格拉底式自助提问工作表

为了能够更直观的呈现我们自动化思维工作机制,我们将采用苏格拉底式自助提问表单来辅助个体探究自动化思维的合理性,我们可以将我们所记录下来的自动化思维表单中的比较强烈负向情绪感受进行苏格拉底式自助提问探究,首先,针对我们模糊不清的定义或语意进行提问澄清,将我们的问题写在"定义与澄清语意"一栏;其次,我们将探究我们的思考规则,将我们问题写在"找出思考规则"一栏;再次,我们将针对我们的非理性思考规则进行证据检验,将检验问题写入"找出证据"一栏;最后,依据以上问题的自我回答,填写我们针对当前困扰的结论;如下所示:

表 9.3　苏格拉底式自助提问表单

第一步:定义与澄清语意	第二步:找出思考规则
自我提问: 1. 你在担心或者焦虑什么? 2. 没有获得好的成绩让你想到什么? 3. 自我回答: 1. 我担心我没办法获得好的成绩。 2. 成绩不好就没办法毕业,也许会领不到毕业证书。 3.	自我提问: 1. 如果你没领到毕业证书会怎么样? 2. 找不到好工作对你来说意味着什么? 3. 自我回答: 1. 领到毕业证书就无法找到好工作了。 2. 我就无法在这个社会中生存。 3. 思考规则:如果找不到好工作就无法生存。
第三步:找出证据	**我的结论**
自我提问: 1. 工作不好,就无法生存的证据有哪些? 2. 3. 自我回答: 1. 工作不好,生活质量就很低,但是也不至于无法生存。 2. 3.	【关于这个困扰,你现在有什么看法?】 即使没有达到理想的结果,但是我们仍然可以从当下获得一些自我提升的机会,也可以给自己设立可以实现的目标,并且成绩不好也不一定就不能毕业,只要努力了总会有所收获。

（二）苏格拉底式自助提问实操练习

（1）为了我们能够学会苏格拉底式自助提问方法，我们接下来做一个实操练习，请闭上眼睛，回顾一下你最近几天，有没有情绪困扰，比如低落、悲伤、焦虑等，请设计一系列苏格拉底式提问来具体描述一下你的感受、行为，以情绪低落为例，如下所示：

表 9.4　苏格拉底式自助提问表单示例

第一步：定义与澄清语意	第二步：找出思考规则
自我提问： 1. 是什么原因让你有情绪低落的感受？ 2. 和同桌吵架了，让你想到了什么，才心情不好的？ 3. 同桌都在哪些方面“不喜欢你”？ 自我回答： 1. 和同桌吵架了，心情不好。 2. 我认为同桌很不喜欢我。 3. 她不尊重我，说话很凶，而且处处都反驳我的观点。 请写下澄清的模糊语意：同桌不尊重我，说话很凶，反驳我的观点，让我感觉“他不喜欢我”。	自我提问： 1. 同桌如果尊重了你的观点，没有反驳，你会怎么想呢？ 2. 同桌不喜欢你，对你来说有什么后果？ 3. 如果你没办法跟别人很好的相处对你来说意味着什么？ 自我回答： 1. 我会觉得她没有那么不喜欢我了。 2. 我想我跟任何人都没办法好好相处了。 3. 我的人际关系就会很差，没有人会喜欢跟我做朋友。 请写下找出的思考规则：如果同桌尊重了我的观点没反驳，她就是喜欢我的，否则就是不喜欢我。 同桌不喜欢我，那么所有的人都会讨厌我。
第三步：找出证据	**我的结论**
自我提问： 1. 同桌讨厌你的证据还有哪些？ 2. 有没有一些相反的证据呢？同桌在所有的时候都是讨厌你的么？ 3. 你跟同桌吵架了，你的人际关系就不好了，那你也跟所有人都吵架了吗？ 自我回答： 1. 还有她这两天吃午饭都没有找我一起。 2. 也不是，今天上午作业我没记住，她帮我划了一下。 3. 没有，我知识因为观点不同跟同桌吵架了，我没有和其他人吵架。	【关于这个困扰，你现在有什么看法？】 或许是因为吵架了，同桌不好意思跟我说话，我也不好意思跟她说话，所以也没有一起吃饭，我的人际关系也没有想的那么差，可能我需要做点什么去维持好一点的人际关系。

(2)请同学们根据自己的痛苦感受或困扰,练习填写苏格拉底式自助提问表单:

表 9.5 苏格拉底式自助提问表单

第一步:定义与澄清语意	第二步:找出思考规则
自我提问: 1. 2. 3. 自我回答: 1. 2. 3.	自我提问: 1. 2. 3. 自我回答: 1. 2. 3.
第三步:找出证据	**我的结论**
自我提问: 1. 2. 3. 自我回答: 1. 2. 3.	【关于这个困扰,你现在有什么看法?】

第三节 评价自动化思维

通常,自动化思维很少是完全错误的,它们带有一些客观事实。因此,我们需要一种结构化的方法来帮助我们评估自动化思维是否合理。我们在做自动化思维评估的时候,需要秉持公正原则,既不能放过那些不支持自动思维的证据,同时也不能忽视那些支持自动化思维的证据。并不是所有问题都适合每个自动思维,联系自身的情况十分重要。再说,用所有这些问题,即使他们是很有逻辑的,也可能太繁琐、太费时。如果评估过程造成太重负担,我们很可能没有动力去评估我们的想法。我们可以使用任何问题来评估我们的想法，这些问题可以帮助我们检验自动思维的正确性、发现其他解释或观点的可能性、对问题情境去灾难化、识别相信自动思维的不良影响、与想法保持距离、采取步骤解决问题。以下列出了一些能够帮助我们评估自动化想法的苏格拉底式提问：

表 9.6　苏格拉底式提问表

苏格拉底式提问
1. 支持这个想法的证据是什么？反对这个想法的证据是什么？
2. 有没有别的理解或观点？
3. 最坏会发生什么（如果我还没想过最坏会发生什么）？ 如果发生了，我能如何应对？ 最好的结果会是什么？ 最现实的结果是什么？
4. 我相信自动思维有什么影响？ 我改变我的想法会有什么影响？
5. 如果是我的朋友或家人处于相同的情境，我会对她/他说什么？
6. 我会做什么？

一、寻找证据

（一）概述

前面章节中介绍了我们为何要为自动化思维找有力的证据来支持我们去继续坚信这个想法，那么，现在我们就来具体学习一下如何寻找证据，我们可以通过上述苏格拉底式提问来帮助我们进行证据的检查，你已经定义了自己的用语，明确了自己的思维，还为思维可能产生的后果做了预测。那么，接下来，你可以寻找正反两方面的证据来验证那些我们选择出来的重要的自动化思维，即消极想法。下面，我们将以“没有人会喜欢我”这一消极想法为例，当你感受到孤独、格格不入、没有人和你一起分享心事的时候，请把消极想法写在纸的最顶端，中间画一条竖线，左边写支持消极思维的证据，右边写不支持消极思维的证据，尽可能把所有的证据都列出来，如下所示：

表 9.7　寻找证据工作表

<table>
<tr><td colspan="2">消极想法:没有人会喜欢我</td></tr>
<tr><td>支持的证据</td><td>不支持的证据</td></tr>
<tr><td>我情绪低落不爱说话了没有人来关心我。
妈妈一直也没有打电话关心我一下。
舍友一起吃午饭没有等我。
班级同学组织活动表演节目没有找我参加。</td><td>老师觉得我最近情绪不高找我谈了几次话。
姐姐有给我发消息问我的近况,说妈妈想我了。
高中同学来这边玩,顺便来学校看我了。
演讲社团推选我参加演讲比赛。</td></tr>
<tr><td>支持该想法的最主要证据:
班级同学组织活动表演节目没有找我参加。</td><td>不支持该想法的最主要的证据:
演讲社团推选我参加演讲比赛。</td></tr>
<tr><td>支持证据的权重:30%</td><td>反对证据的权重:70%</td></tr>
<tr><td colspan="2">支持和反对证据的权重差:-40%</td></tr>
<tr><td colspan="2">结论:
很多同学和朋友也都还是关心和关注我的,即使有些人某段时间没有给我那么多关注,也不代表他们不喜欢我,每个人都有自己的事情要做,我不能总是想着让所有人都关心我、关注我,不应该用“没有人会喜欢我”这样形容自己的价值。</td></tr>
</table>

这里要特别强调,当我们在验证某个想法或信念的时候,务必要将这个想法或信念以事实来呈现,也就是用客观事实来进行描述,那么越客观、越符合逻辑,我们就会越相信它是真的。同时,我们应该用辨别想法与情绪、感受的方法,区分出来真正的想法、思维,避免用感受、情绪去描述,例如“我感觉她是……”“我觉得非常自卑、难过”等等,这些都是感受或情绪,并不是想法或思维,我们要知道,感受或情绪我们是很难去进行验证的。你说你很自卑,我说你不自卑,这将是毫无意义的反复辩论,毫无检验可言。同样,我们也不要用那些特别夸张、夸大的比喻去描述,例如“生命难道不是毫无意义吗?”“生活难道不是一片漆黑吗?”等等,这也是无法进行有效检验的。我们必须将它们转换成客观事实来进行陈述,例如“生活得很糟糕”或“这件事是很恐怖的”。那么,我们就可以针对这些想法进行正反两方面的证据来进行验证了。

(二)寻找证据练习

1. 寻找证据示例展示

【案例一】李同学的自述

我高中成绩一直都很好,也很勤奋,一直担任班级干部,深受老师和同学的喜爱,父母也都为我感到骄傲,所以我暗自发誓,高考一定要考出理想的成绩,高考前一个月,我每天都很紧张,很担心,感觉自己压力很大,神经也很紧绷,也因此在高考中我由于过度紧张,没有考好,成绩十分不理想,其他的高中同学在高考中都取得了比较好的成绩,只有我和两个成绩差的同学考的最不好,我们只能读专科院校,不能读到理想的本科院校,我这辈子就完了,一点希望都没有了。

表9.8　寻找证据工作表示例

消极想法:我这辈子完了,一点希望都没有了	
支持的证据	不支持的证据
1. 我没考上本科大学。 2. 我读了专科学校。 3. 我的高考分数比大多数同学都低。	1. 我有两个高中同学也读了专科学校。 2. 我高中成绩一直都很好。 3. 很多读专科学校的人也事业很成功。 4. 我很勤奋。
支持该想法的最主要证据: 1. 我没考上本科大学。	不支持该想法的最主要的证据: 1. 很多读专科学校的人也事业很成功。
支持证据的权重:40%	反对证据的权重:60%
支持和反对证据的权重差:-20%	
结论: 很多同学也都在读专科学校,而且教育政策也提供了很多专升本的机会,即使没有升本,我也可以在我的专业领域做到最勤奋、最努力,虽然我的成就也许不是最好的,但是我的工作和生活是有意义的,我不应该用“我这辈子完了”这样形容自己。	

2. 作业练习

用寻找证据工作表来检验我们的非理性的自动化想法的真实性,若没有消极思维，我们也可以用同样的方法来检验积极的、理性的思维，有了证据的支持，可以帮助我们更好地发展积极的、理性的思维，从而有效改善我们的情绪。

3. 注意事项

检验普适事实是没有意义的。例如“我有抑郁的可能”，因为我们每个人都会在人生的不同阶段，经历各种情境，都有可能会体验到各种情绪，包括抑郁情绪、焦虑情绪、恐惧情绪等，检验这样的事实是没有任何意义的。而我们真正担心着的是一种预测，例如“我马上就要得焦虑症了”“我要是得了焦虑症，实在是太可怕了”或者“如果我得了抑郁症，那么我就完蛋了”等等，这些是可以验证的。最后，“万一”这种表述是无法收集任何证据的，你可以说“万一我抑郁了呢?”，你也可以说“万一没发生呢?”，这些都是与事实无关的模糊的陈述，我们也可以转换成与客观事实相关的描述或预测，例如“我马上就要抑郁了”或者“抑郁症实在是太可怕了”，或者“如果我得了抑郁症，我就要死了”。

二、再归因

(一)概述

再归因即是指当我们在评价一个自动化思维的时候，我们可以尝试寻找其他的解释，来对我们所相信的这个思维、想法进行重新归因，尝试用其他的解释来替代原有的解释，通过两者之间的对比，我们可以正确的评估我们的自动化思维。例如“妈妈一个月都没有给我打电话，她一点也不关心我，她完全无视我了”，那么，我们当前对妈妈一个月都没有给我打电话的解释就是“她一点也不关心我，她完全无视我”，我们可以尝试寻找其他解释的自我提问，例如“妈妈一个月都没有给我打电话，除了她不关心我、无视我，还有其他的原因吗?”那我们可能会回答“也许妈妈生病了，身体不舒服，所以没有给我打电话”，或者“也许妈妈在忙碌家里的什么事情，让她没有时间和精力给我打电话，她很辛苦”，再或者“可能妈妈担心给我打电话会打扰我的学习，她也许以为我特别忙，她认为我忙完之后会打电话给她的”，当我们找到多种其他的解释，去替代原有的解释“妈妈一点也不关心我，她完全无视我”的时候，我们可能会产生新的感受，或者引导新的行动，例如“我要给妈妈打个电话，问候一下，看看她是否安康”，或者“我要给妈妈发个信息询问一下她是不是很辛苦很忙碌，可不可以给她打一个电话”等等。我们可以将上述示例填入下方工作表当中呈现：

表 9.9　再归因评价自动化思维工作表

消极想法：妈妈不关心我、无视我　感受情绪：难过、悲伤　可能性评估：100%	
其他的解释	对应的感受及可能性权重评估(1%～100%)
1. 也许妈妈生病了，身体不舒服，所以没有给我打电话。 2. 也许妈妈在忙碌家里的什么事情，让她没有时间和精力给我打电话，她很辛苦。 3. 可能妈妈担心给我打电话会打扰我的学习，她也许以为我特别忙，她认为我忙完之后会打电话给她的。	1. 很担心，紧张　可能性：10% 2. 很自责　可能性：30% 3. 很感恩、欣慰　可能性：50%
找到其他解释后，对消极想法的可能性评估：10%	
评价结果：妈妈没有给我打电话的原因有很多可能性，我不能只是关注自己的感受，什么也不说，就认定妈妈对我不好不关心，我应该去主动关心妈妈的状态，作为女儿应该更多的关心妈妈，我这样的想法是消极的，不客观的。	

（二）再归因评价自动化思维练习

请回忆近一周内，你发生过什么让你感觉很痛苦、很难过的事情，你产生了哪些不理性的自动化想法，即你是如何去解释的？我们可以尝试以下提问帮助我们寻找其他的解释，并将其他的解释填入再归因评价自动化思维工作表当中练习：

表 9.10　寻找其他解释的提问

1. 这个想法事实吗？
2. 有没有别的理解或可能性？
3. 如果有其他的解释，各个解释可能性权重是多少？
4. 我原来的解释感受是什么？新的解释感受是什么？
5. 不同的解释下，我会做什么？
6. 我原来的解释对我来说更积极，还是新的解释更积极？

三、自我抽离

(一)概述

自我抽离即是我们将个体从个人主观体验中抽离出来,去做一个意象训练,想象发生这个事件的人不是自己,而是自己的朋友或者家人,他们处于和自己当前同样的处境当中,你会对他们说什么,做什么,那么我们常常会从这个过程中得到新的认识,松动原有的消极认识。例如当你在演讲比赛当中突然结巴了,认为自己沦为大家的笑柄,情绪十分低落,你的消极想法是"所有的人都在嘲笑我,我没脸见人了,我太蠢了",那么我们就可以运用自我抽离的方法,尝试想象,如果上台演讲的是你的好朋友,她认为她没脸见人了,认为自己很蠢,你要怎么跟她说呢?那我们可能会回答"我会对她说虽然你结巴了一下,但是你其他都表现得很好,你还是很有潜力的,不断磨炼,下次一定会成功的"或者"每个人都不可能一直表现优秀,每个人都会有失误的时候,那并不代表你是蠢的,你平时都表现得特别聪明伶俐,而且大家也不会认为你是蠢的,只会觉得可惜了,你那么好的演讲失误了",那么,经过这样的自我抽离意象,我们会获得新的感受,我们会认同我们作为局外人的思维和想法,从而松动原有的消极想法。我们可以将上述示例填入下方工作表当中呈现并对情绪强度进行评估对比:

表9.11 自我抽离评价自动化思维工作表

消极想法:所有的人都在嘲笑我,我没脸见人了,我太蠢了　感受情绪:难过、悲伤 100%	
想象发生在家人或朋友的身上,会怎么对她/他说?	意象之后的感受及强度(1%~100%)
1. 我会对她说虽然你结巴了一下,但是你其他都表现得很好,你还是很有潜力的,不断磨炼,下次一定会成功的。 2. 每个人都不可能一直表现优秀,每个人都会有失误的时候,那并不代表你是蠢的,你平时都表现得特别聪明伶俐,而且大家也不会认为你是蠢的,只会觉得可惜了,你那么好的演讲失误了。	难过、悲伤　30%

续表

评价结果：并不是结巴了我就没脸见人了，每个人都会犯错误，失败乃成功之母，每一次失败都是我们进步的动力，我应该总结失败的经验，而不应该自怨自艾，这样是毫无意义的自我损耗，我这样的想法是消极的，不客观的。

（二）自我抽离评价自动化思维练习

请回忆近一周内，你发生过什么让你感觉很痛苦、很难过的事情，你产生了哪些不理性的自动化想法？或你有什么很强烈的信念？我们可以尝试以下提问帮助我们跳出当前主观体验，并将我们作为客观存在的看法和解释填入自我抽离评价自动化思维工作表当中练习：

五、思维记录单的应用

通过以上所有方法技巧，来对自动化思维进行评估，将经过检验的具有有效性和有用性的支持和反对的证据填入思维记录单的第四栏“支持的证据”和第五栏“反对的证据”，并圈出重要的想法，如下所示：

表 9.12 思维记录表(5 栏)

思维记录单(5 栏)				
1. 情境 (1)谁？ (2)做什么？ (3)什么时候？ (4)在哪里？	**2. 情绪** (1)你有什么感受？ (2)评估每一种情绪(1%～100%)。	**3. 自动化思维(想法、图像)** (1)在你产生这样的感受之前，闪过你脑海中的是什么？有没有其他的想法或图像？ (2)圈出或者标记出重要的想法。 (3)评估每一种重要想法的相信程度(0～100%)。	**4. 能够支撑重要想法的证据** (1)寻找支持重要想法的证据； (2)评估支持的证据的客观性、真实性。	**5. 能够否定重要想法的事实** (1)寻找驳斥重要想法的经历； (2)判断、识别对应的歪曲认知类型。

续表

10月25日晚上8:30从教室回到宿舍,看到每个人都在吃同样的零食,而我的书桌上什么都没有。	失落80%	1. 一定是有人分享了她的零食,偏偏就没有给我。 2. 我回来她们没有一个人跟我说话的。 3. 我一定是被孤立了。	宿舍每个人都在吃同样的零食,以前我不在他们也会分享给我,这次却当作我不存在。	上课的时候我们宿舍一起做了小组活动;我们还一起吃了晚餐。

第四节　应对自动化思维

一、证据结果检验

(一)概述

消极思维有时可能是你自己惩罚自己的工具,所以我们要去验证它的真实性,我们尝试着列出来支持它的有力证据和驳斥它的有力证据。当正反两方面的证据呈现在你的眼前,你可能会觉得原有的自动化思维有所松动,但也有可能觉得有许多原因让你继续坚持原有的消极思维,所以我们要对我们所澄清的这些正反双方的证据结果进行检验,你要尝试问自己,你列出来的这些证据,是否说服他人去相信或者否定这个消极思维吗?你的证据是具有有效性和有用性的吗?以"我是个废物"为例,你会提供一些支持它的证据,例如"我考试总是不通过""我排球比赛打输了""我竞选班干部失败了""我感觉我就是个废物",假如你要说服一个人相信你的证据,"我感觉我自己就是个废物"这个就证明了我的的确确是个废物,那么,这个人会被你这个证据说服吗?会认可你的结论,你的的确确就是个废物吗?显然不会。你也可能说"我考试总是不通过",所以我是个废物,他人会被你这个证据说服吗?你考试没考好,足以证明你就是个废物吗?因此,你的感受、你特别在意的他人的看法,你考试没通过,你排球比赛输了,都不是最有效的证据,都不能够充分说明你是个废物。

你可以发现，在你得出这个结果之前，你使用了许许多多无效无用的信息，包括你的情绪、个人感受、争议的以及很多不相关的证据，你收集了很多很多这样的证据去支持你的消极思维，但是，那并不代表这些证据是有价值的。你可能使用了许多歪曲认知来证明自己是个废物，例如“读心术、非黑即白、夸大或缩小、个人化、以偏概全、预测未来、绝对化要求”等等。因此，我们要通过一些提问，来检验我们提供证据结果：这些证据是否能够有力的充分的支持或反对你的消极思维呢？别人会怎么看待你的证据？这些证据是令人信服的吗？这些证据是不理性的吗？这些证据是极端的吗？这些证据足以说服他人对你的结论信以为真吗？为什么？你觉得这里面有什么问题吗？

（二）检查证据结果工作表

确定你要评估的自动化思维。然后列出支持这一思维的证据。之后，评估每项证据的认知扭曲情况，如读心术、非黑即白、夸大或缩小、个人化、以偏概全、预测未来、绝对化要求等等。接着，给证据评级 A～F 六个等级，最强有力的证据评为“A”级，最弱的证据评为“F”级。最后，基于前面的分析，写下你结论。

（三）检查证据结果工作表示例

【案例展示】你觉得自己不够吸引人，你找出了证据，一是你觉得自己长得丑，二是从来没有异性给你表白过。你觉得这些证据的质量怎么样？和你的思维“我很丑”的关联度有多高？如果你去判定某人是丑的，你会用“她觉得自己长得丑”来进行判定吗？没有异性跟你表白，就说明你不够吸引人吗？有很大关联吗？我们可以来看看你找出的这些证据，看看它们是否相关？是否足够有说服力？是否能支持你的消极信念？或者，也许其中充斥着各种各样的认知歪曲，你可以在检查证据结果工作表中列出所有支持消极信念的证据，并用认知歪曲类型来检查证据的结果。也许你会发现，你的证据不够可信，也毫无关联，没办法有力支持你的消极想法。

表 9.13 检查证据结果工作表示例

消极想法:我不够吸引人		
证据	证据的结果或相关性有没有什么问题	证据评级(A~F)
我觉得自己长得丑	这个证据并不能判定一个人是不是吸引人的,与我的消极想法"我不够吸引人"不太相关	F
从来没有异性跟我表白过	没有异性跟我表白,是因为我根本避免和任何异性过多接触,所以也没有更多的交集,与我的消极想法"我不够吸引人"不太相关	E
结论:这两个支持我消极想法的证据不够有力,也不够充分,并不足以证明我确实是没有吸引力的,因此,我这种贬低自己的思维是非常不合理的,消极的。		

(四)作业练习

在最近一周的时间里,你可以对多个消极思维进行评估,为每个思维都寻找正反两方面证据并评估证据的结果。问问自己,你的证据里有没有什么失调的认知?你还可以给证据质量评级。不要只评价支持消极信念的证据,你还可以评价不支持消极信念的证据。

二、寻找理性认知

(一)寻找理性认知概述

前面章节我们介绍了怎样评价自动化思维,那么本节主要介绍我们如何在评价一个自动化思维后,对其做出反应。那么我们在为强烈思维收集正反两方面的证据之后,这些证据有时会让你发现,你的强烈思维并不能描述事情的全部真相。例如"妈妈一直没有联系我,实际上并不是妈妈不喜欢我了,而是妈妈担心快考试了,怕自己打电话打扰到你,这是对你爱的表现"。当你发现思维记录单当中的第四栏与第五栏无法支持你原始的自动化思维时，你就可以去探究与原始思维不同的解释。我们通常会将我们的自动想法分为两类，第一类即我们经过各方面探究与检验的原有自动化思维；第二类则是区别于原始自动化思维的崭新的想法和看法。我们所寻找的理性认知或替代想法需要我们澄清出来，以便于我们通过研究来将我们原有的消极想法替换成积极的、理性的认识，即构建一个新的思维模式，利用强化技术获得理性的认知，并通过练习巩固获得习惯性的积极的思维模式。

（二）思维记录单第六栏的应用

我们在寻找理性认知时，在思维记录单的第六栏，我们需要对第四栏“支持的证据”和第五栏“反对的证据”中搜集到的许多证据做一个总结概括，也是构建新的理性的思维的一个方法，将第四栏与第五栏用一些连词合并成一句话表述，比如加入“并且”“但是”这样的介词来相连，就可以获得理性思维，例如“我被舍友孤立了”，我们可以转变成一个更加平衡的、理性的思维，即“我这次没有得到舍友分享的零食，但是我们晚上一起吃了晚餐，并且课堂活动的时候，他们邀请了我，因此我并不是被孤立了”。我们还可以通过以下步骤来寻找出理性想法，如下所示：

(1)如果现有证据不支持你的强烈思维，请写出一条与各方面证据相一致的替代思维。

(2)如果现有证据只能部分支持你的强烈思维，请在综合正反双方证据之后写出一条平衡思维。

(3)确保你写出的替代或平衡思维与第四栏和第五栏的证据相一致。

(4)用 0～100% 评价，你在多大程度上相信刚刚写出来的替代或平衡思维。

理性思维通常都是结合第四栏和第五栏正反双方面的证据之后得出的。正反双方的证据可以提供一个更加宽阔的视野，使你能够用更宽阔的视野去重新看待你当前的情境。与原始思维相比，理性或替代思维往往都会更加积极、乐观、主动一些，这种新的积极思维并不是简单的替换了原始思维。替代思维一定要综合两方面的信息，全面理解所有信息，这需要我们去反复尝试。

表 9.14 思维记录单示例

思维记录单					
1. 情境 (1)谁? (2)做什么? (3)什么时候? (4)在哪里?	**2. 情绪** (1)你有什么感受? (2)评估每一种情绪(1%~100%)。	**3. 自动化思维(想法、图像)** (1)在你产生这样的感受之前,闪过你脑海中的是什么?有没有其他的想法或图像? (2)圈出或者标记出重要的想法。 (3)评估每一种重要想法的相信程度(0~100%)。	**4. 能够支撑重要想法的证据** (1)寻找支持重要想法的证据; (2)评估支持的证据的客观性、真实性。	**5. 能够否定重要想法的事实** (1)寻找驳斥重要想法的经历; (2)判断、识别对应的歪曲认知类型。	**6. 折中/平衡的想法** (1)写出一个折中的或者平衡的想法。 (2)列出你对每一个想法的可信程度(0~100%)。
10 月 25 日晚上 8:30 从教室回到宿舍,看到每个人都在吃同样的零食,而我的书桌上什么都没有。	失落 80%	4. 一定是有人分享了她的零食,偏偏就没有给我。 5. 我回来她们没有一个人跟我说话的。 6. 我一定是被孤立了。	宿舍每个人都在吃同样的零食,以前我不在他们也会分享给我,这次却当作我不存在。	上课的时候我们宿舍一起做了小组活动;我们还一起吃了晚餐。	我这次没有得到舍友分享的零食,但是我们晚上一起吃了晚餐,并且课堂活动的时候,他们邀请了我,这次可能就是个意外,并不是刻意孤立我的。100%

（三）思维记录单寻找理性认知训练

（1）请回忆一下近一周内，你发生过什么让你感觉很痛苦、很难过的事情，你产生了哪些不理性的自动化想法，你的情绪感受如何？你的支持和反对的证据有哪些？我们可以尝试以下提问帮助我们寻找出理性或替代性想法，如下所示：

表9.15　帮助你寻找理性或替代性想法的提问

1. 基于我在思维记录表第四栏和第五栏列出的证据，我是否有一个替代性的或平衡性的方式来看待我所处的情境？
2. 如果我得到了一个替代性的思维，就把它写在第六栏里。如果没得到，那就基于两方的证据，写出一个平衡性的思维。
3. 构建平衡思维的方法是：首先，将第四栏中支持强烈思维的证据总结成一句话；其次，将第五栏中不支持强烈思维的证据总结成一句话；最后，用一个介词将两句话相连，如"并且""但是"等，得到平衡思维。看一看，你所得到的平衡思维，是否将所有的证据都考虑进去了呢？
4. 如果我的至亲好友正处在和我类似的情境中，也和我产生了相同的自动化思维，并且收集到了和我思维记录表里一样的证据，我会帮他想到什么样的替代思维？
5. 如果我的至亲好友知道我正陷在这样的强烈思维之中，他会对我所处的情境有什么其他的理解吗？
6. 如果我的强烈思维是合理的，那么最坏的结果是什么？如果我的强烈思维是合理的，那么最好的结果是什么？如果我的强烈思维是合理的，那么最可能发生的结果是什么？

三、评估当前的情绪

（一）评估当前的情绪

我们在前面几个步骤，分别进行了情境描述、情绪感受的记录、自动化思维的选择与评价，然后我们依据正、反两方面的证据来进行新的、积极的、理性的思维探索,这种替代思维,一定是我们能够去相信的,你越相信你的理性的替代思维,那么你的负面情绪与之前的强度相比较,就越有可能减轻,甚至可能让情绪发生彻底的变化;如果你只是强行的写出理性的替代想法,那么你自己都很难去相信积极的、理性的思维,那么你的负面情绪可能不会有任何变化,即便是有一点变化,效果也不会持续。

(二)思维记录单第七栏应用

思维记录表的第七栏要求你重评第二栏中记录的情绪。如果你成功地构建了理性思维或替代性思维,并且你足够相信这些思维,你就会发现,自己负性情绪的强度降低了。甚至有可能,你的情绪彻底变化了。如下所示:

表 9.16　思维记录单(7 栏)

思维记录单						
1. 情境 (1)谁? (2)做什么? (3)什么时候? (4)在哪里?	**2. 情绪** (1)你有什么感受? (2)评估每一种情绪(1%~100%)。	**3. 自动化思维(想法、图像)** (1)在你产生这样的感受之前,闪过你脑海中的是什么?有没有其他的想法或图像? (2)圈出或者标记出重要的想法。 (3)评估每一种重要想法的相信程度(0~100%)。	**4. 能够支撑重要想法的证据** (1)寻找支持重要想法的证据; (2)评估支持的证据的客观性、真实性。	**5. 能够否定重要想法的事实** (1)寻找驳斥重要想法的经历; (2)判断、识别对应的歪曲认知类型。	**6. 折中/平衡的想法** (1)写出一个折中的或者平衡的想法。 (2)列出你对每一个想法的可信程度(0~100%)。	**7. 评估现在的情绪** 重新评估第二列中的情绪,或者新产生的情绪(0~100%)。

续表

10月25日晚上8:30从教室回到宿舍,看到每个人都在吃同样的零食,而我的书桌上什么都没有。	失落80%	7. 一定是有人分享了她的零食,偏偏就没有给我。8. 我回来她们没有一个人跟我说话的。9. 我一定是被孤立了。	宿舍每个人都在吃同样的零食,以前我不在他们也会分享给我,这次却当作我不存在。	上课的时候我们宿舍一起做了小组活动;我们还一起吃了晚餐。	我这次没有得到舍友分享的零食,但是我们晚上一起吃了晚餐,并且课堂活动的时候,他们邀请了我,这次可能就是个意外,并不是刻意孤立我的。100%	失落10%

(三)思维记录单评估当前的情绪练习

请回忆近一周内,你发生过什么让你感觉很痛苦、很难过的事情,你产生了哪些不理性的自动化想法,你的情绪感受如何?你的支持和反对的证据有哪些?我们寻找出理性或替代性想法有哪些?若我们很大程度上相信这些理性的、替代的想法,那么我们可以进行第七栏情绪评估填写练习,即针对第二栏的情绪强度来进行重新评估,如下所示:

四、强化和巩固新思维

(一)复述自我治疗记录单

发展理性替代思维,就如同学习一项新技能,新事物对个体而言往往都是不适应的,新的思维模式也是一样,原始的自动化思维可以说是不知不觉地涌现出来,但新的理性思维可能需要我们付出一些心理努力去将它不断内化,有时,你可能觉得新思维已经在头脑里出现了,但是它们看起来总是不如原始自动化思维那样贴近你固有的生活经验。提高理性或替代思维的相信程度最好方法就是多练习，你可以尝试在日常生活中不断地收集更多证据，不断构建新的理性或替代思维。当你的生活经验能够支持理性或替代思维时，你就会开始越来越相信这新思维，你的情绪提升也就会越稳定、越持久。如果你的生活经验不能支持新思维，你可以通过下面的方法继续构建不同的理性替代思维，直到它们符合你的生活经验。当你每天都能够重复阅读你的自我治疗记录单，并且在需要的时候都能拿出来看一看是非常理想的。你每一次的重复复述，都是在将这些新的反应与自己的经验系统进行整合、内化，你会越来越习惯化这种全新的思维模式。规律地阅读你的自我治疗记录单，往往比遇到困扰时再去阅读这些要更加有效。

（二）思维自检工作表的应用

当你完成了全部思维记录单，并且一切都有所好转，你可以应用思维自检工作表进行日常自我思维检查，那么你就可以很清晰地看到自己每天或每一段时间的思维变化，能够将我们之前做的思维训练进行良好的加强和巩固。思维自检工作表简单地说，就是简化了的“思维记录单”，它包含很多相似的问题，言语表述对阅读水平的要求较低，更加结构化呈现，更加利于个体自助完成思维检查，如下所示：

表 9.17　思维自检工作表

情境是什么：
我在想什么(或画面)：
什么让我相信我的想法是正确的：
什么让我觉得这个想法是不正确的：
怎样能换个方式来看待这件事情：
最糟糕的情况会发生什么？如果发生了要怎么做：
最好的情况会发生什么：
最有可能发生什么：
如果我一直告诉自己我的自动思维会发生什么：
如果我换一个想法会发生什么：
如果这件事发生在我的朋友(或其他人)身上，我会告诉他什么：

(三)强化新思维工作表

请查看你已经做过的思维记录单,选择一条理性或替代想法,要求你对它的相信程度不能超过50%,将这条理性替代想法填写在横线上,同时将你对它相信的程度进行评估。

表9.18 强化新思维工作表

<table>
<tr><td>思维:</td><td>可信度评分: %</td></tr>
<tr><td colspan="2">请在接下来的一周里,每天都为这条新思维寻找支持的证据;请把你找到的任何证据都写下来;请尽可能坚持每天都为寻找新的证据做一些努力。</td></tr>
<tr><td colspan="2">周一:</td></tr>
<tr><td colspan="2">周二:</td></tr>
<tr><td colspan="2">周三:</td></tr>
<tr><td colspan="2">周四:</td></tr>
<tr><td colspan="2">周五:</td></tr>
<tr><td colspan="2">周六:</td></tr>
<tr><td colspan="2">周日:</td></tr>
<tr><td>本周结束时,请重新评价你对该思维的相信程度</td><td>可信度评分: %</td></tr>
<tr><td colspan="2">你收集和记录的新证据,是否增强了你对这条理性或替代想法的相信程度呢?
是________否________</td></tr>
<tr><td colspan="2">为什么?</td></tr>
</table>

五、其他应对自动化思维的方式

(一)“自我觉察”训练

当你觉得你存在一些强迫的、焦虑的思维,那么你可以采用“自我觉察”训练,你可以尝试做以下练习:

自我觉察训练步骤:

1. 接纳自己的焦虑情绪
2. 不带评判的观察自己的焦虑
3. 当焦虑产生时,要像平常一样去做事情
4. 重复前三个步骤
5. 期待最好的事情发生

(二)积极的自我对话

当你出现了一些比较抑郁、低落、自卑的情绪感受,那么你可以进行“积极自我对话”训练,训练的实施方法有两种,第一种是你要坚持每天回顾并发现自己的优点或长处并记录;第二种方法是你要对自己的消极思维提出积极的想法,如下所示:

表 9.19 积极的自我对话工作表

消极思维	积极思维
我很愚蠢	我会聪明些的
我从不知道如何讲话	我能够思考一些事情并表述清楚
我没希望了	只要努力,我会改变的我弱小,我会坚强起来的

(三)应对卡的使用

当你产生了曾经有过经验的负性自动化想法,使用应对卡是一种有效的方法,可以帮助个体练习处理学习过的一些应对自动化思维的技巧。每个索引卡(7cm×12cm)或更小的卡片上写下帮助自己应对重大事件或情

境的指导。下表提供了一些帮助自己有效应对卡片的技巧：

表 9.20　制作应对卡的技巧

制作应对卡的技巧
1. 选择你认为重要的情境。 2. 制订以完成应对卡片为目标的一系列计划。 3. 评估自己是否准备好实施应对卡片的策略。 4. 明确具体某种情境或处理问题时要采取的步骤。 5. 记录要点。 6. 要实用。提出那些极可能取得成功的策略。 7. 提议在真实生活中经常使用应对卡片。

六、应对自动化思维案例实操

案例一：小张同学不小心把朋友私下悄悄说给她听的话告诉了别人，碰巧传到了朋友那里。那位朋友对她"嘴巴不紧"大为恼火，她对自己说：我是一个背叛者，是一个卑鄙小人，再也不配得到别人的信任，她羞愧的要死。

案例二：×年×月×时，上体育课，老师教完大家打排球，让同学们一个一个来练习扣球，前面二十个同学都顺利通过了，小李同学试了好几次都没有做好，她很难过，"她们都能通过，我却不能，我真没用，不只是打排球，其他什么我都做不好，我没有能做好的事，我是一个废物。"

案例三：回想一下最近一次你感到难过或羞愧内疚或自责的情绪，按照本章表述的步骤来试试，看看你的情绪有变化吗？

表 9.21　帮助你寻找理性或替代性想法的提问

帮助你寻找理性或替代性想法的提问
1. 基于我在思维记录表第四栏和第五栏列出的证据，我是否有一个替代性的或平衡性的方式来看待我所处的情境？
2. 如果我得到了一个替代性的思维，就把它写在第六栏里。如果没得到，那就基于两方的证据，写出一个平衡性的思维。
3. 构建平衡思维的方法是：首先，将第四栏中支持强烈思维的证据总结成一句话；其次，将第五栏中不支持强烈思维的证据总结成一句话；最后，用一个介词将两句话相连，如"并且""但是"等，得到平衡思维。看一看，你所得到的平衡思维，是否将所有的证据都考虑进去了呢？

续表

4. 如果我的至亲好友正处在和我类似的情境中,也和我产生了相同的自动化思维,并且收集到了和我思维记录表里一样的证据,我会帮他想到什么样的替代思维?
5. 如果我的至亲好友知道我正陷在这样的强烈思维之中,他会对我所处的情境有什么其他的理解吗?
6. 如果我的强烈思维是合理的,那么最坏的结果是什么?如果我的强烈思维是合理的,那么最好的结果是什么?如果我的强烈思维是合理的,那么最可能发生的结果是什么?

第十章 行为技术

第一节 行为技术的概述

一、行为技术概述

(一)行为技术简介

“行为治疗”一词最早是由斯金纳(Skinner)等人于1954年提出的。行为主义的研究早在弗洛伊德进行心理分析的研究时就已开始,但行为治疗的发展却是20世纪50年代末至60年代初的事情。不过,在较短时间内行为治疗已发展成为当今世界上最重要的心理治疗方法之一。行为治疗与心理分析不同,从一开始它就是植根于实验的发现之中的。行为治疗的基本理论主要来自行为主义的学习原理,主要包括下述三个部分:经典的条件反射原理、操作条件作用原理和模仿学习的原理。其理论及治疗方面的主要代表人物,早期有巴甫洛夫、华生(Watson)和斯金纳,后来有沃尔朴(Wolpe)、艾森克(Eysenck)和班都拉(Bandura)等。

行为技术是行为治疗的重要组成部分,在认知行为疗法中起着重要的作用。个体通过行为技术可以增加所需要的直接经验,能够提高个体应对自动化思维的技能水平,通过减少个体的回避行为、问题行为或安全行为,使个体发现自我认知的不合理性和错误性,同时也通过对比行为变化前后的认知改变,提升个体处理歪曲认知的能力。例如当个体去应对程度较严重的抑郁情绪,那么从改变认知着手就会很困难,那我们就可以选择从行为治疗着手,先启动行为激活,用行为去促进认知的改善。

(二)行为技术的基本原理

1. 经典的条件反射原理

经典条件反射原理是由俄国著名生理、心理学家巴甫洛夫(1849—1936)提出的。他在研究狗的消化过程时,用开刀手术在狗的腮部唾腺位置连接一导管,引出唾液,并用精密仪器记录唾液分泌的滴数。实验时他给狗食物,并随时观察其唾液分泌情形。在此实验过程中,巴甫洛夫无意中发现了经典条件反射作用,即狗不仅是在看到食物的时候分泌唾液,而是在食物出现之前的其他刺激出现时也一样分泌唾液,例如,当狗听仅仅是听到了喂养工作人员的脚步声,就开始分泌唾液了。巴甫洛夫根据谢切诺夫《脑的反射》理论,在1901年将狗对食物之外的无关刺激引起的唾液分泌现象,称之为条件反射。

巴甫洛夫认为,存在着两种反射:一种是生理反射,即无条件反射,这是一种先天的、不学而能的、任何动物都会表现出来的反射,它们是神经系统固有组织的一部分,例如刚出生的婴儿就会吸吮奶嘴;另一种是心理反射,即条件反射,受环境因素的影响形成的,这种反射是特定动物作为特定经验的结果而产生的。例如,所有狗在胃里有食物时都会分泌胃液,但只有那些具有某种经验的狗才会在听到铃声时产生胃液分泌活动。

巴甫洛夫在实验室用狗进行了经典条件反射实验:用皮带把狗固定在隔间室的食物台前,用漏斗和皮管从经过外科手术处理的狗的唾液腺口处收集唾液。当给狗吃东西时,狗会分泌唾液,巴甫洛夫称此现象为“无条件刺激反射”。当给狗铃声刺激时,狗则不会分泌唾液,巴甫洛夫称之为“无关刺激”。如果在每次给狗喂食之前给予铃声刺激,然后再给狗吃东西。多次重复、强化之后,每当铃声一出现,即使在没有喂食的情况下,狗也会分泌唾液,巴甫洛夫称之为“条件刺激”,这就是著名的巴甫洛夫“经典条件反射”实验。同时巴甫洛夫又发现,当提供的刺激与形成条件反射的条件刺激相似时,比如摇铃时伴随其他的与铃声不同的声音,狗也会分泌唾液,巴甫洛夫称这一过程为“泛化”;如果他强化若干次只对狗给予铃声刺激,不予喂食,狗就会在铃声刺激下逐渐减少唾液分泌,这一现象被巴甫洛夫称为“消退”。

经典的条件作用原理的几个基本现象:条件反射的形成和建立,这是条件刺激取代无条件刺激,形成特定的刺激——反应关系的获得过程。泛化,这是人或动物把学习得到的经验扩展运用到其他类似的情境中去的倾向。消退,这是指条件反射建立之后,不再需要无条件刺,如食物,仅由条件刺激物,如声音,就可引起条件反应——狗分泌唾液,但继续给予条件刺激物时,条件反应的强度就会逐渐下降，直至不再出现条件反应，这时消退即产生了。

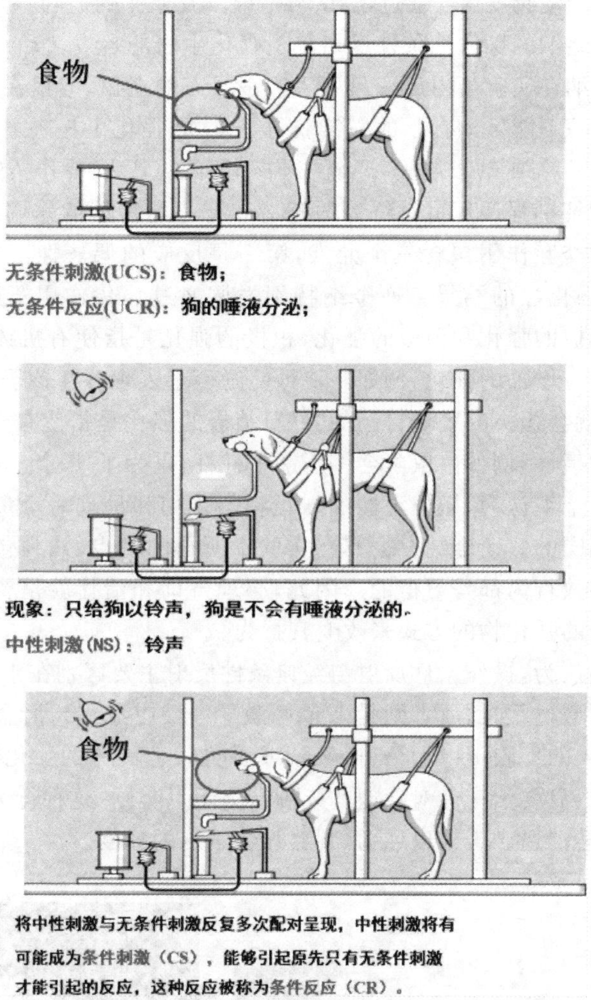

图 10.1　经典条件反射的实验

2. 操作性条件反射原理

操作性条件反射原理的主要代表人物是美国心理学家桑代克(1874—1949)和斯金纳(1904—1990)，他们都通过实验提出了重要的学习行为作用理论。桑代克的“试误说”是指著名的迷笼实验，也叫作饿猫实验。桑代克把一只饿了几天的猫关在迷笼之中，它们可借助于拉绳圈、推动杠杆、转动揿钮而逃出来，在迷笼外摆放一盘鲜美的鱼，关在迷笼里的猫一开始挤栅门，抓、咬放在迷箱里的东西，把爪子伸出来等，进行了多种尝试以逃出迷笼。最后偶然发现了打开迷笼的机关。以后猫的错误行为渐渐减少，只有成功的反应保存了下来。动物就这样通过“尝试与错误以及偶然的成功”，学会了如何逃出迷笼。斯金纳的操作性条件反射是指强化生物的自发活动而形成的条件反射。斯金纳在实验箱内放一只处于饥饿状态的老鼠，老鼠在箱内乱窜时，偶尔按压了一下能掀动食物的横竿获得了食物，强化了几次之后，条件作用就迅速形成了。踩竿反映是对环境“操作”，因此称其为“操作条件反射”。

斯金纳特别强调环境对行为的塑造和行为的持续的作用，他提出有机体与环境的交互作用包含三个元素，第一是反应的偶然性，第二是反应本身，第三是强化性的结果。斯金纳特别强调通过强化作用塑造人的行为。强化包含积极的强化和消极的强化，积极的强化是指使有机体希望得到某些东西的反应增加的强化，例如一块糖奖励一个表现好的孩子，孩子想得到这块糖果，就会积极的表现自己的“好”；消极的强化是指使有机体努力除去某些东西的事件，例如白鼠学会按压一个杠杆，是为了使对它正进行的电击停下来。斯金纳认为，撤掉正性的强化物的作用和呈现一个负性的强化物的作用是相同的。斯金纳根据其在实验中所得的观点，认为包括心理疾病在内的大多数行为都是习得的。因此，心理咨询和治疗就是要以改变对来访者起作用的强化物的方式来改变其行为。

斯金纳认为，操作条件反射与经典条件反射主要区别在于：前者是一个反映——刺激过程，而后者则是一个刺激——反应过程。斯金纳经过实验研究证明，人的反映可以用语言、声音或手势代替具体的强化物。同时，在实际治疗中，只要治疗者对期望的某种行为予以奖励，这种行为就会获得强化，反之就会消退。若施以惩罚，则会加快消退的速度。

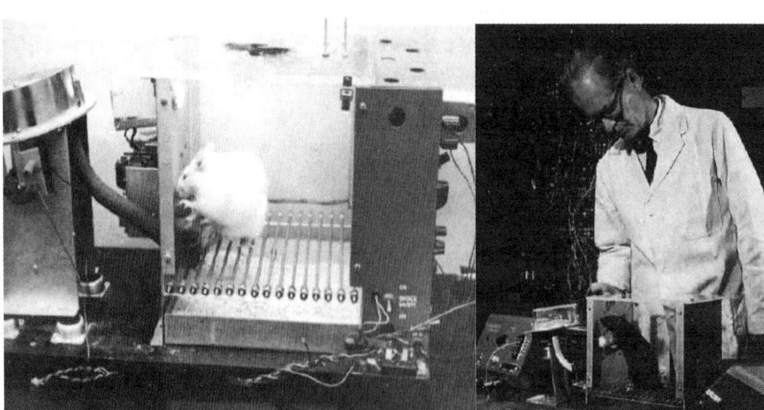

图 10.2　操作性条件反射的实验

表 10.1　操作性条件反射

		条件	行为发生的频率	例子
强化	正强化	给予一个愉悦的刺激	增加积极行为发生的频率	如某种奖励、奖品等
	负强化	摆脱厌恶的刺激	增加积极行为发生的频率	考试第一名不用做家务
惩罚		呈现一个厌恶的刺激	减少不良行为发生的频率	体罚、谴责等
消退		无任何强化物(不理)	减少不良行为发生的频率	如不予理睬等

3. 模仿学习的原理

模仿学习原理又称为社会学习理论，代表人物是美国著名心理学家班杜拉(1925—2021)。模仿学习特别强调榜样的示范作用，认为人的大量行为是通过对榜样的学习而获得的，不一定都要通过尝试错误学习和进行反复强化。但是班都拉并没有否认强化的作用机制，他认为，个体虽然可以通过观察模仿的过程学会某些行为或动作，但是如果想要将这些行为和动作输出或保持，就需要通过强化机制来获得。

班杜拉曾对社会模仿学习进行分析，将其分为四个过程，分别是注意的过程、保持的过程、运动的再现过程以及动机建立过程。第一是注意的过程，是指人们要向某个模型学习，就必须集中注意力，准确地感知对方的行为；注意过程一方面与要模仿的对象有关，如其行为的有效性、特点及行为的价值等；另一方面与观察者本人的特点有关，如其感知的能力，唤醒水平，感知习惯和过去所受过的强化的情况等。第二是保持的过程，是指人们为了有效地进行模仿学习，必须能记得所要模仿的行为；保持的过程包括了对象和信息的双重存储，通常要利用言语进行编码；保持的目的是能够重新提取出来并付诸行动。第三是运动的再现过程，是指在某些阶段，对所要模仿行为的言语信息的呈现，需要有一个把它们翻译为有效的行为的过程；影响这一过程的因素有观察者的生理能力、是否其反应已包括了必要的反应成分在内以及在尝试采用新的行为时是否具有正确的调适能力。第四是动机建立过程，是指学习和操作性行为的一个重要的区别是在从事他们所学来的行为时，是否具有明显的动机。观察者在三种情况下更愿意采用他们通过模仿习得的行为：第一，可以得到内部的奖励；第二，内心认为是值得的；第三，已经见到过这种行为给模型带来过好处。由此班杜拉认为，模仿学习特别强调榜样示范的作用，被模仿者越权威，那么他的行为越容易被模仿；而且学习并不是一定要通过直接的强化(正强化或者负强化)来获得的，还可以通过观察和模仿的过程中的替代强化作用来获得，即当人们看到主动捡垃圾丢到垃圾桶的人得到了一个好市民纸贴，那么就会有更多的人去做这样的行为；班杜拉还提出了自我强化，即个人依据强化原理安排自己的活动或生活，每达到一个目标即给予自己一点物质的或精神的酬报，直到最终目标完成。自我强化时人们倾向于做出自我满意的行为，拒绝那些个人厌恶的东西。

图 10.3　模仿学习的原理

(三)行为治疗的基本假设与治疗过程

由上述介绍我们可以看出，在行为治疗的基本理论中，许多早期行为治疗的理论学者致力于用条件比较简单的实验去揭示人们行为的密码，发现人们行为的学习原理，然后用这些原理来解释人类和动物的复杂的以及简单的行为和学习。这些学者们的想法是美好的，但是在人与动物的学习与行为的奥秘之中出现了许许多多无法用这些原理简单解释的问题。而行为治疗就是要利用通过各种实验而确立的有关学习的原理和模型去克服不适应的行为习惯(沃尔朴，1990 年)。行为治疗的基本假设包括两个方面：第一，非适应行为是习得的，即个体是通过学习获得了不适应的行为的。但要注意并非所有行为变化都是学习引起的；第二，个体可以通过学习消除那些习得的不良或不适应行为，也可通过学习获得所缺少的适应性行为。行为治疗具有一些共同特点，第一，治疗只是针对当前来访者有关的问题进行，至于揭示问题的历史根源、自知力或领悟通常被认为是无关紧要的；第二，治疗是以特殊的行为为目标的，这种行为可以是外显的，也可以是内在的；第三，治疗的技术通常都是从实验中发展而来的，即以实验为基础的；第四，对于每个来访者，治疗者根据其问题和本人的有关情况，采用适当的经典条件作用、操作性条件作用、模仿学习或其他行为治疗技术。

二、常见的行为技术

(一)放松训练

放松训练对于应付紧张、焦虑、不安、气愤的情绪非常有用，可以帮助人们振作精神，恢复体力，消除疲劳，稳定情绪。一般放松训练程序有三个步骤，第一步：准备工作，治疗者要帮助来访者先学会这一程序，进而自行练习；第二步：放松的顺序，依次分别为手臂部——头部——躯干部——腿部；第三步：放松的方法，每一部分肌肉放松的训练都按照5补法进行，即集中注意——肌肉紧张——保持紧张——解除紧张——肌肉松弛。除了肌肉放松法，还可以运用想象性放松训练，又叫注意集中训练、想象放松训练等，主要是通过让来访者直接注意一个中性的或愉快的刺激，而转移他对产生焦虑刺激的注意。呼吸放松训练常采用的是腹式呼吸，也称深呼吸或放松呼吸，可以有效缓解应激的症状，应激的最重要症状之一就是过度换气。还有许多其他形式的放松训练，例如冥想放松训练、音乐放松训练等，我们会在第十三章进行详细介绍。

（二）系统脱敏法的含义

1. 系统脱敏法

系统脱敏法是最早应用的行为治疗技术之一，是由沃尔朴最先发明及应用的。应用于个体在某一特定的情境下产生的超出一般紧张的焦虑或恐怖状态。作用原理是交互抑制或反条件作用的原理，即在引发焦虑的刺激物出现的同时让病人作出抑制焦虑的反应，这种反应就会削弱、最终切断刺激物同焦虑反应间的联系。系统脱敏法由三个部分组成：第一，放松训练；第二，建立恐怖或焦虑的等级层次；第三，确保个体安全的情况下，按等级层次中列出的项目进行想象或实地脱敏。

注意事项

- 如果引发个体焦虑或恐惧的情境不止一种，可以针对不同情境建立几个不同的焦虑等级表。然后对每个焦虑等级表实施脱敏训练。
- 系统脱敏时个体想象的次数多少，依个体不同和情境不同而不同。
- 在系统脱敏过程中，当一开始焦虑分数超过50，仅靠重复放松就很难降低了，此时表明焦虑等级设计得不够合理，应当将焦虑等级划分得细一些，使每个等级之间跨度不要太大。

2. 系统脱敏法的变式

(1)快速脱敏法,或称真实生活脱敏法。此法的主要特点是用造成恐惧反应的实际刺激物代替对它的想象。通过一系列令个体感到恐惧的情景,直到当个体面对以前最害怕的情景而不再紧张为止。

(2)接触脱敏法,这种方法特别适用于特殊物体恐惧症,例如对甲虫和蜘蛛的恐惧症。个体首先观看其他人处理引起个体恐惧的情境或东西,而后让个体一步一步地照着做。

(3)情绪性意象法,这个方法由拉扎拉斯(1962)等人最先提出。这种方法的主要特点是通过形象化的描述,诱发个体兴奋、骄傲和欢乐等积极的情绪情感活动。这些积极的情绪情感活动显然与由恐惧刺激物所引起的焦虑反应互不相容,从而就可以逐渐抑制和消除恐惧的心理。

(三)冲击疗法(满灌疗法或崩溃疗法)

冲击疗法最早是由一个叫 Crafts 的内科医生所采用的,其定义为通过直接使个体处于他所恐惧的情境之中,以达到物极必反之效,从而消除恐惧。例如,一位黑暗恐惧症的患者,其症状主要表现为间歇性对黑暗异常恐惧,在黑暗环境中会出现焦虑、紧张、害怕的心理,严重时会出现四肢发抖、出冷汗等躯体反应,甚至会出现晕厥;对黑暗的恐惧是人类共有的一种正常反应,但黑暗恐惧症患者,表现出对黑夜恐惧情绪比大多数人都强烈得多,会出现极度焦虑、紧张、害怕的心理;有的会有大喊大叫的情况,甚至会出现晕厥,到光线充足的地方后这些症状则会消失,和正常人一样;这种症状会影响患者的情绪和心理,影响患者的日常生活、学习和工作;运用冲击疗法,将患者直接置于黑暗当中,最开始会出现强烈症状反应,随着黑暗的持续,这些症状反应就慢慢减弱了。冲击疗法认为只要让个体持久地暴露在刺激因素面前,惊恐反应会随着时间逐渐自行耗尽。冲击疗法是一种较为剧烈的治疗方法,所以应该事前检查个体的身体状况并做必要的实验室检查,如心电图、脑电图等。如果有晕厥的症状出现,一定要及时终止治疗,尽量采用系统脱敏法治疗;如果个体具有严重的心血管病、中枢神经系统疾病、严重的呼吸系统疾病、内分泌疾病、精神性障碍等则不宜使用冲击疗法;此外,老人、儿童、孕妇及因为各种原因导致的身体虚弱的人也不适宜采用冲击疗法。

（四）模仿学习法

人们可以通过模仿学习而获得新的行为反应，这些新的行为反应恰恰能够帮助人们去应对一些曾经具有不良行为反应的事物，即以适当的反应取代其不适当的反应，或帮助某些缺乏某种行为的人学习这种行为。例如，某大一新生向心理咨询师求助，自述想要调整专业方向，但是不知道怎么做比较合适，日思夜想，导致焦虑失眠，十分苦恼；咨询师可以与来访者共同去寻找并分享调整专业方向的实例，使该同学获得模仿学习效果，从而获得这种行为的方法。模仿学习通常采用这样三种方式：看电影或电视录像，听录音，做示范。模仿学习又分被动的学习和主动的学习两种；主动的模仿比被动的观看更为有效。

（五）角色扮演

角色扮演多用于改变个体的不良行为和进行社会技能训练。角色扮演法旨在创设一个情境，将个体置于全新的角色当中，去感知他人的视角，从而获得新的认识。角色扮演法可分为三个阶段，并对应着不同的心理作用。第一阶段，及时模仿和简单再现；角色扮演训练的一个重要特色，即为个体提供行为范例；个体最初只是在训练后将其简单地再现于游戏与日常生活的各项活动中，如模仿其中角色的一些语言和行为。第二阶段，认同；随着接受角色扮演训练次数的增加，个体便会对角色扮演中的正面角色产生认同，他们已经能够理解他人的观点、处境与情感，能够预测自己的行为可能给他人带来的后果，这时个体的角色承担能力已具有相当水平，行为也不再是简单的模仿，而是真正发自内心、设身处地地替他人着想的行为。第三阶段，内化；内化是个体社会性行为发展的最高层次；在这一阶段中，个体已经将角色扮演训练中提供的行为范例内化为自己的信念与准则，形成概括化的体系，并且能据此对自己的行为实行自我指导。

（六）强化法

心理咨询或治疗中的强化是系统地应用强化手段去增进某些适应性行为，减弱或消除某些不适应行为的方法。强化的方法是建立在操作性条件作用的原理之上的。强化的类型包含正强化、负强化、正惩罚和负惩罚。正强化是指给予一个好刺激；负强化是指去掉一个坏刺激，为引发所希望的行为的出现而设立，例如较大点的小孩仍有啃咬手指的习惯，这种行为一出现就受到指责，一旦他不再啃咬手指了，立即停止对他的批评；正惩罚是指施加一个坏刺激；负惩罚是指去掉一个好刺激，即不适当行为出现时，不再给予原来的奖励，如小孩完成作业可以看动画片，没完成不让看。

（七）决断训练

决断训练适用于人际关系的情境，用于帮助个体正确地和适当地与他人交往，表达自己的情绪、情感。适用于那些不能表达愤怒或者苦闷的人，很难对他人说“不”字的人，过分有礼貌、允许别人利用自己的人，不会表达爱和积极反应的人，认为自己没有权利表达自己的想法、信念、感情的人，有社会逃避倾向的人。决断行为的训练阶段更多地采用了角色扮演的方法，使个体在这一过程中，通过主动模仿，学习新的行为方式。个体不仅要学会用言语表达自己的情感，而且注意视线接触、身体语汇、面部表情的作用，学习非言语的表达方式，以及对积极的情绪或消极的情绪的表达。

第二节　行为技术的应用

一、行为激活

当人们从事愉快的或有益的各种活动时，可能会改善一些情绪状态或提高自我效能水平，是具有积极意义的；同样地，当人们产生了一些消极思维或负性情绪时，个体可能产生相应的回避行为，例如不参加任何社会活动，那么结果就是我们的消极思维和负性情绪更加严重了，而更严重的消极思维和负性情绪促使我们更多的产生回避行为，这仿佛进入了一个恶性循环，但我们无论从改善认知着手，还是从改变行为着手，都可以终止这样的恶性循环。只有更主动地投入到生活中，个体消极思维和负性情绪才会逐渐改善。因此，我们可以通过一些行为的改变来促进消极思维和负面情绪的修正，即从行为激活改善消极认知。“行为激活”这一术语可以定义为任何能够让个体恢复活力并且能够帮助个体做出积极改变的行动方法。行为激活不仅仅是简单地做很多事情，而是从那些十分容易简单的事情或是从某个活动的某个步骤做起，让个体不断地获得掌控感，从而逐步恢复其社会功能。我们可以依据两个行动工作表来进行行为激活，包含行为活动计划工作表、活动日程表，下面我们将分别介绍这两张工作表的使用方法。

（一）行为活动计划

1. 概述

行为激活的目标是个体行为层面上的改变，即帮助个体多参与生活中积极的、正向的社会活动，做到这一点，首先需要着眼于个体当前的生活状态以及近期期望目标。一个具有高度可行性的行为活动计划能够使个体进入一个积极的、乐观的、正向的变化过程中，并且使个体对生活充满希望。通常人们会因为心情好而去做一些事情，而行为活动计划是强调无论我们心情、状态如何，都能够按照已经做好的计划去行动。我们可以选择一个或两个具体的行为活动，当然，这些活动要具备改善你情绪的可能性，然后我们根据选择的这项行为活动制订一个现实的、具体的计划，能够让我们可以通过一点努力就可以实施这项行为活动。行为活动计划不宜设置得很难实施或无法实现，因此我们要对自我个体健康素质进行准确评估，例如某同学小时候得过先心病，医嘱不宜剧烈运动，那么行为活动计划中就应避免出现剧烈运动。对于一些社会功能受损较严重的个体，一份简单、清晰、目标明确的行为活动计划可以有效改善个体的情绪状态，进而使个体通过行为活动来促进认知的改善和发展。

2. 行为活动计划表

制订行为活动计划表，首先你需要将你的每周计划，或近期目标做一个归纳，将你设定的一些行动计划安排按照序号填入“行动计划清单”一栏当中，可以是日常的行为活动，例如每天早上运动，每天下午浇花等等，也可以是近期需要完成的任务或达到的目标，例如背单词、做一套教师资格证真题、参加社团联欢会等等；你可以记录你的开始日期以及你每一份行为活动计划表的周序号，即已经执行了第几周了，这可以给你提供很多你能够做很多事情的有力证据，强化你的正向自动化思维；接下来，将你的每日活动情况填入对应的时间活动一栏，并评估此行为活动后你的愉快情绪分数以及你的成就感分数；表中左列的时间可以随意更改，变成按小时记录或你方便的时间段记录；表中得分可以用 0～100 分来评估，得分越高表示状态越好；也可以在这个表格里增加除愉快感、成就感以外的其他情绪得分记录；

对于计划好但未做的活动，也可以用特定的符号做出标记，比如用“×”表示未做，对于完成的活动，可以打“√”。当你按照行为活动计划表执行一周的活动以及做好活动情况记录，你会发现，你的每一次行为激活可能都会给你带来很多的益处，或是情绪上的改变，或是认识上的改善。下面，我们将以实例来展示冯同学的行为活动计划表，冯同学自述近期情绪低落，感觉生活都是灰色的，每天除了起床和睡觉，不知道该做什么，没有食欲，没有想要做的事情，很迷茫，有很多必须做的事情，可是完全不知道从何做起，对生活失去希望，因此我们可以从行为激活来改善这一现状，冯同学制订了她的行为活动计划表，并执行了此行为活动计划表，如下所示。

表 10.2　行为活动计划工作表

行为活动计划清单(第 1 周)　开始日期:2023 年 1 月 1 日					
1. 每天早上跑步半小时; 2. 每周二、周四中午吃两次素食; 3. 每周三下午去一次超市购物; 4. 每周浇花两次; 5. 每周末去图书馆读书 2 小时; 6. 每周打一次羽毛球; 7. 每天睡觉之前写一段心情日记。					
每日活动情况与心情记录(心情得分[1～100])					
	早上	上午	中午	下午	晚上
周一	活动名称 跑步 愉快感得分 90 成就感得分 50	活动名称 读书 愉快感得分 100 成就感得分 100	活动名称 愉快感得分 成就感得分	活动名称 愉快感得分 成就感得分	活动名称 写日记 愉快感得分 80 成就感得分 60
周二	活动名称 跑步 愉快感得分 90 成就感得分 60	活动名称 愉快感得分 成就感得分	活动名称 吃素食 愉快感得分 100 成就感得分 60	活动名称 愉快感得分 成就感得分	活动名称 写日记 愉快感得分 80 成就感得分 70
周三	活动名称 跑步 愉快感得分 90 成就感得分 70	活动名称 愉快感得分 成就感得分	活动名称 愉快感得分 成就感得分	活动名称 采购食物 愉快感得分 100 成就感得分 100	活动名称 写日记 愉快感得分 90 成就感得分 70

续表

	早上	上午	中午	下午	晚上
周四	活动名称 跑步 愉快感得分 90 成就感得分 80	活动名称 浇花 愉快感得分 100 成就感得分 60	活动名称 吃素食 愉快感得分 100 成就感得分 80	活动名称 愉快感得分 成就感得分	活动名称 写日记 愉快感得分 90 成就感得分 70
周五	活动名称 跑步 愉快感得分 100 成就感得分 90	活动名称 愉快感得分 成就感得分	活动名称 愉快感得分 成就感得分	活动名称 愉快感得分 成就感得分	活动名称 写日记 愉快感得分 90 成就感得分 80
周六	活动名称 跑步 愉快感得分 100 成就感得分 90	活动名称 愉快感得分 成就感得分	活动名称 愉快感得分 成就感得分	活动名称 打羽毛球 愉快感得分 100 成就感得分 100	活动名称 写日记 愉快感得分 100 成就感得分 90
周日	活动名称 跑步 愉快感得分 100 成就感得分 100	活动名称 愉快感得分 成就感得分	活动名称 愉快感得分 成就感得分	活动名称 浇花 愉快感得分 100 成就感得分 60	活动名称 写日记 愉快感得分 100 成就感得分 90

3. 行为活动计划表练习(自助训练)

请根据你接下来一周的活动安排,填写以下行为活动计划表并进行评估总结。

(二)活动日程表

1. 活动日程表

当个体感觉疲劳和快感缺失的程度非常严重,甚至感觉完全体会不到任何快乐的时候,那么我们可以通过记录我们每天的日程信息来获得缓解。活动日程表旨在通过行为激活帮助个体获得和体验生活中的乐趣,燃起对生活的希望。活动日程表关注个体掌控感和愉悦感。

表 10.3　每周活动日程表示例

每周活动日程表

填写指导:写下你每个小时的活动内容,然后用 0～10 分来进行评估,愉悦感我们用 P 来表示,掌控感我们用 M 来表示,或者你可以自己设定一个情绪来评估。0 分意味着毫无掌控感和愉悦感,10 分则是感受到最强的掌控感和愉悦感。

		星期一	星期二	星期三	星期四	星期五	星期六	星期日
上午	6～7	起床、梳洗 M-2　P-0	起床、梳洗 M-2　P-0		起床、梳洗 M-2　P-0	起床、梳洗 M-2　P-0		
	7～8			起床、梳洗 M-2　P-0			起床、梳洗 M-2　P-0	起床、梳洗 M-2　P-0
	9～10	上课、学习 M-2　P-0	上课、学习 M-4　P-5		上课、学习 M-2　P-2	上课、学习 M-5　P-5	上课、学习 M-6　P-6	上课、学习 M-7　P-7
	11～12							
下午	12～1		起床、梳洗 M-2　P-0		起床、梳洗 M-2　P-0			
	1～2						起床、梳洗 M-2　P-0	
	2～3							
	3～4							
	4～5							
	5～6	吃晚餐 M-2　P-4		吃晚餐 M-4　P-6		吃晚餐 M-3　P-5		
晚上	6～7		吃晚餐 M-2　P-4		吃晚餐 M-2　P-4			吃晚餐 M-2　P-4
	7～8							看电视 M-2　P-0
	8～9	看电视 M-2　P-0			写日记 M-2　P-0		写日记 M-5　P-6	
	9～10							
	10～11	梳洗 睡觉 M-5　P-5	梳洗 睡觉 M-5　P-5	梳洗 睡觉 M-6　P-5	梳洗 睡觉 M-5　P-7	梳洗 睡觉 M-6　P-8	梳洗 睡觉 M-2　P-3	梳洗 睡觉 M-0　P-2
	11～12							
	12～1							

2. 活动日程表练习（自助练习表）

请根据你本周的市集活动，填写上述活动日程表。

二、行为实验

（一）行为实验简介

个体在消极思维和负性情绪的状态下，往往会存在一些歪曲认知，有些歪曲认知会以假设的形式存在，并且个体对这种假设深信不疑，最常见的假设就是“如果……那么（就）……”，例如“如果我去找辅导员请假，那么她就会觉得我是个很消极的学生”，“如果我关灯睡觉，我就会失眠”，“如果我跟妈妈说了我怀疑我得了抑郁症，她就会狠狠地骂我”，“如果我邀请所有舍友一起吃晚饭，那么一定会遭到拒绝”，“如果我心跳加速、浑身冒汗，那么我一定是突发心脏病”等等，这些假设处理的最佳方法就是做一系列的行为实验。行为实验的目的，就是用来检验或确认个体这些假设的真实性、客观性和准确性。行为实验的方法多种多样，我们在确保我们安全的前提下，都可以针对我们的这些非理性的假设进行实际检验，例如“如果我跟妈妈说了我怀疑我得了抑郁症，她就会狠狠地骂我”，这个假设的存在，让“我”不敢和妈妈说明我的情况，所以“我”的情绪越来越差，一直压抑，甚至放弃了生活的希望，那么，这种假设是不是正确的、真实的呢？我们可以去尝试一下，用我们的实际行动去验证，结果是否如假设一致。我们还可以尝试做出新的行为，去检验一下，和“如果……那么……”的假设有什么区别，例如“如果我和妈妈说了我的怀疑，那么她会很担心我，带我去做检查”；我们还可以和其他人谈谈，看看他们是否也有和我们相同的这种假设，进行交流分享，学习他人是如何应对的。

（二）行为实验设计

1. 行为实验设计说明

（1）填写你想验证的假设

首先，我们选择一个适合做行为实验的假设，一般这种假设是以“如果……那么（就）……”来呈现的，例如“如果我心跳加速、浑身冒汗，那么我一定是突发心脏病”;模糊笼统的假设无法做行为实验,例如“如果我考试不及格,我就是个废物”,无论考试及格还是不及格,都无法充分证明“我”是个废物,缺乏客观实在性,因此无法检验;但我们可以将它具体化,例如“如果我这次考试不及格,那么就是我的学习方法不合适,我应该改变学习方法”,这个假设我们就可以用行为实验来进行检验。我们也可以用行为实验检验我们的新发展的假设,例如“如果我心跳加速、浑身冒汗,那并不危险,也许是由于快速呼吸、焦虑或者别的什么原因导致的”。

(2)明确预测结果

我们要保证设计的实验能够为我们要检验的假设提供新的支持,所以我们需要对这些假设的后果预先做出推测。例如,我们可以设计第一个假设的行为实验,即“如果我心跳加速、浑身冒汗,那并不危险,也许是由于快速呼吸、焦虑或者别的什么原因导致的”,我们设计在一个安全的空间,用加速呼吸来引起心跳加速和冒汗,那么我们就可以做出结果预测“当我停止加速呼吸的时候,我的心跳速度就会恢复正常”。

(3)分成小步骤进行行为实验

行为实验是一种挑战自我舒适区的行动,那么我们可以从一小步做起,从最简单的做起,从小步逐渐过渡到大步。以假设“如果我心跳加速、浑身冒汗,那并不危险,也许是由于快速呼吸、焦虑或者别的什么原因导致的”为例,我们第一步可以先在一个安全空间加速呼吸引起心跳加速和冒汗反应;第二步,我们可以再提高等级,利用想象将自己置于十分焦虑的情境下,引起心跳加速和冒汗反应;最后才真正地暴露在自己真正焦虑的特定场所来进行实验。

(4)重复做行为实验

我们需要经过反反复复很多次的行为实验之后,才能够真的相信新的假设,并且,我们也要对新的假设反复多次进行行为实验的检验,最终我们才能够去相信新的假设,进而改善我们的消极思维和负性情绪。

(5)尝试解决困难

如果行为实验的结果并不能有力证明我们的新思维或新假设,那我们也不要放弃,我们可以尝试着去预测困难,并且想出解决困难的对策。我们将提前预测的可能出现的问题以及应对问题的对策写在“可能的困难”和“克服困难的策略”两栏里。

(6)记录实验结果与反思

最后我们要记录我们的实验过程、最终的实验结果,以及对这一实验过程及结果的感受和反思,这能够帮助我们更好地获得理性认识和积极情绪。写下每次的实验记录和心得,可以让你从好的和坏的经验中不断学习和反思。

2. 行为实验工作表

表 10.4 行为实验工作表示例

行为实验工作表					
要检验的假设	如果我心跳加速、浑身冒汗，那也很正常，并不危险，也许是由于不适应或别的原因导致的				
实验	预测	可能的困难	克服困难的策略	实验结果	心得、总结
在安全空间，通过加速呼吸来引起心跳加速和冒汗	当我停止加速呼吸，那我的心跳加速和冒汗也停止了	我可能还是会担心我发了心脏病	立刻停止加速呼吸，并观察记录当前状态；也可以修改一下行为实验，使其更容易简单一点	当我停止加速呼吸，那我的心跳加速和冒汗也停止了	我会心跳加速、冒汗这很正常，并不是心脏病
在安全场合，通过想象，把我所经历的最焦虑、恐惧的场景从头到尾想一遍	想象的时候我会心跳加速、冒汗；停止想象我的心跳加速和冒汗会停止	我可能还是会担心我发了心脏病，也许我会无法控制自己	我会在安全场合，会与治疗室或其他信任的人共同合作	想象的时候我会心跳加速、冒汗；停止想象我的心跳加速和冒汗会停止	我会心跳加速、冒汗只是因为想到了害怕的事情不舒服，并不是心脏病
符合实验结果的替代假设	行为实验证实了我的新假设“如果我心跳加速、浑身冒汗，那也很正常，并不危险，也许是由于不适应或别的原因导致的”				

（三）行为实验实训

【案例】小张在社交场合经常感觉十分焦虑、紧张。在学校上课、参加活动、班会的时候，他总是刻意回避同学们和老师的眼神，希望老师都不要叫到他的名字，从来不肯站起来发言，尽管他特别想有很多朋友，但是他总是觉得十分害羞，他总是认为别人会觉得自己长得憨憨的，说话傻傻的，所以只能一个人躲在一边。小张找到了不合理的假设，即“如果我开口说话，那么别人就会觉得我很傻，会嘲笑我”。如果你是小张，请设计一个行为实验给自己。

三、问题解决

(一)行动计划表

1. 行动计划表

有时我们会遇到这种情况,就是经过了所有练习,我们发现大脑还是对我们原有的思维深信不疑,无法找到理性的替代思维,这时候,往往可能因为有真实的困难和问题存在,是认知改变不足以解决的实际问题,那么就需要我们真真正正的做点什么,例如"我交不上这个月的房租,我的情绪很低落","我英语学得很吃力,马上要期末考试了,我担心会挂科,每天都很焦虑"等,那么我们无论如何改变认知,都还是要解决这个实际问题,即你要行动起来,去做点什么。这个时候,我们就可以做一份行动计划表,来帮助你解决你当前面临的问题。如果理性的替代思维和你的生活实际不符合,你就会无法相信它,你就可以收集更多的证据来检验和强化新思维。如果证据支持你的强烈思维,这就意味着你有现实问题需要解决。行动计划表可以帮助你对该问题进行探索,看看自己能否解决,以及怎么解决。

表 10.5　行动计划工作表示例

行动计划表				
目标:改善拖延				
行动	开始时间	可能的困难	克服困难的策略	完成进度
每天坚持完成当天的作业、任务以及计划	现在	我可能会因为拖延无法完成当天任务	我就找舍友合作,如果我不完成当天的任务清单,我就要请她吃一顿饭	4.15 晚上 10 点前完成了所有任务 4.16 晚上 10 点前完成了所有任务
每天坚持按时打卡起床	现在	我可能会无法按时起床	我可以尝试坚持每天准时打卡,周末奖励自己一份礼物	4.15 早上 7 点准时起床打卡 4.16 早上 7 点准时起床打卡 4.17 早上 7 点准时起床打卡

2. 练习

【制作行动计划表】

找出一个生活中你想改变或解决的问题，在行动计划工作表中写下你的目标。注意，计划写得越详细越好。请你设定计划开始的时间，列出可能干扰你完成计划的困难，并找出应对困难的策略。请坚持记录你完成该计划的进度。

（二）接纳

1. 接纳概述

前面说到，我们可能会遇到一些实际的困难，导致我们利用思维记录单训练也无法获得新的思维或想法，但有时候，我们也可能会遇到一些无法解决的问题，例如"我尝试了所有方法，舍友还是她们一起做什么，从来都不找我，也不怎么理睬我"；或者还有一些生活中比较重大的事情，例如生重病、亲人罹难；或者还有一些不得不做的任务，例如"我不得不每天早上五点起床照顾生病的姥爷"，"我不得不推掉所有的社交消费，因为要省钱交学费"；在实际的生活中，我们有很多时候要不得不去做让我们自己感觉不舒适的事情，比如考试，比如工作，但是我们是接纳这些事实的，因为与不舒适相比，我们更爱我们的家人，我们更以我们肩负的责任自豪，我们做着那些有些不舒服，但更有价值的事情；并且，我们在面对不舒适的事情时，我们所接纳的态度对我们的情绪影响很大，例如，我们不得不每天早起读书学习，如果我们想着"我好想再睡一会儿，我可真的是太累了"，那么我们虽然接纳了，去做了这些，但心情会很差；如果我们接纳的情绪是"虽然很累，虽然很困，但是我很庆幸我有机会学习，我很庆幸我为我爱的人在努力奋斗"，那么我们的情绪就会好很多，甚至很积极。

2. 接纳工作表练习

请写出一个不能被轻易改变或解决的外部困境，包括家庭、工作、健康、人际关系、亲密关系等，通过以下工作表来发展接纳的态度；再写出一些经常发生并对你的情绪有负面影响的内部体验，包括情绪、思维、感受等。

表 10.6　接纳工作表示例

接纳工作表
外部环境：
思维
情绪
感受
接纳要点： 只观察上述记录，不做任何评价，不试图找任何改变的方法； 把自己的感受和思维放在更宽广的角度去思考； 尝试把这些思维和感受与我们特别珍贵的事物相关联。

第十一章 潜在假设的识别与修正

第一节 关于潜在假设

一、潜在假设的定义

“如果我学习成绩不好，父母就会很失望，他们就不喜欢我了。”
“如果我拒绝别人，他们就会不高兴，可能以后就不理我了。”
“如果我处不好人际关系，那我就是个失败者。”
“如果我不把这件事情做好，那我就是个没用的人。”
“如果宿舍里某个同学对我有意见，所有的舍友都会排挤我。”
“如果别人不喜欢我，我就没有什么价值了。”
“如果我是一个没有价值的人，我就不会幸福。”
“如果我没有价值，那活着还有什么意义。”

前面章节的内容描述了自动化思维的识别和修正。自动化思维指的是，当面临特定情境时，那些自动出现在你脑海中的思维。这些思维是怎么产生的呢？那是因为我们每个人都持有一些信念，这些信念被掩藏在意识层面之下，一直在静静地存在着。我们一般意识不到这些信念是什么，但它们可以强烈地影响到我们的自动化思维，以及我们的情绪、行为和生理反应。由于这些信念通常潜伏在我们的意识层面之下，因此称之为“潜在假设”，每一条潜在假设都可以这样表达：如果……，就……。识别潜在假设，有助于我们更深刻地理解我们的自动化思维和行动根源。

反复出现的抑郁、焦虑和人际关系冲突问题的深层原因，往往是严格的规则和假设。对抑郁症复发易感性的研究结果表明，消极情绪状态和负面生活事件激活了对完美主义的追求和对他人认可的需求，并且消极的归因方式和严苛的态度导致一个人更容易患上抑郁症。潜在假设描述的是个人对自身、他人及世界更深层、通常并不太清晰的看法和信念，但我们可以进行推断而得出。

二、潜在假设的来源

如果你在童年时期经历过一系列创伤性事件，比如父母或家人之间经常性吵架，总是各种矛盾不和，甚至父母离异；在与父母、兄弟姐妹、同伴或老师等身边人相处中，你总是感到被指责批评或是被贬低侮辱；从小患上严重的身体疾病；重要亲人死亡；被寄养；身体或性虐待；频繁地转学等经历，让你觉得自己总是不如别人；感到自己一无是处、没用、没能力；感到被嫌弃或被抛弃；感到没有让父母满意；感到父母更喜欢别的兄弟姐妹。可能你的感觉于事实并不相符。这样的经历让你可能形成了一些比较消极痛苦的对自己、对他人的想法。你使用了一些应对策略，来应对让你痛苦的信念。比如："如果我表现得优秀，别人就会喜欢我。""如果我表现不好，别人就会嫌弃我"。在这些信念的影响下，某种具体情境可能会激发你一系列的自动化思维。和自动化思维不同，潜在的假设是一种跨情境的思维，它们会在不同的情况下指导我们行为和情绪。例如，在教室里上课，一个同学上课经常坐在第一桌，老师提问，她积极地举手回答问题，而你总是坐在最角落的地方，上课时从不抬头看老师，恨不得在教室里当一个隐形人。是什么导致了你们的行为不同呢？如果你的潜在假设是"如果我回答不好，老师就会批评我，同学们就会嘲笑我"，甚至是"如果我离老师远一些，老师看不见我，他就不会骂我"，那么你可能就会选择最角落的地方坐着，不会让老师注意到你。而另外的同学可能持有这样的潜在假设"如果我积极回答老师的问题，那么老师会认为我是好学生，喜欢我。就算我回答错了，也没什么，老师也会告诉我正确的答案。"，于是他会积极回答课堂上老师的提问。

如果在你相对顺利的时期，可能这些基本假设中积极性的一面会经常出现。比如，你跟现在的同学、舍友、男朋友关系都非常融洽，你相信别人是喜欢你的，你是一个可爱的人，于是这段时间你的感觉良好。但是，如果与同学发生冲突或与男朋友出现了矛盾可能会让你感觉很抑郁，因为这时候，潜在的假设是"如果别人不喜欢我，那么我就是很失败的"和消极的核心信念"我不可爱"就被激活了。

第二节　潜在假设的识别

一、完成“如果……就……”的句式

虽然潜在假设总是作用于意识层面之下，却容易被识别出来。当你发现，某些情境下你反复出现相同的行为或强烈的情绪时，这些就可能是你识别潜在假设的线索。你可以把你的行为反应或情绪放在“如果”一词后面，构成“如果……，就……。”句式。比如，回想一个让你感觉很糟糕的时候，当时发生了什么事情？可能是一个不愉快的事情（受到长辈批评、失恋或比赛没有获奖等）引发了你自动化想法（“我总是没用的”），然后导致更普遍性的适应不良的假设（“如果我在这件事上没有做好，那么我就是没有用的人”）。

潜在假设是需要我们去识别和检验的最重要的思维。焦虑时，我们最强烈的潜在假设是：“如果我做不好，那我就是最失败的人”，“如果我不优秀，那别人就会嫌弃我”，“如果我胸闷、心跳太快，那么我就是患上心脏病。如果哪天我心脏病发作，那么没有人愿意救我，我一个人凄惨地躺在地上呻吟。”

在恋爱关系中，许多误解都是因为双方持有不同的潜在假设造成的。比如一方认为：“如果你重视我，那么你就应该照顾我。”另一方却认为：“你是成年人，那么你就应该照顾好自己，把事情安排好。”或者，一方认为：“如果你在意我，就应该知道我喜欢的是什么，不用我告诉你，你应该看得出来”。另一方可能认为：“如果你有什么想法或喜欢的东西，你应该就告诉我，你不说我怎么知道呢。”在抑郁时可能出现的潜在假设是：“如果我在某事上做不好，那说明我就是一无是处的。”

核心信念：我不可爱、不值得被爱

↓

潜在假设：
如果我学习成绩优秀，别人就会喜欢我
如果我没有把事情做好，别人就会嫌弃我

↓

抑郁时自动思维：
她们都是不喜欢我的
她们都对我有意见
永远都没有人喜欢我

有些人使用了高标准的自我要求，任何事情都做得非常完美，对自己要求苛刻，对自己的缺点非常敏感，在人际相处中不敢拒绝别人，一味地委曲求全，羞于表达自己的需要。这些策略都为了保护她免于别人讨厌，避免暴露了她认为自己是不值得别人爱的（如果不这样做，就可能会遭到别人讨厌，或被抛弃）。或者另外一些人可能会发展出相反的策略：避免与别人相处或建立关系，一个人表现的不需要其他人，独来独往；或对别人要求苛刻，指责挑剔别人；或总是依赖别人，没有别人，自己无法独立生存等。为什么会发展出完成不一样的应对方式呢？可能是天生的气质赋予了每个人独特的认知和行为风格，也可能是在环境中相互作用使人发展出了不同的应对策略。一个人因为童年的经历持有“我是不可爱的”这样的核心信念，但也可能发展出一套不同的潜在假设来应对核心信念。可能是“如果别人觉得自己也是不好的，那她们可能就不会不喜欢我了。”“如果我凡事都依赖别人，她们就不会抛弃我了。”

常见的应对策略如：努力表现得完美或故意显得很无能；过于负责或回避责任；避免与人相处或寻找不恰当的亲密关系；寻求别人认同或避免关注；或指责挑剔他人；从不拒绝别人或与他人保持距离等。这些策略都是我们大部分人都会采用过的行为反应。导致一个人痛苦的原因在于对这些应对策略的过度使用，而忽略了具体情境中的适应性应对方式。

你可以问问自己，为了避免体验到痛苦的核心信念（认为自己是不可爱或无能的），你最常用的应对策略是什么？你有很多潜在的假设都把应对策略与核心信念联系起来了。“如果我（使用了应对策略），那么（我的核心信念可能不会真的发生，我就还好）”。然而，“如果我（没有使用应对策略），那么（我的核心信念就可能成为事实）”。例如：“如果我努力表现出事事都完美，那么别人就会认为我是有能力的”。“如果我没有表现出很完美，那么别人会认为我是无能的”。有些人采用的应对策略往往是刻板的、固化的，也许有些策略在成长的某个阶段是适应的，但成长之后就不再适应了，反而会让你的生活陷入困境。

练习：识别潜在的假设

1.1 在练习1和练习2中，请找出一种你常做的行为，该行为对你来说明不做比做更好，可你还是总会去做。比如看手机、刷视频到很晚都不睡觉，沉迷网络游戏，抽烟，暴饮暴食，指责别人，反复洗手等等。

例句：如果我反复洗手，那么就可以避免被病毒感染而生病。

如果我洗手不干净，那么我可能就被染上不治之症。

1. 如果我

那么

2. 如果我不

那么

1.2 在练习3和练习4中，请找出一些你回避的事情，看看什么样的潜在假设可以解释你的回避行为。

例句：如果我回避有挑战的任务，那我就不会被人嘲笑。

如果我不回避这些艰难的挑战，那我可能就失败了。

3. 如果我回避

那么

4. 如果我不回避

那么

1.3 在练习5和练习6中，请找出一些让你产生强烈情绪的情境（比如，当有人指责你时，当你被拒绝时，当你被利用时，当你被别人抛弃时，当别人不听你解释时，当你接到推销电话时，当你不被理解时，当你被误会时等等）。什么样的潜在假设可以解释你的反应？把引发你情绪的情境写在“如果”后面，然后完成句子的其他部分。

例句：如果别人拒绝我，

那么它意味着这个人是讨厌我的，不想跟我交往的。

如果别人没有拒绝我，

那么它意味着这个人是喜欢我的，愿意跟我相处的。

5. 如果

那么它意味着

6. 如果不发生

那么它意味着

二、垂直向下技术识别潜在假设

即便自动化思维是真的,我们还可以问自己:“为什么这个事对你来说是个问题?”例如有些害怕被拒绝,被问道:“为什么别人不喜欢你对你来说如此困扰”,他回答:“因为这说明我毫无价值”。

垂直向下技术要求你问自己:“如果这种想法的确是真实的,那又怎么样(那又意味着什么)?我为什么要为此而烦恼呢?”一遍又一遍地问同样的问题,直抵内心深处的问题根源。这一流程形成了意识思维链,链的底端将揭示潜在假设的含义。此技术就像是俄罗斯套娃一层一层地解开,最后找到其里层核心部分。

使用垂直向下技术时请注意,如果你写的想法只是描述了情绪感受,可能无法识别你核心的思维。请务必只写导致情绪反应的消极思维。以下是一个错误的例子:男朋友昨天晚上没给我打电话,他说话不算数。

他没有给你打电话,那又怎么样?你为什么因此而烦恼?

哦,我感觉很糟糕,快被气疯了,我受不了。

这样写是没用的。我们都已经知道你的感觉很难受。这并不是说你的感受不重要。而是问题在于:你脑海里下意识地出现什么样的想法让你难受?如果他说话不算数又怎么样呢?

下面是正确的方式:

例如:男朋友昨天晚上没给我打电话,他说话不算数。

他没有给你打电话意味着什么呢?

这意味着他不关心我,不重视我,不爱我。

假如这一切都是真的,那又意味着什么呢?

这意味着我不够好,不够优秀,不够漂亮。

假如这一切都是真的,那又怎么样呢?

他可能会不要我了。

假如他真的不要你了,那又意味着什么?

这意味着我不值得别人爱,没有人会爱我的。

假如这都是真的,我为什么要为此烦恼呢?

这意味着我会孤独终老,最后一个人悲催地死去。

你要追问的是含义,不是感觉。最后,你的潜在假设就浮现出来了:(1)如果没人爱我,就说明我是一无是处;(2)我不能一个人生活,那样会很悲惨。这个连续发问的重点是要刨根问底,揭示下意识的含义。

三、潜在假设的评估：检验潜在假设的益处和弊端

潜在假设中包含了个体使用了某些也许曾经适应(或者起着暂时缓解不良情绪的作用)但目前在很多情况下不再适应的特定的应对策略或行为模式，即我们看到这些方法曾经的好处，但目前弊大于利，对你的生活造成了不良的影响。例如，你认为你做不到最好就是失败者，这个潜在的信念的好处是什么？可能它促使你更努力地学习或在各方面都表现非常好。这个潜在的信念的坏处是什么？可能它会让你体验到更多的挫败感与痛苦；或者在做一些事情时非常紧张，在意结果，让你无法正常发挥；或者没有时间去做自己感兴趣的事情；或者减少了你对学习本身的兴趣等等。潜在的假设仅仅是我们的想法，而不一定是事实，它们是习得的因此也可以被改变。如果我们发现这个信念不利于我们的成长，不利于我们对学习保持兴趣，不能让我们更好地完成我们的任务，那么这个信念是弊大于利的。或许我们可以构建一个新的信念，更灵活地看待和解释事物，让我们更好地适应现实的生活。例如，如果我没有考上理想的大学，那我就是失败的。更具适应性的信念是：如果我没有考上理想的大学，这不代表整个我都是失败的，作为朋友、女儿、姐妹，我具有善良、乐于助人的品质等。考不上理想的大学并不代表着我以后找不到好的工作，过不了好的生活，并不代表我在其他的方面比别人差。

第三节　潜在假设的修正

每个人都有一系列的潜在的信念。当识别了你的潜在假设后，请想一想，每个人都会有同样的信念吗？你能想到你身边的哪个人看上去跟你有不同的信念？你会发现，有人跟你的看法或观念是不一样的，因为这些信念是习得的而不是天生的，所以它们是可以被修改的。当清楚地了解了你的重要的潜在信念之后，你要评估你有多相信这个信念？如果很相信，这个信念对你的生活的影响范围有多广泛？影响程度有多强烈？如果该信念对你生活和学习影响是广泛并强烈的，让你的生活或人际关系发生了变化，变得糟糕了，那么你需要尽快对这个信念进行修正，当你不那么认同你的信念时，或不那么强烈地相信时，你就能够以一种更加现实、适应性的方式来解释你的处境和你遇到的困难。

一、用苏格拉底式提问修正潜在假设

例如,请理性地思考你的潜在假设:“如果我没有考上理想的大学,那我就是失败的”有支持的证据吗?有反对的证据吗?现实生活中那些没有考上理想大学的人们是否一辈子都是失败的呢?社会上学历是否就决定了这个人的命运呢?有一些人学历不高,他们是如何提升自己、在职业岗位上不断做出优秀成绩的呢?还有其他的可能性吗?高考是一次重要的机会,但以后升学的机会也不少,例如自学考试、专升本、专考硕等方式。最糟糕的结果是什么?最好的结果是什么?最现实的结果是什么?最糟糕的是我就是彻头彻尾的失败者,总是被别人看不起。最好的结果是我能找一份理想的工作,在工资待遇、升职空间等方面都不错。最现实的是我不管在哪里上学,我都必须努力学习,提升自身各方面能力,了解未来职业发展的方向,为毕业就业做准备。如果我相信我就是失败的,那对我有什么影响?如果我改变我的想法会对我有什么影响?一旦我认为我就是失败的,那就没有动力去学习、成长,青春会被荒废。我已经错过了一次重要的时机,那我更应该珍惜以后的机会。如果是我的朋友或家人处于相同的情境,我会对他说什么?过去的就已经过去了,珍惜现在比什么都重要。你已经错了太阳,请不要错过星星和月亮。现阶段我可以做些什么来让我不断进步,提升我的能力?向老师请教,提升我的专业学习能力,有重点、有效率地为未来职业做准备,或者了解自学考试以及专升本的备课内容与技巧等。

二、验证“那么”是不是总在“如果”之后发生

朱迪在公共场合参加活动总是感觉不自在,很尴尬,尤其被关注时。课堂上,她总是选择最角落的座位,回避与他人接触,希望老师上课时不要叫她回答问题。从初中开始,她除了从家里到学校的路程,其他时候基本上不出门,都宅在家里。她在人群中非常焦虑,如坐针毡。她总觉得如果别人注意到她,别人会认为她是有病的,不正常的。结果是她极力地回避人群,经常一个人待在无人的角落。她的潜在假设是:如果别人注意到我,他们会发现我的缺点,就会嘲笑我。

如果别人跟我说话,我一句话都说不来,他们就会觉得我很傻。

朱迪采用行为实验来验证自己的潜在假设,看自己在人群中被注意到后,别人会不会认为她是有病的。她准备从相对简单、容易应对的实验开

始，她设计的第一个实验是，放学回宿舍后，不再一回去就窝在床上，还把窗帘拉上，而是坐在自己的学习桌前，跟舍友聊聊今天上课的情况。在宿舍里，她不再回避与舍友的眼神交流，她说话时看着舍友，看看她们是否会嘲笑她，或者对她有什么负面的评价。朱迪预测，可能会有舍友嘲笑她，或者说些难听的话。

第一次，舍友们在聊天时，她也参与了话题，大家聊得挺开心的。后来舍友还邀请她周末一起去逛街，大家一起玩得挺开心。通过事实证明，她的预测并不是真实的。她的替代性想法是“如果跟同学一起玩，她们并不会认为我是不正常的，大家在一起玩得挺开心。”然后，朱迪又在不同的人群中分别通过行为实验，来验证她的潜在假设是否符合事实，是否在大多数情况下都是会发生。

三、观察他人，看看你的“如果……那么(就会)……”规则是否也适用于其他人

刘娅是一名大二的女生，她担任班上的班长，学生会副主席，吉他协会的社长，辅导员的助理等职务。每天她都有忙不完的事情，开不完的会，填不完的表格。她每一件事情都要亲力亲为，不会安排其他人，事事都要做得非常完美，所以她常常觉得很疲惫，学习也被耽误了，甚至期末考试专业科目不及格。她潜在的假设是：如果所有的事情她都做得非常好，那么她就是有价值的。如果一件事情没有完成好，她就是没用的，别人就会嫌弃她。

我们先让她思考以下的问题：“有什么证据表明你必须每一件事都要完成得很完美？(有什么证据证明你不可能每一件事都完成得很好)”“这个规则是从哪里学来的？哪个长辈要求你必须事事完美吗？”“每个人都应该完美吗？为什么你对自己的标准和对别人的不一样呢？”

请你观察身边的同学或其他人，是否有跟你不一样的潜在假设？看到别人与你不一样的参照标准，这样可以让你跟你功能不良的信念保持心理距离。比如，有同学并不是所有方面都做得非常完美，但他们在其他很多方面还是有能力，并不是一个完全没有价值的人。

你也可以去看看周围看起来明显跟你有同样功能不良信念的其他人，或许你可以看到其他人想法的扭曲，并将领悟到的新信念应用于自身。“如果谁(某个人)在这种情景下，出现了这样的想法，你会对他(她)说什么？”如果有人认为自己一件事没有做得很好就是一无是处的人，你认为合理吗？认真努力去做事情当然是优秀的品质，但如果做不好并不代表这个人一无

是处的，她在很多方面的事情都做得不错。

四、使用认知连续体来修正潜在的假设

这样的方法对于一些极化思维（看待事物的方式是“非黑即白”以及“全或无”）非常有用。举个例子，如果你认为你没有考上名牌的大学，你就是一无是处的失败者。我们可以先来画一条数字线，从0%到100%。一无是处的失败者是在0%这个位置，优秀的成功者在100%的位置。再来看看你的身边有没有其他人比你做得更差，更应该属于0%？接着还有没有其他人比这个人做得更差？现在的你应该在哪个位置，可能是50%。在你的同龄人中，有没有一个人他真的做不好所有的事情，甚至他都不上学，甚至会做一些伤害别人或犯法的事情，他应该在什么位置呢？我们通过了解各式各样的人群后可以发现，对于人的分类不仅仅是两类——成功与失败，或者对于成功有了详细的等级更符合现实。当你出现二分法的想法时，例如，如果没有取得完美的成绩，你就是一无是处的，使用认知连续体技术可以帮助你看到中间地带，一条线的两端连着中间的地带，对人的评价也是如此，成功也有不同等级。

五、行为实验

从本章前面的内容中，你已经识别出了一系列指导你行为的潜在假设。我们怎么样才能弄清楚，你的潜在假设是否符合事实呢？是全部符合还是部分符合，或者是完全不符合？让我们一起来检验你的潜在假设。由于潜在假设通常是一句由“如果……，那么（就）……。”构成的假设，所以检验潜在假设最好的方法就是做行为实验。请你从中选出一条你希望检验的潜在假设，思考一下，设计什么样的行为实验可以更好地帮助你检验这条假设。你可以做出“如果”后面的部分，看看“那么（就）”后面的部分是不是一定会发生。你也可以观察其他人，看看你的潜在假设是否也适用于他们。你还可以设计相反的行为来验证你的潜在假设，看看会发生什么。你也可以直接问问你的亲朋好友，他们是不是遵循你的“如果……那么（就）……。”规则。无论是观察还是实际操作，行为实验的重点是你要去检验你潜在假设的内容到底是不是真的。为了让结果更可靠，每个行为实验你最好能重复做三次以上，再去总结结论。你设计的实验不要太难，在日常生活中轻易做到为宜。下面将举例详细说明行为实验开展的步骤。

小赵，大二的男生，他在社交场合总是非常焦虑不安。在课堂上，老师提问时，他想站起来回答，但是他回答问题时非常紧张，总会出现手抖、脸红、声音发颤等情况。他担心自己回答问题不对，老师会责骂他，别的同学会嘲笑他。他也害怕别人如果看到他很紧张，就会笑话他是懦夫、胆小鬼。因此，他越来越紧张害怕，手抖、脸红的症状越来越严重。他找出自己的潜在假设是：

如果他表现得不完美，那么老师会批评他，也就不喜欢他了。

如果他紧张地手抖、脸红，那么同学们会嘲笑、侮辱他，就不喜欢跟他交往了。

如何验证他的假设是否符合现实呢？他把观察他人的行为作为实验的第一步，看看别的同学表现不好时，会不会出现他假设的“那么”后面的情况，他的规则是否也适用其他人。通过观察，他发现有些同学的想法跟他的是不一样的，比如有同学认为，只要回答问题，答对了，老师加分，那他这门课就会得高分。他只要做好自己的事情就好了，别人怎么看，是别人的事情。他的好朋友也不会因此而不喜欢他，好朋友也会安慰他。他还发现，别的同学回答问题错了时，老师也不会因此而不理他们。老师希望同学们都参与到课堂中来，老师可以根据同学们掌握的情况来调整授课的内容，让同学们对本门课程学得更扎实。

我们意识不到的这些潜在的假设，可能来自家庭、学校、社会，也可能来自我们成长的经历。既然这些潜在的假设是我们习得的，我们也可以通过一定的方式学习到新的假设、规则等信念。识别潜在假设、规则和做行为实验检验，就是帮我们发现新信念的重要方法。

六、在信念矫正中使用他人作为参照点

（一）与我们有不同信念的他人

当我们去看周边的人跟我们是否有一样的信念时，通常我们可以跟自己的功能不良的信念保持距离，更客观地看待现实的丰富性。比如，有同学认为如果他没有回答问题不正确，别人就会嘲笑他。但也有不一样看法的同学认为，我只要做我想做的事情，能够有机会得高分，那我就去做，其他人怎么看那是他们的事情。大部分同学不会因为我回答错了就嫌弃我、不理我了。就算我回答错了，老师讲解了正确答案，我便会学到新知识，加深记忆。哪种信念对我们的成长更有利？

(二)与我们有相同信念的他人

让我们来识别那些看起来跟我们有着同样的功能不良信念的其他人。有时,我们可以看到其他人想法的扭曲,并将此领悟运用于自身。你有认识谁跟你有同样的信念吗?“如果我回答问题错了,别人就会嘲笑我、不喜欢我”你认为这个信念对他(/她)来说有多正确?你想对他(/她)说什么?你对他(/她)说的话是否可以对自己说?

(三)将自己的孩子作为参照点

如果将你们自己的孩子(或者是认识的孩子)作为参考点,或者想象自己的孩子。你可以想象如果是你的孩子,上学时,他很想回答老师的提问,但是总担心自己回答错了,别人会嘲笑或不喜欢他。你会因为自己的孩子回答错了,就不喜欢你的孩子了吗?你希望他怎么看待这件事情?你会对他说什么?那你说的那些适用于你吗?

第十二章　核心信念的识别与矫正

第一节　关于核心信念

一、核心信念的定义

核心信念是个体关于自我最核心的信念。《现代汉语词典》对信念的定义是“自己认为可以确信的看法”。查阅《牛津词典》对英语“belief”的解释有三方面：(1)一种对某人某事出现真实的强烈感受，对某人或某事是好的或对的确信。(2)对某事的观点：确信某事是真实的。(3)虔诚地相信某事，特别是作为宗教的一部分。由此可知，信念就是一个人信以为真、不容置疑的内容。信念直接影响着个体在不同情形下出现的自动思维的内容。

如果要用一个比喻来形容的话，自动化思维就好比枝条和树叶，潜在假设就好比树干，核心信念就像是埋在土里的树根。每个人的思维可以分成三种不同水平：自动思维、潜在假设、核心思维。下图展示了三种思维之间的关系。自动化思维是最容易识别的，它们就像是显露在外的树枝和树叶，在地表之下的树根就是核心信念。请注意下图中的箭头是双向的。这是因为每种水平的思维都和其他两种紧密相连。因此，无论你修正任何一种水平的思维，其他两种都会跟着受影响。这就是为什么先处理比较浅层的自动化思维和潜在假设是有意义的，而且也容易识别。对于许多人来说，只要改变了以上两种水平的思维，核心信念就有所改变，情绪就可以发生持久的积极变化。

自动化思维

↕

潜在假设

↕

核心信念

自动化思维一般可以被描述为自动闯入你脑海中的语言或画面。潜在假设则没有明显地表露出来，但你可以通过用“如果……，那么(就)……。”这样形式的句子来获得潜在假设内容。上一章讲过这个方法，请把引发你强烈情绪的情境与行为放在“如果……”后面，再根据你的想法完成“那么(就)”后面的部分即可。

核心信念是你对自我、对他人(对世界)、对未来的基本观点，是最深层次的信念。也就是我们通常所说的人生观(对人生的根本看法，即回答人为什么活着的问题，也就是对于人类生存的目的、价值和意义的看法)、价值观(人们对价值问题的总体评价，即对什么是好的、应该的判断，用于区别好坏、是非的标准)、世界观(一个人对整个世界或社会的根本看法)。核心概念通常是僵化、高度概括且难以改变的，不受具体情境的影响，个体一直或很久以来都把它当作绝对真理加以接受。核心信念既可以是正性的，也可以是中性的，还可能是负性的。核心信念的语句表述概括、抽象、简要。比如我很好，我不好；我被人喜欢或我被人嫌弃；我有能力或我没有能力；等等。当个体面临外界大量的信息时，不自觉或自动地启动自身大脑里已经存储的记忆，进行加工和整合，这就是大脑认知的过程。详细来说，即个体遇到具体情况后用于不自觉地启动衡量自己、外界或看待未来的标准，快速地进行评估，从而形成特定情境下的自动化思维，然后产生相应的情绪、行为和生理反应。

每个人都会同时存在积极和消极的核心信念，这很正常。当我们在日常生活中遇到一些事情让我们感到强烈的积极或消极的情绪时，自然而然就会激发相应的核心信念。当我们一切顺利，遇到好事，让我们自我感觉良好，这时就会激发积极的核心信念“我是有能力的”。当我们遇到打击或挫折时，让我们情绪低落，就会激发消极的核心信念“我是不可爱的”。当核心信念被激发时，就会影响我们的注意力筛选，影响我们的思维方式，导致我们产生相关的(积极或消极的)自动化思维和潜在假设。比如，当我们处在积极情绪时，遇到一件打击挫折的事情时，就可能会想：“这没什么大不了的，下次我可以取得更好成绩，相信我自己可以做到。”可是当我们的心情很糟糕时，再来个打击的事件，就像是屋漏偏逢连夜雨，我们可能就会想到："我总是这么愚蠢，全世界最倒霉的人就是我，我是最失败的人。"

一般情况下，个体的功能不良的消极信念处于未被激活的状态。但是当个体患上精神及心理障碍期间，或者遭受某些打击挫折，感到压力大难以承受时，其功能不良的消极信念就被激活了，即个体的认知思考中消极的方式处于工作状态。此时个体看待自己、周围的事情及他人就会受到消极方式的影响，就像带了墨镜一样，选择性地关注并放大了那些与其消极的信念保持一致的信息，而忽略、低估甚至曲解那些不一致的信息，即大脑出现了在信息关注、提取、加工方面的问题。比如，出现抑郁或焦虑等情绪障碍的患者一般具有"非黑即白""全或无"等特征，比如，关于自己的核心信念包括"我是一无是处的""我是失败者""我是不可爱的"和"我是毫无价值的"。关于他人的核心信念包括："他人是会讨厌你的""他人是会指责伤害你的"和"人都是无情无义的"。关于世界的核心信念包括"这个世界是冷漠的""这个世界总是有困难无法解决的"等。例如，当一个人没有抑郁之前，他会倾向于认为自己是有能力的，并且把一些不好的事情当作偶尔的特殊情况。如果在某次比赛中，成绩比预期低，他会把这当作偶然发生的例外，他不会把这种情况认为他就是一个无能的人。当一个人变得抑郁时，他的消极信念"我是无能的"完全被激活了。他会过度概括消极的信息，不断地强化他是无能的这个信念，同时他忽略了很多跟这个信念无关的积极信息。比如，他觉得这次考试成绩好，是因为题目很简单。他并不是故意以这样消极的方式加工信息，这种加工过程是自动的，是抑郁的症状表现之一。因此识别和矫正负性核心信念可以缓解个体的抑郁症状，而且能预防和降低未来抑郁复发的概率及严重程度。

二、核心信念的来源

核心信念是如何形成的呢？一般来说，我们的核心信念来自儿童时期，我们总是具有某一人格特征倾向的遗传素质，在早年与重要他人进行互动的一系列情境时，个体根据自己的童年经历总结出来的一套概括性认识，核心信念就这样产生了。一个人的童年经历，特别是童年早期经历，也就是他个人的成长历史，促使其形成了特定的核心信念；在童年后期经历及核心信念影响下，个体又形成了关于应对策略的潜在假设，正是潜在假设的运作过程中促使个体在特定情境下产生了自动化思维，而自动化思维又使得个体产生了当时的情绪体验(心情)、行为和生理症状。核心信念、潜在假设和自动化思维的关系见下图：

核心信念

↓

潜在假设（如果……就……）

↓

具体情境下的自动化思维

↓

情绪、行为或生理反应

当我们呱呱坠地，那些养育我们长大的人在养育我们身体成长的同时，也潜移默化地教会了我们很多东西，影响我们心理的成长。大多数是父母，也有其他养育者。虽然当我们出生时，携带的神经系统遗传的特点已基本定型，很难更改，但我们最终获得的知识和经验，很大一部分是与养育者对我们经年累月的言传身教分不开。我们会从身边人的身上学习到关于自身与世界的看法。比如，他们教会我们，“马路上的车是危险的”，“小狗是会咬人的”，“你是个麻烦”等等。也许我们接收到的信息不是对的，但当我们还是儿童时，我们会全部相信或绝对化地看待事情。比如当父母说：“你就是个麻烦”时，我们无法辨认只是在父母工作劳累或忙不过来时，觉得我们给父母添麻烦了，在我们的内心深处总有一个声音不时地响起，你总是那么麻烦的。有时，作为儿童的我们也会根据自己的生活经验来得出结论。你可能没有直接听到别人告诉自己：“你是累赘”，但是你会观察。你可能发现，家里的男孩子更受宠，男孩子比女孩子显得更重要，懂事、不去麻烦父母的孩子更少受责备，等等。

如果试想一下，假如一个人从小被亲人抛弃，或者生长在父母不断地争吵甚至动手厮打的家庭中，或者在被家人不断抱怨辱骂中长大，或者在对他人充满敌意、互相不信任中成长，他会如何看待自己、他人和未来？或者说，他由此逐渐形成的信念又是怎么样的呢？举个例子，小马，大一女生，她的父母都是农村人，文化程度低。来访者从小跟父母关系疏远，一直生活在父母不停吵架的阴影中。外婆家是不同意让妈妈嫁给爸爸的，可能嫌弃爸爸家里穷。妈妈生下她后就经常因为跟爸爸吵架离家出走，回外婆家。最严重的一次是她几个月大时，妈妈就回娘家直到她4、5岁才回来。她跟父母基本上不说话。爸爸经常打她。三四年级时，有一次，爸爸让她干活，她为了避免跟爸爸说话就不愿意干，说自己要写作业，结果被爸爸狠狠地打了一顿。直到她上了高中，父母看到她的学习成绩还可以，她与父母的关系才缓解了一些。她认为自己是被人嫌弃的，不被喜欢的，其他人是暴力的、苛刻的，没人是重视她的。这是她形成的对自己和对他人的核心信念。

在人们生命的大部分比较平静的时间里，大多数人持有相对正面和现实的核心信念(例如“大多数时候我是能够胜任的”；“我的家人是爱我的”；“在别人眼里，我是优秀的”；“我是有价值的人”)，负面的核心信念只有在遭受打击或心里痛苦时才激发出来(但是有一些人格方面存在问题的人的负面消极的核心信念随时可能出现，非常活跃)。比如，一个女生的核心信念是自己是不可爱的，平时比较平静时，她的核心信念不被激发，即使舍友出去玩没有告诉她，她也不会太介意。当她变得抑郁后，她听说几个舍友周末出去玩而没有邀请她，她会认为她们是因为不喜欢自己或者讨厌自己才没有叫她；如果别人邀请她一起去，她可能会认为她们是担心她会自杀或伤害到她才邀请她一起去的，而不是因为喜欢跟她待在一起。其他跟负性信念不一致的信息，比如，别人会主动帮她拿快递、打饭，主动关心她等，她会自动地忽略掉，或做一些歪曲的解释，脑海里自动地反复记住那些认为自己被讨厌、被嫌弃的片段或场景。这样的话，她的负性信念会得到进一步的强化，陷入恶性循环之中。

通常，不同于自动化思维，我们都认为核心信念是对的，事实就是这样子。直到你像剥洋葱一样不停地询问自己想法的含义时，才能识别核心信念及明确地表达出来。除了关于自我的核心信念之外，我们可能对他人或这个世界/社会持有负面的核心信念：“其他人都是靠不住的”，“这个社会就是非常危险、恐怖的”，“没有人在意你的感受”，这些也属于核心信念的内容。

一个人如果在早年经受过创伤性事件，来自童年的信念，不太容易改变，一直保持着绝对化的信念。即使我们已经长大成人，可能还是会坚信这些信念是真的。例如，成长在暴力的家庭，被父母暴打过的孩子，可能持有的信念是：我是很差劲的，他人都是很恐怖的。年幼的孩子有这样的一种特征，他们会倾向于认为所有发生的事情都是他们的责任。因此，许多孩子会觉得被虐待是他们的错，家长对他们暴力是因为他们不够好。事实本不该是这个样子的，没有哪一个孩子就应该被虐待。不幸的是，这些糟糕的信念可能会让个体一直持有，甚至贯穿一生。

在早年时期，我们形成核心信念，帮助我们认识自己、他人、世界。经过在成长过程中不断地强化，在成年后，我们几乎不会想到要去评估一下这些核心信念是否仍旧是准确的或是有帮助的，甚至如果不是有意识地觉察，我们都不了解到底是什么在影响着我们的感受和行为。作为成年人，我们理所当然地认为我们必须这样做，竭尽全力地践行着我们的核心信念对我们的影响，仿佛它们就是百分百正确的。当然，这是可以理解的，毕竟，许多核心信念在儿童期确实是正确的，甚至帮助我们度过童年期的某些危机状况。

比如,一个孩子从小就被父母抛弃,或寄养在别人家里,从小不受待见,没有被很好地照顾,那么坚强、独立,压抑自己的需要,讨好他人,这些行为是非常必要的。在小时候,这些信念和行为模式帮助我们在被忽视的环境中能生存下来,但是也妨碍了我们成年后更好地与他人建立亲密、信任的关系。面对那些在意自己的人,可能我们也不相信他们。保持着"他人都是不会在意我的"这样的核心信念,可能我们会把别人的关心视而不见,或者把他人的正常举动理解为对自己的冷落和漠视。

如果我们可以帮助个体发展出新的积极核心信念(比如,大部分的时候我们是可以互相照顾的),可以让我们在不同的情境与人相处时可以做出更适合、更准确的反应(有时,我们可以照顾自己,有时别人会照顾我们),提升我们的心理灵活性。如果我们只怀着消极的核心信念,就会像是通过一个消极又死板的透镜看问题,那么任何一件事情在某种程度上都会是消极的。

让我们一起看一下大脑组织信息的结构图,可以用带有矩形缺口的圆形代表我们的核心信念。这个图可以解释这个想法是怎样每天出现在你的脑海里,以及你是怎样在相当长的一段时间坚信这个信念,为什么你会如此坚信这个信念。举例说明,小兰的核心信念是"我是很弱的,我总是被欺负",舍友给她取外号"李怂怂",在体育课上她不想打球,舍友说她"怂";食堂阿姨没有听到她说要打饭,没有注意到她;她去医院复查,医生说等会要开会;舍友生日没有邀请她聚餐;舍友总是指使她帮忙等,任何有可能意味着她是弱的、总是被欺负的事情时,这个信息都会不假思索地直接进入她的圆圈里(指下面的图表)。但是,当发生了一些事,或者她做了一些对于您来讲还好的事情时,她会把它们变成消极的信息。例如,她正在读大学。她可能会认为这是一所高职院校,没有考上本科,她是很差劲的。她一个人去医院,她会认为,这没什么,很多人都可以这样做。她参加学院学生会学习部的竞选,并被选上了。她获得学校奖学金。所有积极的事情,她都忽略了,或者变成消极的信息,没有进入到她的大脑信息的组织。随着时间的推移,她一次又一次地把事情看得很消极,既不注意积极的事情,还把一些积极的信息变成消极的信息,她的"我是很弱的,我总是被欺负"这个信念变得越来越强大,但事实上它可能并不是真的。

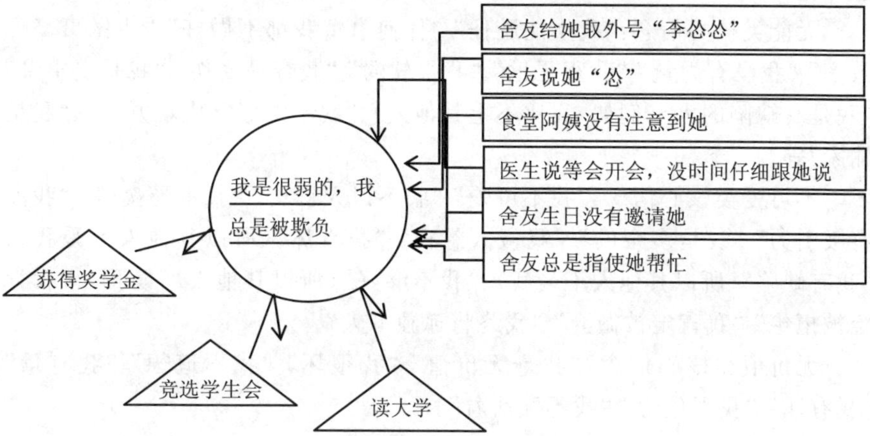

我们知道哥伦布时代以前的人们如此坚定地相信世界是平的，他们从未检验过这个观点，只是确保自己不要航行到离陆地太远的地方，如果我们不加检视自己的信念，或许我们也会把它们当成真的一样去思维与行动。

三、核心信念的分类

个体的核心信念可以归类为无能类、不可爱类和无价值类。无能类包含的主题有：不能完成某事（“我没有能力”“我不能胜任”“任何事情我都做不好”）；不能保护自己（“我很容易受伤害、软弱、没有力量、陷入困境”）；没有成就（“我失败了，我不合格，我是失败者”）。例如一个人学习非常刻苦，但最近总是不能集中注意力以及害怕失败，害怕在学业上没有取得期望的成绩，一事无成。

不可爱类的主题包括“我是不可爱的、不受欢迎的、没有吸引力或者有缺陷的”（不是在成就或道德方面，而是妨碍个体获得其他人持久的爱和关心的特质）。例如一个人总是认为其他人不关心他，他害怕太与众不同而很难维持一段关系，他就有不可爱类的核心信念。如果一个人说自己是不够好的，这需要确认想法的含义，他是认为自己不够好去得到别人的尊重（无能类），或是自己不够好而让别人不爱他（不可爱类）。

无价值类的个体不关心他们的能力或可爱程度。他们仅仅相信自己是坏的、没有价值的，甚至对其他人是危险的。例如，一个人觉得自己是没有价值的人，不是因为他没有成就（无能类信念）或不能建立关系（不可爱类信念),他认为自己在道德上就是坏人(无价值类的信念)。

无能类核心信念:"我不能胜任""任何事情我都不做好""我做事毫无效率""我没有力量""我很无助""我很软弱""我容易受伤""我是受害者""我是有缺陷的人"(例如,我比不上其他人)、"我不够好"(成就方面)、"我是输家"等。

不可爱类核心信念:"我不可爱""我不讨人喜欢""我不受欢迎""我没有吸引力""我是多余的""我被人忽视""我真坏"(所以其他人不爱我)、"我有缺陷"(所以其他人不爱我)、"我不够好"(所以其他人不爱我)、"我肯定被拒绝""我肯定被抛弃""我终将孤独一人"。

无价值类核心信念:"我毫无价值""我很坏""我不道德""我有毒""我有罪""我很危险""我不配活着"。

第二节 核心信念的识别

一、箭头向下技术

回想一个最近引发你强烈不良情绪的情境。请尽可能生动地回想,就好像你现在正重新经历一遍。当你回想此情境并激发了你强烈不良情绪时,你的自动化思维是什么。请沿着你找出的任何一条自动化思维继续向下提问:"如果这是真的,对我来说意味着什么?"如果你反复地问自己:"如果这是真的,对我来说意味着什么?"就可以让自己隐藏着的核心信念渐渐显露出来。

举个例子,如果你有这么一条自动化思维:"我觉得舍友们专门针对我,故意不理我",并且该想法导致了你与舍友关系合不来,你的心情因此而失落沮丧或抑郁,你可以通过箭头向下技术来挖掘自己的核心信念,具体操作过程如下:

我觉得舍友们专门针对我，故意不理我
（如果这是真的，对我来说意 味着什么？）

↓

舍友们看不起我，专门欺负我
（如果这是真的，对我来说意味着什么？）

↓

她们讨厌我，不喜欢我
（如果这是真的，对我来说意味着什么？）

↓

没有人喜欢我
（如果这是真的，对我来说意味着什么？）

↓

我是不可爱的
（如果这是真的，对我来说意味着什么？）

在这个箭头向下技术的例子里，自动化思维（"我觉得舍友们专门针对我，故意不理我"）是关于一个特定情境的。一直反复问这个问题，即可识别出你的核心信念（"我是不可爱的"）。你在生活的各个方面都相信这个表述是正确的，但这是信念，暗指它不一定是真的。

以上展示了如何识别自己的核心信念。我们还有关于他人和世界的核心信念。只需把问题稍微改动，可以用箭头向下技术识别。比如，关于识别对他人的信念，可以问这样的问题："如果这是真的，这说明别人怎么样？"关于识别对世界的假设或核心信念，可以问这样的问题："如果这是真的，说明这个世界是什么样？如果这是真的，说明这个世界怎么了？"

举个例子说明如何使用箭头向下技术识别有关他人和世界的核心信念。

情境：舍友们一起去吃饭，没有叫上你。

自动化思维：她们是因为我家里穷，所以才欺负我。

箭头向下技术
"如果这是真的，这说明别人怎么样？"

↓

她们都是嫌贫爱富的
"如果这是真的，这说明别人怎么样？"

↓

别人都看不起我

情境:我的钱不翼而飞了

自动化思维:为什么我总是那么倒霉

箭头向下技术

“如果这是真的，这说明这个世界怎么了？”

坏事总是发生在我身上

“如果这是真的，这说明这个世界是什么样的？”

这个世界很坏，很残忍

“如果这是真的，这说明这个世界是什么样的？”

这个世界很冷漠，没人会同情你

有时候,只要把核心信念识别出来,你就足以理解当下的生活困难了。不过,只清楚了有关自己的核心信念还不够,因为那不是事情的全部。明确了有关他人和世界的核心信念,你就可以对当前的痛苦有了更全面的理解。

二、总结一个基本的模式

你可以回顾很多你在不同情境中出现的自动思维,你是否在这些自动化思维中发现一个共同的主题?你可以回忆在你生命的早期,还是孩子的时候,你曾感到是不被爱的,或不被接纳的。在你的成长过程中,你是如何逐渐相信核心信念的?在遇到打击挫折时,你可能会非常强烈地相信,这些信念可能不是真实的或大部分不是真实的。

你可能非常相信这个信念,甚至“感觉”它是真的,但那是一个观念,未必是事实。作为一个观念,它是能被检验的。它来源于童年时期的经历,当你第一次相信它时,可能是或不是真实的。但是在生活中,你可能会收集或承认支持这个核心信念的材料,而忽视或贬低与之相反的事实。它就像在你头脑中的筛子,任何与“你不可爱”这个观念相符合的信息会直接通过这个筛子,进入你的大脑。而与之相悖的信息则不会通过这个筛子,所以你也不会留意它,或者你会以歪曲的方式看待它,使它能通过筛子。我们可以一起使用多种策略去改变这个想法,让你以较现实的方式看待自己。

第三节　负性核心信念的矫正

我们对修正我们的核心信念要有一个清醒的认识,我们不可能完全地修正我们的核心信念。在现实生活中,不如意之事十有八九,面临打击挫折时,我们内心深处的那些消极、无助的信念会一次又一次地被激活。我们需要做的事情如下:逐渐减弱我们旧的核心信念的强度,减少核心信念被激活的频率;当旧的信念被激活时,减少我们的痛苦,使我们提升自我的觉察能力,让我们的思想和行为对外界环境更具适应性;我们不是要让自己相信:"我是最棒的,我没有任何问题,都挺好的",而是发展并加强更现实、更积极、更有效、更灵活的信念。比如这样的信念让人更容易接受:"我是正常的,像其他所有人一样,有优点也有缺点"。我们通过前面章节的内容的学习,对于检验和修正自己的自动思维和假设有了更积极的体验,矫正核心信念的具体方法如下。

一、识别和记录改变核心信念的好处和坏处

你可以通过分析改变核心信念的好处和坏处,以及保持现有的核心信念的好处和坏处,从而激励自己努力地改变核心信念。首先,请你想象接下来十年的生活,尽可能地想象更多细节。如果你没有改变自己的核心信念,那么十年后,你会饱受折磨,你的生活会更加痛苦或更多挫折。接着你可以想象未来的十年你过着觉得自己很好、功能良好的生活,人际关系很融洽,拥有满意的工作和休闲生活。例如,小兰,大一女生,她认为自己是不可爱的,她在人际中非常的退缩,不敢表达自己,甚至用讨好的方式与他人相处。以下是她对自己改变核心信念的利弊分析。

改变我的核心信念的好处　　　　改变我的核心信念的坏处

◎让我对自己的感觉好一些

◎如果不讨好别人,我担心她们会不喜欢我,我也不知道怎么跟别人相处。

◎我不用去讨好别人,在与人相处时轻松

◎我的压力会小很多

◎我需要作出很多艰难的努力,可能旧信

◎表达自己,减少误会

◎在人面前不感觉太焦虑

◎能够更享受生活

◎关注自己的内在感受

◎不让自己委屈

◎学会照顾好自己

念有时会反复出现

◎改变需要很长时间

维持我的核心信念的好处　　　　维持我的核心信念的坏处

◎可以让我的人际关系表面上看起来比较和谐,但我如履薄冰,在人际关系中感觉很辛苦很累

◎让我陷入抑郁中

◎我跟他人的关系很脆弱

◎我很努力让自己看起来很好,但其实压力非常大

◎我非常敏感多疑　　　　◎让我充满负罪感

◎不用面临改变的困难,但我的生活随时处在崩溃的边缘

◎让我感觉很失败　　　　◎耗费我的精力和时间

◎降低我的生活幸福感

二、发展新的核心信念

当我们没有出现心理障碍时,我们对自己有更积极、基于现实、具有良好功能的信念。请问问自己,在你出现情绪困扰之前,如一年前或更早的时候,你是怎么看待自己的?你觉得自己不可爱吗?之前,你可能会觉得不是所有人都喜欢你,但你整体上认为自己是好人,很多人喜欢你,所以你的信念是:“我通常是个可爱的人”。负性的核心信念是绝对化的、非黑即白的、完全概括化的、僵硬极端的,比如,“我是完全不可爱的”“我是坏人”“我是无能的”“我是没有价值、一无是处的”。功能良好的信念是更现实的、理想的、灵活的,接受新的信念可以让我们的生活更好。比如“大部分的时候我是个可爱的人”“我还行”“我是普通人,有优点也有缺点”。

三、强化新的核心信念

请想一想你所具有的积极资源。你的优点是什么,你最近完成了哪些事情,完成这些事情需要具备什么样的能力。想一想这段时间里你的生活中都发生了哪些好事,这些可以支持你的新的信念,或者证明你的旧信念是

错误的或不完全正确的。接着，你可以从不同的角度看待你的经历，请你在接下来一周里留意发生的可以表明你是可爱的事情。我们需要一个视觉或听觉线索来提醒自己在这一天里寻找积极资源。例如，你可以在手腕上绑一个橡皮筋，用便利贴纸在你的电脑或手机上安装一个弹出提醒，或者设置定时闹铃。我们应以多种方式记录，而不要仅仅在头脑中记录，这样的记录很容易就被忘记了。在你的生活中不断地寻找证据，让你无论在理性还是在情感上都相信新的核心信念。

四、苏格拉底式提问

不断地使用启发式的问题，可以评估你的一般性核心信念以及在特定问题下的思维含义。比如：

一般性的问题：

“我是失败的”意味着什么？

我对“失败”的定义是这样的……你觉得如何？

如果别人对一个人有意见，这一定意味着她是不可爱的吗？有没有其他的可能性？

如果一个人被一部分的人不满意不接纳，但可能她并不是不可爱的，有另外一部分的人会认为她是非常友好的人。

在了解了小兰的童年经历之后，我们都会觉得难怪她会认为自己是不可爱的。你不觉得在这样的环境下成长的孩子几乎都会这么认为吗？你发现了吗，即使你非常强烈地相信这一点，它也可能并不是真的？

一个人能不能被一些人不喜欢呢？但她并不是不可爱的人。

关于使用功能不良的应对策略的问题：

在某个情境下，你觉不觉得你认为自己不可爱的信念被激活了？

你很努力地讨好他人，是不是因为你感觉自己是不可爱的呢？

如果你没有觉得自己是不可爱，那么你会不会做一些不同的事情？那会是什么？

一个真的让人讨厌的人在这个情境下会做什么呢？

关于使用功能更加良好的行为的问题：

你该如何在情境中采用了适应性行为，而不是你常用的应对策略？

你有没有可能并不像自己想的那样不可爱？

表 12.1　核心信念工作表

支持新的核心信念的证据 大部分的时候我是个可爱的人	支持旧的核心信念的证据 对我是不可爱的人进行重新建构
从小学到大学,我有一些比较要好的朋友。 目前有两三个舍友跟我的关系不错。 我跟姐姐的关系一直非常融洽。 上次我生病了,班上同学对我非常照顾。	今天有个舍友对我大声吼叫,她可能对我有些误会,最坏的可能性是她讨厌我,也可能是她这段时间以来因为家里的事情心情烦躁。她也是个急性子的人,容易与其他人发生冲突,如果找个机会跟她说说,可以把事情说清楚。

请你花时间填写这张核心信念工作表,以了解你的核心信念的运作,并重新建构支持你的原有信念的证据。这张表格作为你的家庭作业,你需要练习才能学会。你可以先从右边的内容开始,想一想这周你都做了什么,有什么证据证明你是不可爱的?接着我们来看一下,对于这件事情有没有其他解释或可能性,而不是你是不可爱的。然后我们来看看左边,这周你有什么证据证明你在很多时候是可爱的?可能刚开始找支持证据对你来说有点困难,你可以找一个你最信任,最了解你的人来评价你,这个人对你一直是比较积极评价的。在别人心目中,你是一个怎么样的人。请想一想有没有一个你觉得在绝大多数方面都被人喜欢的人?那个人会是谁?今天你遇到了什么事情,你会觉得如果那个人解决了人际关系的事情,她就是一个被人喜欢的人?你可能不相信自己是被他人喜欢的,但是你思考在其他大部分的时候,他人是如何对待你的?如果一个人真的讨厌你,她会在大部分的时候如此对待你吗?请你不要忘记了一些积极的情境,何时你会相信自己是可爱的,当时发生了什么?请你把这些情境作为左边的证据。

五、利用两级对比矫正核心信念

请你对比一下你认识的某个人,可能是真实生活中的人或是你想象的人。这个人是非常让人不喜欢的。这是什么样的人?有一些什么样的表现或行为举止,让别人特别不喜欢?那么跟她相比,你有多不让人喜欢?如果你是一个真的让人讨厌的人,你会是一个什么样的人?你真的是这样的人吗?你有多像这样的人?你给自己贴上了让人不喜欢的标签,这种想法正确吗?

六、使用故事、电影和比喻

如果你认为自己是非常糟糕且被人讨厌的，因为从小到大，你的父母一直对你进行躯体和情感的虐待，并经常告诉你，你有多么差劲，你经常被暴打或语言的侮辱，那么请你想一想灰姑娘的故事。邪恶的继母对没有犯错的孩子非常差，如果灰姑娘认同了继母的说法，她可能就会觉得自己是非常糟糕的，不被人喜欢的。但其实是因为她被不公平地对待，是继母的错。如果我们从小到大被不正确地对待，可能就会形成一些对自己比较极端负性的信念。

七、改变比较对象

当你不断地拿自己与身边某一方面优秀的同学、朋友、兄弟姐妹或是邻居相比较时，你会变得非常沮丧。每个人都不一样，如果一味跟别人的某些特长相比，对自己是不公平的，这些比较对你的情绪、动机、行为起到消极影响。当你发现自己在做这种比较的时候，应该立即改变这种做法。你可以拿自己跟自己人生中很低落的阶段去比较——回忆起现在的自己是多么的不同，自己已经取得了多少进步。

八、在个人成长经历中检验核心信念

我们的核心信念起源于成长的早期经历，让我们来检查我们的信念是如何起源的，又是如何维持到现在的，这些会对我们有帮助。请你想一想，你认为自己是不可爱的是从什么时候开始的？你还记得你非常小的时候，即当你认为你是不可爱的那个时候发生了什么吗？比如在上小学之前。你可能是被抛弃或被寄养或被嫌弃的，那时候的你思维能力有限，也搞不清楚什么状况，所以你更多归因为自己是不可爱的，才会有如此的遭遇。或许你在幼儿园、小学、中学、大学都有促使你负性核心信念建立或维持的记忆。第二步，请你也回顾一下每个时期支持你新的、积极的核心信念的证据。第三步，重建负面证据的部分。第四步，总结每个时期。比如，小时候父母把我寄养在外公外婆家，每年父母回来时，都会很关心我，陪着我，给我带回来很多好吃的东西和好看的衣服。小学到大学，在学校我都有两三个关系非常要好的朋友,她们都很喜欢我。虽然我们有时候会发生一些矛盾,偶尔我会认为我是不可爱的,但基本上我会认为身边的人是喜欢我的。

九、重建早期记忆

(一)通过角色扮演重新解读早期经历

早期的成长经历会让一个人在思维中留下深刻的信念,一直影响着个人至成年。即使我们已经长大成年,但早年留下的阴影始终伴随个人,决定了我们的想法、情感与行为。请让我们一起重演一个情境,以帮助你重新解读早期的创伤性经历,我们将重建与现在你的痛苦相关的早期事件的意义。首先我们先讨论一件目前让你痛苦的事件,你的想法、感受(情绪与躯体感受)以及核心信念(无能、不可爱或无价值)。比如,你认为自己是不可爱的,还记得当你是个孩子时,第一次感觉自己不可爱是什么时候吗?让我们引出同样主题的过去经验,在理性层面讨论它。举个例子,小兰一直觉得自己是不被别人喜欢的,她在与人交往相处的过程中非常敏感多疑,别人的一个眼神、一个动作都会让她忐忑不安,她总是认为别人讨厌她,别人很可能抛弃她。小兰在刚满周岁时就被寄养在外公外婆家,她的父母外出打工了,只有春节才能回来看她。在小兰小时候的记忆里,她就被邻居们嘲笑,她的父母不喜欢她,父母不要她了,没有人会照顾她了。当听到别人这样说时,小兰非常难过伤心,她就认为自己是不可爱的。我们来认真地思考,这些邻居对一个孩子说这样的话合理吗?某一天你会对一个孩子说这样的话吗?一个学前的孩子没有理性思辨能力,对于成年人说的话她会认为是对的,往往不加辨识就全盘接受,这样的话对一个孩子的心理会造成不可磨灭的创伤。让我们来扮演5岁的小兰,可以对嘲笑她的邻居们说什么。叔叔婶婶们,我是一个孩子,我的父母外出工作无法照顾我,他们让外公外婆来照顾我,希望我能健康成长。我的家人都很爱我,也很在乎我,父母每个月都会寄回生活费,为了让我能有更好的生活条件,他们努力地工作,每个假期他们都会回来陪我。当你们这么说时,我心里非常难过,希望你们能尊重与呵护孩子的心理,让每个孩子都能健康快乐地成长。你通过这样的对话学到了什么,对你之前的信念有变化吗?如果你与小兰有相似的成长创伤,你也可以回到那段记忆中,用理性重建意义。你可以想一想,你会对曾经伤害过你内心的那些人说什么,如何与他人进行辩驳。

(二)使用想象的方法重建早期的情感记忆。

让我们帮你重建一件让你痛苦的早期记忆,这个早期记忆可能是你的一个核心信念的起源或维持因素。请按照以下步骤来进行:(1)确认一个目前对你非常痛苦的,且与某个重要的核心信念有联系的特定情境。(2)请关注你的自动化思维、情绪以及与这个情景有关的躯体感受。(3)请你确认并重新经历某个相关的早期经验。(4)与你的"年幼"部分对话,以确认自动化思维、情绪、信念。(5)通过苏格拉底式提问、角色扮演或对话等方式,帮助你发展一个对过去经历的不同理解。举个例子,小李,大一女生。她有位舍友给她取了外号"李怂怂",经常在人多的场合大声地喊叫她的外号。这件事情让她心里觉得很讨厌(100 分)、生气(90 分),想法是这个舍友就是因为我很弱,所以她一直欺负我。当小李再次想起那个场景,昨天上体育课,舍友问她打不打球呀,她说不打。"怂",舍友就会这样子讲。当时小李非常生气和委屈,感觉到身体发紧、胃痛、心跳加快、喘不过气。我们请小李关注她的躯体感受,想一想,当她还是个孩子时,记得第一次有这样的感受是什么时候? 我们让小李叙述一个与当前痛苦经历一样的令她痛苦的重要记忆。她想起来这样的事件:三四年级时,有一次,爸爸让她干活,她为了避免跟爸爸说话就不愿意干,她说自己要写作业,结果她被爸爸狠狠地打了一顿。她一个人在房间里哭了很久,她觉得没人在乎她,她总是被虐待。为了帮助小李重新看待这个经历,我们让年纪大一些的现在的小李跟"童年"的小李来对话。先让小李回忆年幼的小李一个人在房间哭泣的场景,当看到那时的她哭得那么伤心,现在的她想说些什么或做些什么。或许她可以抱抱年幼的自己,告诉那时的自己,不要害怕,她会一直陪伴年幼的自己成长。成年的小李对年幼的小李说,这不是你的错,是爸爸不尊重孩子,以及不懂用正确的方式与孩子沟通和相处,是作为爸爸的失职。爸爸可能从小也是被不正确的对待方式养育长大,可能他的情绪调节能力有限。在某些方面,他对小李还是不错的。家里经济再困难,他都坚持让小李上学读书。他一直期望小李是个有出息的孩子,以后过更好的生活。现在的小李没有那么伤心了,让她重新评估旧的信念和新的信念,评估她在理性层面和情感层面有多相信每种信念。小李更愿意相信一个替代的解释:爸爸的某些行为并不意味着她是不可爱的,有很多其他影响的原因。因此,对核心信念需要进行持续不断地、系统地工作。

十、修正对别人的核心信念

那些帮助我们修正对自己的核心信念的方法也可以用来修正他们对别人的核心信念。你可以在具体情境中运用苏格拉底式的提问,帮助你检验你的核心信念的正确性;有什么证据证明这不是真的或者不完全是真的吗?你可能灾难化了这个信念:"如果那是真的,她们真的在欺负你,会发生的最糟糕的事情是什么?最现实的结果是什么?"你可以回顾这个信念在短期和长期给你带来的影响,进行这个信念的利弊分析,作出理性的应对决策。比如,小兰有一个很普遍的核心信念,即"别人都会欺负我"。我们来看一下,这个信念如何影响着小兰对自己的信念(如果别人欺负我,她们可能是对的,因为我是不可爱的)和她的行为(如果我讨好他人,她们就会喜欢我,别人就不会欺负我了)。认知连续体可以帮助小兰打破非黑即白的思维方式。她看到在她的生活中只有极少数人会态度恶劣地对待她,大部分的人会比较公平温和地跟她相处。小兰可以重构一个新的、更加现实的、功能更加良好的信念,并制作成应对卡:并不是所有的人都像我爸爸那样生气时非常粗暴地打骂孩子。事实上,只有几个人像他一样(一个舍友、几个男同学和高中的班主任)。大部分人并不会欺负我,真正了解我的人(英语老师和我的两个闺蜜)对我非常友好。在一些时候也许我可以拒绝别人的要求,毕竟一个人不可能让所有人都满意,或者不能让别人任何时候都对你满意。

改变个人的核心信念是非常艰难的历程,需要时间,必须付出努力。我们需要不断地重复我们在理智和情绪层面学到的东西,在行为层面演练新的信念,这样才能更深入、更持久地做出改变。

第十三章　识别你的性格模式

第一节　关于性格模式

一、性格模式的概念

你是否在内心深处感觉有缺陷？但表现出来得很强势，对别人总是指责，就像一只小刺猬，不愿意让别人靠近你。

你是否总是在满足别人的需求？你不曾让自己的需求得到满足，甚至不知道自己的需求是什么。

你是否总是担心灾难会发生在你的身上，你必须时时刻刻非常小心谨慎。

你是否总是陷入一段不满意的关系中，你总是认为别人是不满意你的，不重视你的，不了解你的。

你是否感觉不论自己被多少人肯定认可，仍然感觉不到快乐感、成就感？你总是觉得自己不配被认可与赞赏。

这些都可能源于你的性格模式的特点。本章将列出常见的十一种不同的性格模式，并告诉你如何识别你的性格模式，了解其根源，以及应对的方式是哪些。

个人的性格模式根源于童年，我们人生的各个方面可能都会受到影响。性格模式决定了我们如何思考、感受、行动，也影响了我们与其他人之间的互动方式。这些特点会引发强烈的情绪感受，如愤怒、悲伤、绝望。其最早根源于我们的家庭，或儿时的同伴对我们所做的某些事。被嫌弃、被伤害、被孤立、被指责、被过度保护、被剥夺权利，我们受到某种程度的伤害。在成长过程中，我们通过内化的方式变成了性格中的一部分。即使离开了从小成长的家庭多年后，我们仍然会受到影响，无法过上幸福的生活。

精神分析疗法的鼻祖——弗洛伊德认为人总是倾向于反复重演童年的

痛苦经历。酗酒者的孩子长大后,和酗酒者结婚生活在一起。遭受虐待的孩子长大后,和施虐者结婚,重复受虐的生活不可自拔,或者自己向施虐者认同,变成施虐者。被家长管控太严格的孩子长大后,容易被别人掌握,或要求掌控别人。

我们为什么会这样?为什么要重复自己的痛苦?延续自己的苦难?几乎每个人都会以自我伤害的方式,重复童年时形成的负面的行为模式。成年后我们总会设法创造出与童年时的痛苦经历相似的情形。我们重复的行为模式以及在童年时期形成的对于自我和这个世界的根深蒂固的坚定信念,称为性格模式。从童年期开始,我们对"自己是谁"和"他人是怎么样的"有了认识,我们会倾向于验证早期的认知,关注那些与我们早期认知相一致的信息,而忽略与之相反的。哪怕这些认知让我们觉得痛苦,我们也会坚守不渝。这些早期形成的信念带给我们一种可预期感和确定感,让人觉得熟悉和可控性,让我们觉得自在。

二、性格模式的影响因素

(一)先天因素:气质特点

一个人的气质在很大程度上是天生的,或许是遗传的,非常稳定。有研究发现,孩子3岁时的气质能预测出18~21岁时的性格特点。有研究者根据新生儿在活动水平、节律性、适应性、敏感性、反应强度,发现了三种类型的孩子。40%属于易养型的孩子:情绪比较愉悦,生活有规律,对新事物容易适应。10%属于难养型的孩子:易怒,适应性差,生活没有规律,情绪很强烈,大部分时间很难安抚,哇哇哭不停。15%属于适应缓慢型的孩子:很温和,但面对陌生人和陌生环境适应时缓慢。35%属于特殊型的孩子:不能归于上述任何一类。有的孩子可能对适应新环境较慢,但对新保姆适应很快。气质不仅仅影响了一个人接近外部世界和对外部世界作出反应的方式,还会影响他们管理自身心理、情绪和行为的方式。气质也是影响一个人人格形成的重要因素。

(二)后天因素:环境影响

安全的、鼓励性的环境,可能把一个天生害羞胆怯的孩子培养得相对外向。而如果环境是虐待性的、暴力性的,即使性格天生乐观、适应性强的孩子，也可能被击败，变得一蹶不振。家庭是最重要的影响环境，在早年家庭的生活环境很糟糕时，不良的性格模式就会形成，我们长大后，重演的就是童年的家庭生活模式。不利的家庭影响有：父母一方性格暴躁，另一方性格悲观无力。父母感情破裂，总是吵架，而你成为父母控制另一方的筹码。父母无法照顾好自己的生活、情绪，你要变得懂事、学会照顾别人。父母总是指责你，挑剔你的不好，在父母眼里你总是不够好的。或者父母过于焦虑，对你过度保护，总是传递外界危险的讯息，让你过度恐惧，害怕独立。父母纵容你，没有教会你社会的规则与人与人的边界。

（三）先天与后天环境的相互作用

早年环境的糟糕影响与我们个体的气质相互作用，共同影响了不良性格模式的形成。气质会部分决定父母如何对待我们。例如，有几个孩子的家庭，但只有一个孩子被忽略或抛弃。同时，气质也会决定我们如何应对父母对待我们的方式。同样被抛弃的孩子，可能一个变得消极无助，另一个则奋发图强。

第二节 性格模式的类型

一、11 种性格模式的介绍

现在，我们将详细地分别描述这 11 种性格模式，让你对每一种都能有基本的认识。

（一）被人遗弃和无法信任与虐待

如果你的童年期家庭生活缺乏安全感，两种相关的性格模式分别是：被人遗弃和无法信任与虐待。

（1）“请不要离开我”——被人遗弃，是一种你觉得身边的亲人朋友或所爱的人会离开、永远被孤立的感觉。你可能觉得亲近的人会去世，或者永远离开家庭，或者更爱别的人而背叛抛弃你。不知为何，你总觉得自己会因为各种原因而被抛弃。由于这个想法，你可能会过分粘着身边的人。但往往事与愿违,你最终却离开了他们。即便是普通的分离,也可能让你感到过度的不安或愤怒。

在幼年时,父母的死亡、生病、分居或吵架离异等,都会导致孩子严重的被人遗弃的感受。或者父母时而出现,时而消失,完全无法预测。或者父母没有时间照顾孩子,一会孩子在大伯家,一会在姑姑家,一会在另外的亲戚家,总是更换照顾者,让孩子觉得自己生活在一个全是陌生人的环境中。有些父母是情绪非常不稳定的人,有时跟孩子非常亲密有爱,有时又变得异常冷漠。这些都导致一个人会产生被人遗弃的图式。

有被人遗弃图式的人,通常会过度敏感,你总是觉得自己是被抛弃的。也许只是你朋友或亲人表现得有些无聊,或许他只是短暂地看了一下社交软件,或关注了一下别人,也许是他需要离开一小段时间。你会从无关的话语中读出了遗弃的意味。即使你并没有真的失去什么,也没有人抛弃你,但你往往会选择先离开身边的人。有些人是担心被抛弃而先选择抛弃了其他人。有些人害怕再失去,而不敢拥有,逃避任何有感情联结的关系。

(2)"我无法相信你"——不信任和虐待,是一种认为别人会以某种方式伤害你或者对你不好的预期。比如,别人可能对你不怀好意,可能会欺骗你、歧视你、操控你、对你造成人身伤害,或者想占你便宜。假如你拥有这样的图式,你可能会在心理竖起一面墙保护自己。不信任和虐待会导致过度警觉的状态,你总是在防备,你会觉得危险与伤害随时会出现。你必须时刻警惕着身边人背叛你的那一刻。与人交往时,你不能放松,你观察,等待。你绝不会让其他人靠得太近,总是怀疑别人的企图,并倾向于做最坏的假想。你预计你的同学会想占你便宜,想利用你,所以要么干脆彻底不跟同学交往,要么总是跟身边人产生冲突。还有一个可能,就是你一边选择对你恶劣的人在一起,一边又痛恨他,想要报复他。

这种性格模式源于童年期被身体虐待或性侵犯,或被语言的羞辱等经历。本来应该保护你的家人选择故意伤害你。作为孩子,你基本上没有自我保护的能力。你没有任何的错,如果家里有一个比你更强大的人想要伤害你,那你几乎什么都做不了,你只能选择忍受虐待。当你是一个孩子时,亲近的人对你的侵犯和伤害带来的混乱和危险的感受,是很难用语言表达清楚的。大部分人觉得理所当然的、最基本的安全感,对你来说,根本得不到。你的情绪也许不稳定,会突然变得很混乱,要么哭,要么暴怒,经常会让身边人很无法理解。

虐待会导致强烈的缺陷感,会让你为自己感到羞耻。你会觉得自己是毫无价值的,没有资格拥有任何权利去保护自己。你必须得让那个人利用你、欺负你。你也会觉得虐待是你自找的。你可能会被那些有暴力的人所吸引，陷入被虐待的状况无力自拔。或者你会成为那个超级暴力的人，为了保护那个极端害怕恐惧的你。在你的心里会留下让你痛苦的阴影，没有人会保护你的，没有人是能让你信任的。

（二）过度依赖和脆弱

两种与你在这个世界上独立生活的能力相关的图式：过度依赖和脆弱。

(1)“我自己做不到”——过度依赖，你会感到如果没有其他人给你足够的帮助，就无法做好你日常生活的事情，你总是需要依靠别人来做决定。当你是幼儿时，只要你想证明自己的独立性，就会被其他人责备你做得不好，造成你认为自己是无能的。当你长大成人之后，你总是需要寻找一个强大的对象来依靠，并让别人决定你的人生。如果让你自己做选择或独自行动，你会害怕畏缩，这一切将严重阻碍了你的成长。过度依赖的核心体验是，一种艰难地挣扎着完成成年生活中的正常责任。在成人世界里仍觉得自己像个孩子一样的感觉。如果得不到别人的照顾，就会觉得很迷茫。典型的思维方式体现了你的无能感，“对我来说太难了”“我处理不了”“我没有能力承担这些责任”。这些想法伴随着恐慌和绝望，你非常害怕自己会失去你最依赖的人。当你要做决定的时候，会征求别人的意见。你问了一个人又一个人的意见，无数次改变意见。或者你会完全听从你最信任的人的意见。你逃避所有你觉得困难的任务，通过不断逃避，你更加确信自己无法独立去做这些事情。与别人的关系中，你可能扮演从属者的角色。你喜欢这些关系带给你的安全感，同时也对他们感到生气。你通常不敢公开表达自己的愤怒，你担心他们会离开你。在内心深处，你可能因为依赖而鄙视自己。

还有一种反向依赖，走向另外一个极端——表现得仿佛不需要任何人的任何帮助。他们拒绝向别人需求帮助。他们拒绝寻求建议、指导或援助，因为这会让他们觉得脆弱。

过度依赖可能源于父母的过度保护，阻碍孩子独立的行为，不给孩子学习自力更生的空间和支持。反之，也可能是父母对孩子保护不足。如果孩子从未有过安全的港湾，对孩子来说，实现独立很难。有些孩子要做很多超越自己年龄的事情来维持自己的正常生活，这样的孩子给人一种很独立的错觉，但事实上，他们有很强的依赖的需要。

(2)“灾难即将降临”——脆弱不安，你整天忧心忡忡，生活在担心灾难即将来临的恐惧中，可能是天灾人祸、疾病、经济等各方面的困难。你在这个世界上很难体会到安全感。小时候，有各种影响让你觉得这个世界是危险的。你的父母可能担心你的安全而过度保护你。现在你常有过分且不符合实际的恐惧控制了你的生活,不遗余力地反复确定自己是安全的。你的恐惧可能是在身体健康方面,担心患上不治之症或严重的传染病。也可能是财产或物质上,比如担心以后没钱,生活落魄等。还可能对特定场景异常恐惧,比如乘电梯、飞机或人多的地方。

伴随脆弱模式的主要情绪体验是焦虑。灾难即将降临,而你没有能力应对。你既夸大了危险,又轻视自己的应对能力。害怕的内容大概有四种。其一,你可能过分担心自己的健康状况。虽然医生一直跟你说没有什么大问题,但你仍然确认自己生病了,担心自己可能患上可怕的不治之症。你对自己的身体非常敏感,不断检查自己的身体,找出哪里出毛病的迹象。任何细微的感觉,可能都会引起你的惊恐反应。其二,你可能过度担心自己的人身安全和所爱之人的安全,你觉得世界处处危险。你总是很紧张、警惕,你认为自己一旦放松警惕,坏事就会发生。其三,你总是担心钱,盲目地害怕自己身无分文,甚至流落街头。为了保证安全,你必须存一定量的钱。你发现赚钱很难,为了省几块钱而费很大的事。你需要钱以防万一。其四,你害怕精神崩溃、发疯或失控。

脆弱模式来源于父母有脆弱模式,有脆弱模式的父母可能过度地保护孩子,他们向孩子传递的信息是:世界是个危险的地方。孩子不具备处理危险的能力,容易夸大了对世界的不安全感。

(三)情感剥夺和社交孤立

两种会影响到你和其他人发展情感关系的能力:情感剥夺和社交孤立。

(1)"我永远也不会得到我想要的爱"——情感剥夺:你无法相信别人是爱你的,你感觉没有人真正在乎你、关心你,没有人了解和在乎你的感受。你可能容易被冷漠、不愿付出的人所吸引,也可能你自己是个冷漠和不愿付出的人,这些导致了你的人际关系不如意。在与人相处时,你会有两种感觉交替出现,你觉得被欺骗而感到气愤,以及深深的孤独寂寞感。这两种感觉会导致恶性循环,你的愤怒会让别人对你渐行渐远,更加深了你的孤独感。

在小时候,现实中父母是在场的,但是在情感关系上,父母不知道如何很好地去爱、照顾和共情孩子。也许你是一个被忽略的孩子,世界是一片情感的荒漠。你更多地体验到孤独感和空虚感,是你认识到自己永远不会有人重视、在乎、照顾,注定孤独一生的悲伤和沉重。

长期持续地对他人的失望是情感剥夺模式的标志之一。他们对所有的人际关系得出的结论是,不能指望人们会在情感上对他们是支持的。他们会展现出一种对人际关系要求很高的倾向,有种不知足的特质。无论别人给予多少，感觉好像永远不够。或者他们也会刻意满足别人的需求，来弥补自己未被满足的情感需要。也许他们会长期处于愤怒中，对别人的不理解异常敏感。

你可以询问自己的一些问题，比如“我感觉和妈妈亲近吗？我觉得她能够理解我吗？我感到被爱了吗？我能告诉她我的感受吗？她可以给我所需要的吗？”这样可以识别出你是否出现了情感剥夺的模式。在恋爱关系中，你不告诉另一半，你想要的是什么，但你却因为需求没有被满足而失望。你不告诉你的爱人你的感受，却因为不被理解而失望。你不允许自己脆弱，不让别人保护你、照顾你。当你不开心时，往往什么都不说，你总是指责别人不够关心你。你期望身边的人能读懂你的需要，可以近乎奇迹般地满足你的各种需求。你不说出自己想要什么，然而在情感需求得不到满足时感到很受伤或者愤怒。或者你会放弃，学会什么都不要期待。情感剥夺是最常见的一种性格模式，但往往也是最难发现的模式之一。

(2)“我与周围格格不入”——社交孤立：你觉得自己与周围的环境格格不入，被全世界孤立了。童年时期，你觉得自己被其他孩子排挤孤立，不属于任何一个朋友圈子。可能由于你的某些特质导致你不招其他孩子待见。成年后，你可能觉得自己相貌丑陋、不善言辞、社会地位低下等种种不足，所以你常常逃避社交，逃避与人交朋友。你在社交场合总是觉得低人一等，并表现得矮人一截，你可能反复演绎着童年被人排斥的经历。社交孤立的人，在与家人、朋友熟悉的人相处时，表现得相当自如，与人相处得不错。在一对一的关系中，不会表现出社交的问题。但是，在公共场合，如聚会、课堂或不熟悉的团体中，表现得极其焦虑不安或冷漠疏离，无法找到可以容身的地方。

社交孤立的主导情感是孤独。由于认为自己不受欢迎或者有别于他人，而感觉被整个世界所抛弃。社交孤立感到自身的不足主要是关于外在表现的，如在一群人中，会觉得特别尴尬和紧张。你会觉得自己像个傻瓜一样，不知道该说什么。别人都比自己强，而自己什么都拿不出手。可能他恨不得找个地缝钻进去，或者迫不及待地想逃离。你尽可能地逃避一切的社交活动，沉浸到自己的世界里。

社交孤立的人可能成长在一个与众不同的家庭，或者你自身的某些方面有别于别人，或者你的兴趣爱好与性别特征不符，比如明明是男孩子，却喜欢玩娃娃。也可能自身的某些特征，让你觉得自己不如别人。你可能被他人嘲笑或羞辱过。或者你经常搬家，总是处在新的环境，其他的孩子一起孤立你，不和你玩。为了避免被嘲笑，你静静地退到众人视线以外。为了避免被拒绝，你不再尝试交朋友。

(四)自我缺陷和失败自卑

两种关乎自尊的图式:自我缺陷和失败自卑。

(1)“我一点价值都没有”——自我缺陷:在内心深处你觉得自己是充满缺点和缺陷的。你相信,如果别人跟你很亲近,足够了解了你,那么这个人就会发现你根本不值得被爱,你的缺点必将暴露无遗。小时候,家里人对你的个人特质没有表现出尊重,还会批评你“有毛病”,因此你嫌弃自己,认为自己不配得到爱。现在的你也特别害怕靠近别人,你很难相信身边的人会看到你的价值,所以你总是认为别人会责备与拒绝你。

自我缺陷源于小时候总是被双亲或双亲之一否定、批评,他们的声音在你的脑海里不断地批评、惩罚你,让你觉得自己不被喜爱或不被尊重。缺陷感是一种不值得被爱的感觉。你觉得自己不够好,有很大的缺陷,因此连父母都不爱你,不珍惜你。你经常责怪自己,认为自己是那么没用、无能、有缺陷、不完美。你把挑剔的父母的想法内化了,成了你的一部分。与自我缺陷最紧密的情感是羞耻,当你的缺点暴露出来时,你会觉得羞耻。为了避免羞耻感,你愿意做任何事情,结果你费了很大的心力去隐藏你的缺陷。可能这种缺陷感隐藏在冰山底下,意识之外,不是直接可以观察到的。因为你想象出来的缺陷是内在的、不可见的。对于缺陷暴露的恐惧,甚至会让你更痛苦。你可能认为别人对待你的方式都是因为你的错,往往感觉内疚、羞愧。

自我缺陷的人在人与人交往中,可能非常脆弱,对方会非常容易伤害你,你不会保护自己。也可能会变得刀枪不入,没有人能够伤害你,你应对的方式是反击,对其他人非常苛刻挑剔,经常指责身边人。

(2)“我觉得自己如此失败”——失败自卑:这是一种对于自己在学校学业上或兴趣爱好方面的成就感到不足的想法。相对于同龄人来说,你更觉得自己是失败的。在孩童时,你对于自己的成就感到自卑。你可能有学习能力方面的欠缺,或其他方面的一些技巧的不熟练,比如阅读能力、运动天赋等。其他孩子总是比你好,你被批评为“愚蠢的”“天资愚钝”,或是“一无是处”。到了大学阶段,你会夸大自己的失败,并以这种方式让自己处于持续的失败中。

无论你看起来在各方面是否有成绩,多数时候你的自我体验都是失败的。你避免去接受新任务,避免承担责任,你的态度往往是“有什么用呢”,你觉得努力没有意义,反正你是注定要失败的。你可能不断地扭曲事实,强化自己是失败者的观点。你总是夸大消极面,缩小积极面。

失败自卑的模式源于童年时代的失败感,原因有以下的方面。其一是你的父母对你的学习成绩很挑剔。他们常说你蠢、笨、无能、是个失败者等。其二是你的父母或父母一方非常成功，导致你逐渐认为自己永远也无法达到他们那样的成就，所以你不再尝试。其三你可能常常被拿来和其他孩子比较，而你又不如他们。

（五）屈从讨好和苛刻标准

两种与自我表达能力（表达出你的期望和你真正的需求）有关的图式。

（1）“我一直都按照你的方式在做”——屈从讨好：你为了取悦他人或迎合他人的需求，而牺牲自己的需要与愿望，甚至让别人来控制你。如果你把自己的需要放在第一位，等于伤害了其他人，你会感觉到内疚。如果你不服从其他人，可能会招致惩罚或被抛弃，你会感到恐惧不安。在童年时期，你身边的人（通常是家长）一直要求你无条件地服从要求，不能有自己的想法与感受。长大后，你可能重复这样的关系模式，要不就是跟那些强势、控制欲强的人交往，对他们言听计从、俯首帖耳；或者你也可能选择那些有心理缺陷，要求特别多，无法回报你的人作为交往对象。

屈从的感觉是沉重压抑的，生活在这种感受之下是一种负担。不断去迎合别人的需求会让你感到疲惫不堪，生活因此失去了欢乐和自由。你所做的选择受到对他人有何影响而支配。你的重点不是自己，不是“我想要什么，我的感受是什么”，而是“你想要什么，你高不高兴，我可以做什么让你对我感到高兴”。你很难维护自己的权利，不会为自己的需求积极争取。不论问题大小，不管什么风险，你几乎不会出现强烈的意见。

屈从有两种类型，一是自我牺牲，二是顺从讨好。自我牺牲的人觉得自己对他人负有照顾的责任，可能你在很小的时候就需要承担家庭责任，照顾父母、弟弟妹妹，或者爷爷奶奶的身体及情绪。自我牺牲的人很有同情心，或许是你天生的特质，你对他人的痛苦感同身受。你想让所有人都满意，你试着解决问题，让每一件事情都变得很美好。屈从讨好型的人在关系中不由自主地顺从别人的要求，你总是感觉到别无选择。你在童年时，你让自己屈从以避免被照顾者惩罚或是被遗弃（或许是父母）。你的照顾者威胁说要伤害你，或是不要你了，不再爱你，不让你回家等。那时的你无法照顾自己，需要依赖他们。孩子无法承受以遗弃作为惩罚的威胁，所以顺从是为了保护那时小小的你。但当你长大成人后，你不再需要依赖他们，你有能力自我照顾和保护，依然让身边的人来控制和要求你。

虽然你看起来很随和，但仍然有许多强烈的感觉压在你身上，比如愤怒。随着你每一次迎合别人的需求而牺牲自己的需求时，愤怒感不由自主地会出现。但你经常压抑自己的愤怒,不满的情绪就像滚雪球一样,堆积地越来越多,可能在某个瞬间因一件极小的事情,你会大发雷霆,对某人大吼大叫。不定时暴怒的行为让你自己和身边的人都很震惊。

(2)"反正我就是不够好"——苛刻标准:你会无休止地鞭策自己实现对自己来说特别高的目标。你会尤其在意认可、地位、金钱、地位、权利,不惜为此放弃幸福、快乐、健康、良好的关系。你可能还会拿自己的严苛标准去要求别人,对别人武断地评头论足。当你还是孩子时,你就被要求做到最好,只要没能做到最好,没得第一名或100分,就等同于失败。无限制的要求让你认为自己做的每一件事都不够好。你总是觉得压力好大,你永远无法放松,无法享受生活。你总是强迫自己做得最好,不论做什么事,学业、特长、运动等都要样样精通,在所有的方面都要有完美的表现。你总是把自己逼到极致,从来没有时间可以停下来好好休息,你总觉得自己筋疲力尽。苛刻标准可以制造出一系列负面情绪,你总是对自己达不到标准而愤怒不满,也总是感到焦虑不安。个体处在长期的压力下,身体会出现不适的症状,如心律不齐、头痛、胃溃疡、高血压等疾病。

苛刻标准有三种常见的形式,分别是强迫型、成就导向型和地位导向型。其一,强迫型的人会让每一件事都追求完美,会注意每一个细微的细节,对再小的过错都非常担心。只要事情有任何闪失,就浑身不对劲,感到非常受挫。你需要一切都在你的掌控之中。其二是成就导向型,你过度地看中成就,你可能总是觉得,我做好了,但我应该可以做得更好。如果你无法达到你高标准的要求时,你会觉得自己无能,是一个失败者,甚至会逃避现实,让自己一事无成。其三是地位导向型,你过度地渴望得到地位、权利、声望或金钱,如果得不到这些,你会对自己感觉到羞耻,倾向于惩罚自己。

苛刻标准来源于你成长的环境中,你所获得的爱是有条件的。只有你达到了父母的高要求,才可以换来他们的爱及赞许。也许你的父母本身就有苛刻标准模式,那么他们不是直接地,就是潜移默化地,把这些苛刻标准传给你。还可能你在同伴面前感觉到自卑,你想摆脱童年被嘲笑、被讽刺的经历。你对身边的人嫉妒、批判和苛刻,如果别人达不到你的要求,你会非常容易愤怒或指责别人。那些让生活有意义的事情,如友情、家庭、乐趣等会因为受到你过度追求完美而丧失。

(六)权利错觉

一种与接受生活中限制的能力有关:权利错觉。

"我想要的就一定要得到"——我有特权。他们可能认为自己是特别的。他们坚信,自己有办法立即做到、说到,或是拥有任何他们想要的。他们不会考虑别人是否会觉得这是合理的,不考虑需要付出多少的代价,不管什么是切实可行的。他们在自我约束方面存在问题。许多有这种图式的人在小时候被溺爱。家长没有要求他们学会自我控制,或者需要遵循一些规则。长大后,他们依旧会在自己的要求没有得到满足时大发雷霆。

"我有特权"有三种类型,每一种都跟自身特质的经历有关。第一种是受宠型,他们认为自己与众不同,他们会过分要求而且有控制性,想要每件事情都按照他们的方式进行。他们对别人的感受没什么同理心,也不太在乎。他们不太管社会一般正常的规则和要求,他们相信就算违反社会规定,别人应该接受惩罚,但他们也不需要,因为他们有特权。第二种是依赖型,他们觉得自己有权利依附在别人身上。他们经常扮演弱小、无能的角色,期待别人扮演强者来照顾他们。就像父母要照顾孩子一样,这是他们的权利,别人应该给他们。当别人无法照顾他们的时候,他们会觉得自己是受害者,变得非常愤怒。第三种是冲动型,这种类型的人无法控制自己的行为和情绪,他们无法控制冲动,不考虑后果,放任自己的欲望和感觉而为,可能会导致犯罪行为。

"我有特权"来源于父母的宠溺。不论何时,只要孩子想要什么就给。父母让孩子表现出冲动行为,但没有让他们承受足够的负面结果。或者父母一方也有情绪控制和冲动的问题。或者原本过分受到控制的孩子,会在日后以叛逆行为来对抗。

第三节　应对方式的识别

性格模式影响着我们的思想、感受和行为。但是同一种性格模式,不同的人有不同的应对方式。这就是为什么在相同环境下长大的孩子可能表现得很不一样。比如,同样父母养育的两个孩子,对父母亲暴力的行为的反应可能很不一样。其中一个孩子可能变成非常消极被动、恐惧不安的受害者,一辈子都是这样的应对方式。而另外一个孩子则变得很叛逆、会公然反抗,甚至会在青少年时期就离家出走,或加入社会上的团体求生存。

一部分的原因是天生个性的不一样。有人倾向于敏感、害羞、容易受到惊吓,但也有些人会倾向更积极主动、更外向。我们的天生个性会使我们朝某些特定方向发展。另一部分的原因是,我们会选择模仿父或母其中的一人。施虐者通常会跟受害者结婚,因此,他们的孩子有两种可以学习的榜样,有可能模仿施虐的那一方,也可能模仿受害者的那一方。

三种应对的方式:屈从、逃避和反击。

现在我们来看三个例子,这三个人都有“缺陷羞耻”的性格模式,在他们内心深处都感到自己有缺陷、没人爱、很羞耻,然而他们却以完全不同的方式,来面对自己感到缺陷羞耻的感受。

一、屈从于自己的缺陷感

王亚,一名大二的男生,他跟别人见面时,头总是低着,不敢直视别人,说话声音非常小,几乎听不到他的声音。他在别人面前很自卑,常拿自己的短处跟别人的优点做比较,总觉得矮人一截,在别人面前把自己放得很低。他总是为各种差错道歉,即使那不是他的错,他也会从自己身上找原因。他认为自己是不好的,有缺陷的,不被喜欢的,自己是没有价值的。小亚的思维、感受和行为表现,处处都显现出他好像真的有什么缺陷一样。缺陷羞耻的性格模式渗透到他生活中的各个方面,这就是屈从的应对方式。

小亚惯性地扭曲或曲解各种情境,他认为别人是在攻击或歧视羞辱他,但其实别人并没有真的这样做。他看事情的角度很偏激,总是放大负面的影响,而缩小积极的一面,把所有的事情都归结于是由于自己的缺陷造成的。小时候,家人总是批评指责他。长大后,他也采取一种确保自己最终会被批评或贬低的行为方式。他身边的朋友和恋人都经常会批评他。他总是表现出一种因自己有缺陷而产生的羞耻感,并急于认错,他会在别人面前不停地批评自己。屈从包含了所有我们一直保持不断重复出现的自我伤害模式,即总是复制童年时期的生活方式。

二、逃避自己有缺陷的感觉

李登不愿意让别人太接近他,他否认自己有缺陷或羞耻的感觉。他避免面对和思考自身的性格模式,他通过喝酒的方式试图把性格模式从脑海里赶出去,逃避可以让他不去感受性格模式。当情绪产生的时候,他就尽力把它压下去。他避免接触可能会激活性格模式的情境。

当性格模式被激活时,我们会产生各种强烈的负面情绪,如伤心、焦虑、愤怒或羞愧。我们想逃离这些不好的感受,不想面对我们真正感受到的情绪情感,因为那感受让人非常不舒服。“逃避”是很多人自然选择的应对方式。有些人是缺陷羞耻的模式,可能不愿意跟人有亲密的关系,不让任何人接近。如果是失败模式，可能会逃避学习、比赛、当班干部或承担新的任务。如果是社交孤立的模式，可能会逃避社交、社团、课堂发言或去人多的地方。如果是依赖的模式，可能避免所有你需要独立能力的情况，并对独自做事情充满恐惧。为了逃避自己的性格模式所激发的情绪感受，有些人通过酗酒、抽烟、吸毒、沉迷网络或强迫性清洁等行为抑制和转移注意力。

逃避让我们短时间内感受不到痛苦，但是逃避并不是问题不存在，不面对问题，我们永远无法克服它，只能陷在其中，越陷越深。经年累月下来，自身的生活不会发生任何改变，反而会继续那些伤害自身的行为，不能得到你真正想要的生活，让你在关系中感觉受挫和孤独，无法爱人和被人爱。

一旦采取了逃避的方式，就等于放弃了自己的情感生活，无法有感受，就像行尸走肉，体验不到真正的快乐和痛苦。由于逃避面对问题，最终会伤害身边的人和自己，也很容易导致成瘾的行为，如网络成瘾、赌博、酗酒、吸毒等。

三、对缺陷感反击的应对方式

赵克表面上看起来充满自信，浑身上下都是优越感，他经常批评别人，极少承认自己的错误。他认为问题和错误都出在别人身上。他很享受高高在上的感觉，花费了很多精力来获得权利和地位，为了达到目的，不惜任何代价来利用别人。他时刻地瞧不起和打击身边的人，仿佛他享有某种特权一样。

在小时候，父母让他觉得自己是没用的人，他竭尽全力都在企图让自己的感受与小时候的经验是不一样的，越能弥补那种挫败感越好，时刻都需要让自己觉得很特别、很完美、很有优越感，绝对不会出错。为了避免被评判、被歧视、被嫌弃而发展出的反击，可以让自己不去感受那个可怕的脆弱感。反击者无法和自己和平相处，为了避免内心所感受的羞耻和缺陷，只能依靠外在的荣誉或观众的掌声。为了让自己呈现完美无瑕的状态，我们耗尽心思，一直不再理会别人会不会受到伤害。如果反击过度，肯定会造成负面的影响，最终不是那些人离开你，就是他们会采取报复行为，反击会反过来伤害自己。

以上分别介绍了王亚、李登和赵克三人的处理方式，比较单一，只说明了一种重要的应对方式。可能，在不同的时候，我们会混合使用“屈从”“逃避”和“反击”三种应对方式，我们必须学会如何改变这些方式，以克服它们，让自己拥有健康的心态。

下一章我们将学习如何应对你的性格模式，不需要再“屈从”“逃避”和“反击”。

第十四章　性格模式的改变策略

第一节　性格模式改变的步骤

性格模式具有深层的、长期的特点，影响着我们的思想、感受和行为，如同坏习惯一样，难以改变。要想改变，必须正面了解它，应对它，每天有系统地观察和改变，要反复练习，改变才有可能发生。

一、第一步：识别你的性格模式

先识别你的性格模式是什么，你可以使用第十四章的问卷来确认。一旦确认并了解这些性格模式是如何影响你的生活后，就比较有机会来改变这些困境。你会更了解自己，也能洞察自己的人生与生活，有这种洞察力是改变的第一步。

当你辨认出自己的性格模式时，而且能明显地感受到它。这种感觉就像是，原本你对某件事情不知道为什么会带有这么大的情绪反应，之后，你会豁然开朗地意识到"哦，原来是这样的"。例如，你是"情感剥夺模式"，在你的人际关系中，情感剥夺对你现在的生活是如何发挥作用。在与身边的人相处时，你可以先觉察自己在极度不良的情绪状态中，如果你感受到是不被重视的、不被照顾的、没人理解你的，你可以回想自己在童年时所经历的生活情境对自己的影响，是否没人很好地照顾到你的情感需要。也许你的照顾者没有时间和精力照顾到你，他们也有生活上其他的事情。也许你的照顾者没有能力照顾到你的情感需要，因为他们也没有被很好地照顾过。情感被忽视是你童年最深层的伤痛。就算现在长大了，但你也没有办法或不习惯让身边的人照顾到你的需要，你可能也会选择与情感淡漠或缺乏的人在相处。

如果你看到了"情感剥夺"如何从过去影响到现在，你可以用一种比较清晰的方式，将你的情感反应与你的过往生活经验联系起来。你的性格模式中存在一些弱点，我们希望你能了解这些弱点，然后有机会去克服。

二、第二步：了解你的性格模式在童年期的根源

去感受你内心的那个受伤的小孩，如果没有先经历再次感受伤痛的经历，要想改变这种深层伤痛是非常困难的。出于本能反应，每个人都会使用某些策略来阻挡这个痛苦，一旦被阻挡了，你就无法完整地触碰到它，可能这些就深深地藏在你内心深处，变成随时会引爆的雷点。

你先回想你的童年时期，才能去感受你的性格模式。我们希望你闭上眼睛回想过去，让一些画面或人物的形象出现在你脑海里。不用强迫一定要出现某些意象，而是让童年之前的生活经验自然从脑海里浮现出来就好。尽可能想到你早年生活的每一个身边人的形象，让这些早年记忆力的场景和人物的形象越逼真越好。当你做到这些后，你可以开始想起童年时期的感受了，也会开始感受到与早年经历有关的伤痛或情绪反应了。

这种意象法练习的过程可能会带来很多负面的情绪，如果你感觉完全被痛苦所淹没，或是因这个经验感到极其恐慌，你需要专业的治疗。你的童年时期太令你感到痛苦，所以你不要独自去回想，你需要有人引导，需要有专业人士在你的身边。这也是你需要治疗的讯号，你可以找一位心理咨询师，陪伴着你一起感受体验你的内在小孩。

当你和孩童时的自己连接上后，你可以和这一个内在孩子开始对话。这个内在小孩已经被掩藏好长时间，你需要去面对和接纳，才有可能获得成长和改变，这个孩子获得帮助才有长大的力量与勇气。我们希望你和这个内在小孩对话，你可以大声说出来，或是写出来。你可以用你的优势手（经常用来写字的手）写一封信给你的内在小孩，再让这一个小孩用非优势手写下他的回应，内在小孩可以用非优势手写字。

与内在小孩对话时，你可以安慰、提供引导和建议、对内在小孩的感受表示同理心。比如，你的性格模式是“情感剥夺”型，从小父母忙于其他的事情，也许你一直被寄养在奶奶或外婆家庭，你的照顾者无力顾及你的情感需要，小时候的你总是被忽略、被嫌弃、被指责，那时的你一直在默默地忍受，努力让自己表现得最好，能让别人重视与喜欢你。你心里充满了很多的委屈，没人了解与安抚。当你看到你内在的孩子受到委屈，躲在被子里低声地抽泣时，你可以说“看到这样的事情发生在你身上，我很难过，你的父母以及长辈们没有按照你所需要的方式陪伴你成长，但我会陪着你，我会帮助你走出这个伤心的时刻，让我们一起面对，肯定没问题的。”可能你第一次做这样

的练习会让你感觉到不自在,但很多人都可以从这样的练习中获得很大的收获,情感上会释然,内心增加力量感与掌控感。

三、第三步:建立与性格模式相反的情境

这一步可以帮助你从理智上证明你的想法可能不是真的。之前你的生活经验虽然足以让你相信,你的性格模式就是事实,就像"情感剥夺"模式的人会相信,没有人会照顾他,重视他,只有表现非常出色,别人才会接纳他,所以他一直表现得尤其独立,为了不让别人嫌弃他,一个人承担了很多责任。不管是情感上还是理智层面,都一直接受这样的事实。

首先,你可以从理智上改变它,你可以证明这一模式不是真实的,至少你是可以改变的。如果你始终不去质疑它的合理性,你就无法改变它。

其次,要如何证明你的想法并非事实呢?你可以列举所有的正反面证据。例如,你觉得自己是不会被别人照顾的,总是被别人嫌弃的,你可以列出所有可以支持你不被照顾、总是被嫌弃的证据,然后,再用另一张纸,列出所有你有被照顾、没有被嫌弃的证据。

依照大部分人的经验,理性分析过后,你会发现你的性格模式中的想法并非事实。现实中,你一直在被照顾,父母家人们没有嫌弃你,你也不会是注定要被抛弃的。不过,有时他人可能真的没有办法时刻地照顾到你,别人也有有情绪的时候,所表达的语气、语调、用词可能会让人不舒服。可能你一直都有意地不去麻烦别人,长久以来已成为习惯,以致你无法开口让别人照顾你。你可能回避了表达自己需要的机会,你也不善于表达,以至于你跟身边人的关系越来越疏远冷淡,别人也不知道如何能照顾到你。

接着,看一下你的正面证据表,是否有任何支持你的性格模式的思维为真的证据,是本来就是如此,还是在小时候,你被别人的说法所影响,才存在的这种思考方式?

例如,你是不是一出生就是没用的废物,一无是处,还是,这种自认为能力有严重不足是由于你有超高标准、极其苛刻的父母对你强烈的批评,让你日后相信这就是真的,导致你"缺陷羞耻"的性格模式?你从小就是天才般出类拔萃,还是父母对你的边界限制太少,让你感觉自己比别人有权利("权力错觉"的性格模式)?

问问你自己,有没有证据可以证明你的性格模式中的想法直到现在仍然是事实,或是,这种情况仅仅是出现在小时候而已。

经过分析后,如果你仍然觉得你所认为的是事实,那就问问自己:我可以做些什么来改变这些?然后思考你可以如何做才能改善这一状况。

表 14.1　可以支持你的"情感剥夺"性格模式是事实

没人会照顾，别人都是会嫌弃你的		
证据	是事实就如此，还是我被某些的说法所影响	我该如何改变
任何事情我都要自己完成，不能麻烦别人，别人会嫌弃你的	这不是事实，我已经承担了很多任务。如果我觉得自己做不了，或许我可以请别人帮忙。如果别人可以做到的话，肯定愿意帮的，也不会因此而嫌弃我。如果我可以帮到别人的忙，我也是非常乐意的。还可以增加与身边人的感情，而不是让别人觉得我是不需要他们的。我会这样是因为在小时候，父母工作忙，我从 1 岁就被寄养在外婆家，特别缺乏照顾，所以成长过程中遇到很多事情都只能靠自己想办法解决。	我可以尝试请身边人帮忙，如果别人帮不了，那我也可以请其他人，不要胡思乱想，总认为别人不会愿意的，别人会指责的。或许有时别人真的顾不上，那也可以理解的。

表 14.2　可以支持你的"情感剥夺"性格模式不是事实

不是所有的人都不会照顾我、嫌弃我的证据
我的姐姐和哥哥有时候挺照顾我的。 我的小学/初中/高中的同学也会照顾我。 我的父母在物质上对我是有求必应，有好吃的都留给我。 我的舍友在生活上挺为我着想的。 从小长大的小伙伴平时也挺让着我。 我的男朋友在我有需要时，会尽快帮助我想办法。

当你列好证据后，写在一张卡片上，将证据整理成一张性格模式应对卡。每天阅读这张卡，保存在你的手机里，或放在你的床头，或是其他你可以每天看到的地方。

应对卡：

虽然我觉得，没有人会照顾我的需要，如果我总是麻烦别人，肯定会被嫌弃，但这并不是真的。我之所以会这样认为，是因为父母亲在我小的时候就把我寄养在外婆家，一年才能见面一次，家里人总是因为其他事情忙碌而忽略了我的感受。从小我就习惯了照顾自己，遇到的事情要自己解决。我的人生中有许多被忽略的经历，大部分是因为我不愿意麻烦别人，不习惯让别人照顾我，所以身边的人也不太了解我是否需要他们，以及如何能照顾到我。

当我觉得某人会拒绝我时，我应该问问自己，是不是我太过敏感了？或是别人也无法帮到我，而不是不想帮助我。当我感觉好像某人会嫌弃我时，或许那只是我的性格模式在作祟而已。有些情境下，我会回想起儿时发生的事情，但那是过去的事。现在的我已经长大，我可以维护自己的权利，有时告诉别人，我是需要他们的，这个能力我会不断练习。

第四步：给造成你性格模式的对象写信。

这些对象，可能是你的父母亲、兄弟姐妹，或是同学朋友。把你过往经历中压抑的情绪表达出来，有助于排解积攒的不良情绪，如愤怒、悲伤等。你无法意识到你的内在小孩的需要，是因为你把很多情绪藏起来了。我们希望你可以让你的内在小孩能说话，让他也有机会表达出痛苦和他的需要。我们知道，你可能需要克服胆怯和内疚才能写出这封信，尤其针对父母，因为要指责父母并不是一件容易的事情。父母可能对孩子是有很深的感情，也可能他们的出发点是好的。但我们希望你只要说出事实就好。

你可以在信中表达出你的感受，告诉他们，他们的所作所为给你带来的伤害，以及让你产生了什么样的感受。告诉他们，他们当时那样的做法是不对的。告诉他们，你希望那时候他们可以如何做，而不是像原先的做法。

你可能不会让他们看到这封信，但最主要的作用是让你写出、表达出你的感受和需要。可能这封信改变不了父母的任何做法，但目的不是改变父母，而是让你在心里表达出你的感受和需要，让内在受伤的小孩得到安抚，或许这是第一次，你可以这么坦诚地说出自己内心深处的话。

亲爱的妈妈：

从我一岁开始，你就把我寄养在了外婆家，我想我需要告诉你我那时候的感受，以及这给我带来了什么影响。

我感觉自己是一个没人想要的孩子，别的孩子都有父母在身边，而我经常被他人嘲笑，你的父母不要你了。每次听到这样的话，我都好伤心。虽然外婆对我很好，但她每天都很忙，白天基本不在家。小时候最深刻的印象是，一个人被锁在家里，号啕大哭，却无人回应。每次过年得知你们要回来时，我都会一个人去路口等你们，连着好多天一直在等你们。终于等到你们回来了，我兴奋地告诉所有的人，我父母回来了，带回来好多礼物。但是，我还没来得及好好跟你们说说话，你们又要收拾行李离开家了。每次你们离开，我都抱着你们哭得撕心裂肺，声音嘶哑甚至说不出话来，可你们依然走了。多少次，我都是一个人哭累了，就坐着睡着了。

每次看到别的小伙伴们在家里跟父母一起吃饭，下雨天有父母接送，但我从很小就是一个人。总是默默一个人，努力做一个好孩子，不去给别人惹麻烦，也从来不告诉身边的人我需要什么。我学会了压抑自己所有的需要，因为总是担心被别人嫌弃。

我为那段时间的自己感到难过。我多么希望小小的我能在你们的身边，享受父母带给孩子的关注、接纳与爱。你让那么小的我寄人篱下，没有被很好地照顾，有困难时无法求助，那么小的我只能学会忍耐。你那时的做法是错误的，让我从小就觉得自己就是被抛弃的孩子。父母的陪伴对孩子是最好的礼物，孩子的成长需要父母的抚慰与支持。

第五步：认真详细地检查性格模式的运行特点。

我们希望你了解你的性格模式在你的生活中是如何运作的，你自己是如何屈从于性格模式的，以及应该如何去改变它们。现在可以按照以下的案例写出来。

表 14.3

我在日常生活中强化"情感剥夺"的方式	我可以如何改变
我跟同伴们出去玩时，从来都不说自己想去哪里以及想吃什么，一直都是随着别人的心意。	我可以试着推荐一些我觉得好玩的地方或好吃的东西，不再说什么都可以、随便这样的话。当别人不同意时，或许可以商量双方都满意的方案，而不是一味地满足对方的需要，讨好别人。
我在家里既要帮父母做家务，也要照顾两三岁的弟弟，周末和假期都不能出去跟朋友们一起玩	我可以在父母不是那么忙的时候，告诉父母我也想跟朋友们一起出去玩，不然一直待在家里，我觉得很无聊乏味。
在学习上，我一直非常努力，每天在学校里，所有的时间都在学习，睡眠时间只有4～5小时。有时考试成绩不理想时，我会觉得非常沮丧，担心父母会失望。	我可以告诉自己，尽力让自己进步比考试成绩重要。睡眠和身体健康同样重要，只有休息好，才能学习好。如果觉得累了，我可以让自己多休息一会儿。除了学习外，交朋友、娱乐、放松也是需要的。

第六步：打破性格模式。

当你了解了自己的性格模式，并填好第十四章的性格模式问卷后，你可以先选一个对你现在的生活影响最大的那一个开始。如果这个模式对你来说太困难了，也可以先选一个比较好应对的模式。你在采取步骤时，我们希望你有足够的能力应对，有多种备选的应对方案。

一个人的性格模式不止有一种，比如，除了"情感剥夺"，可能还有"缺陷羞耻”。她可能会认为被父母抛弃,都是因为自己不好、没用,都是自己的错。“情感剥夺”是她最主要的性格模式,所以可以选择这个先开始。她先试着改变自己对朋友的方式,她试着跟朋友表达她的意见,如果她们不同意,可以商量着最能符合双方需要的方案,而不是仅仅屈从于别人的需要。她也会加强与那些可以照顾别人的、有共情能力的朋友的交往,与情感淡漠或只会向别人索取的朋友减少联系。当你从一个行为已经改善到合理且能运用自如时,就可以试着改变下一个行为。一小步,不断巩固,你的人生会发生大变化。

第七步:保持不断努力尝试

不要轻易放弃或是感到泄气,性格模式是可以改变的,只是需要时间和努力。要坚持,不断地向自己挑战。在这个改变过程中遇到困难与挫折也是在所难免的,但只要坚持,希望就在不远处。如果你具备觉察分析自己的能力,让你不会一味地陷入某些情绪中无法自拔,恢复平和与理性,可以让你的生命更加光彩灿烂。

第八步:原谅父母

原谅父母不是必需的。尤其父母真的曾严重地虐待或侵害了你,你也可以选择永远无法原谅他们。但是,在大多数的情况下,对父母的宽恕是自然而然的过程。慢慢地,你会发现父母也不过是有着各自问题和不良情绪的普通人,也挣扎在他们自己的性格模式中。父母也有自己的难题,心理越来越觉得父母不是一个十恶不赦的坏人,父母也有自己内在受伤的小孩,也有未被满足的需要。如此一来,就可以释怀了。当然,有原谅的,也有不原谅的,哪一个选择对你好,你就选哪个。无论如何选择,总有你的理由,我们都会支持你。

第二节　性格模式的类型特点及改变方法

一、被人遗弃的性格模式

(一)评估你“被人遗弃”的程度有多深

这份问卷要测量你陷入性格模式——“被人遗弃”的程度有多深,用下面的打分标准来回答每一道题,并以你在大学阶段这一两年的整体感觉来打分。

打分标准：

1 分 完全不符合我的状况

2 分 大部分不符合我的状况

3 分 有点不符合我的状况

4 分 相当符合我的状况

5 分 大部分符合我的状况

6 分 完全符合我的状况

如果你在这份问卷中有任何题目给到 5 或 6 分，即使总分不高，你也可能有这种性格模式。

表 14.4　"被人遗弃"的评估表

分数	题目
	1. 我非常担心我所爱的人会死亡或离开我
	2. 我很黏人，因为害怕他们会离开我
	3. 我没有一个稳定的亲友支持
	4. 我总是喜欢不能真正陪伴我的人
	5. 人们总是在我生活中来来去去
	6. 当我爱的人疏远我的时候，我会很绝望
	7. 我总是觉得我爱的人会离开我，所以我有意地疏远他们
	8. 我觉得身边最亲近的人总是难以捉摸。他们一会儿支持我，一会儿又离开我
	9. 我太需要别人了
	10. 到最后，我终将孤独
	你的被人遗弃问卷的总分（把 1～10 题的所有得分相加）

得分解释：

10～19 分 很低 这种性格模式大概不符合你

20～29 分 较低 这种性格模式只是偶尔符合你

30～39 分 一般 这种性格模式在你的生活中可能是个问题

40～49 分 较高 对你来说肯定是个有影响的性格模式

50～59 分 很高 这肯定是你的核心性格模式之一

(二)改变“被人遗弃”性格模式的步骤

(1)识别你童年被遗弃的经历。最近是否发生什么事情,让你觉得被抛弃了。身边的人都一个一个地离开了你,你将注定孤独终老。请闭上眼睛回忆一下,你从前是否也有这样的感受。

小C:我的女朋友出去跟朋友聚会时,我都感觉到她会离我而去。每次我都要跟她一起去,但有时她坚决不同意,我会非常生气,她肯定不要我了。小C回忆起小时候,妈妈跟爸爸吵架时,总是离家出走,很长时间不回家,把他一个人留在家里。他总是特别担心,妈妈不要他了。当时他特别害怕和绝望。

通过回忆过往的经历,把现在的情绪感受与之前的联系起来,理解自己被人遗弃的感觉为什么这么强烈。

(2)检查自己被人遗弃的感觉,以及重复出现的不良的应对方式。是否你对失去某些人特别的敏感,或者你因为害怕失去,而一直选择孤独。你是否总要他人在你的身边,如果不在,你会非常惶恐不安,控制不住地打电话、发信息。或者你的关系总是出现被人遗弃的现象。

(3)避开情绪不稳定的人,或是不要跟与多人有暧昧关系人建立恋爱关系。建议你避开那些让你在关系中体验坐过山车感觉的人,这样的人会引发你的性格模式,若是这样,这段感情意味着麻烦,是否继续,也许应该三思。

有些人可能会陷入三角的恋爱关系中,也许有人已结婚,但仍然信誓旦旦地对你说,他最爱的人就是你,可能他会同时对几个人这样说。在这样的关系中,你付出了自己的所有,最终你一无所有,受伤害的是你自己。最好自助的办法是,把注意力转到自己的生活和提升自我上。在恋爱关系中,如果把一切都交给对方,那么,即将是一场灾难的开始。如果你可以放手,转身离开,未来的你将继续过好你的人生。

(4)对于正常的分离,不要过度敏感、控制你的过度反应。如果你的朋友、恋人总体而言是稳定的且对你忠诚的,学着不要对小事反应过激,学会独处。了解自己对最重要的人粘着不放的行为,停止自己对他人无谓的指责。每次你的性格模式被激发时,可以写提醒卡片。如:现在我感觉到被人抛弃的危机,我知道,这是我的性格模式,可能一些微不足道的事情会触发我的感受。我必须记住每个人都需要有自己的空间,我也可以学会独处。如果我一味指责、粘着人不放,可能只能让身边的人更不愿意跟我在一起。整体而言,我的恋人对我还是非常不错的,我们的感情也很好。如果我能让彼此关系轻松些,我们的关系会更长久、更稳定。

二、不信任和虐待的性格模式

(一)评估你"不信任和虐待"的程度有多深

这份问卷要测量你陷入性格模式之"不信任和虐待"的程度有多深,用下面的打分标准来回答所有的问题。

计分标准:

1 分 完全不符合我的状况

2 分 大部分不符合我的状况

3 分 有点不符合我的状况

4 分 相当符合我的状况

5 分 大部分符合我的状况

6 分 完全符合我的状况

如果你在这份问卷中有任何题目给到 5 或 6 分,哪怕总分很低,你也可能有这种性格模式。

表 14.5 "不信任和虐待"的评估表

得分	问题描述
	1. 我认为人们会伤害或利用我
	2. 在我生命的各个阶段,身边亲近的人曾虐待过我
	3. 我喜欢的人迟早会背叛我
	4. 我必须得保护自己,保持警惕
	5. 如果我不小心谨慎,别人就会占我便宜
	6. 我会故意测试人们是否真的站在我这边
	7. 我试图在别人伤害我之前先伤害他们
	8. 我害怕让人走得太近,因为我预测他们会伤害我
	9. 人们对我做的事,让我感到很愤怒
	10. 我被自己本该可以信任的人在身体上、言语上侮辱过或性虐待过
	你的被人遗弃问卷的总分(把 1～10 题的所有得分相加)

得分解释：
10～19 分 很低 这种性格模式大概不符合你
20～29 分 较低 这种性格模式只是偶尔符合你
30～39 分 一般 这种性格模式在你的生活中可能是个问题
40～49 分 较高 对你来说肯定是个有影响的性格模式
50～59 分 很高 这肯定是你的核心性格模式之一

(二)改变“不信任和虐待”性格模式的步骤

(1)如果你曾被性侵犯或身体虐待过，尽量找专业的心理咨询师来帮助你。不信任和虐待是产生的影响最严重的，最难改变的性格模式，会导致严重的症状和人际相处的系列问题，仅仅通过自助手册来改变可能并不足够。你的内心充满巨大的恐惧，需要一段安全的关系，心理咨询师可以给你提供这样的空间和体验。

(2)找一个你信任的人(朋友或咨询师)，尝试回想被虐待的记忆。回忆是最痛苦的部分，你需要被支持。身体、言语和性的虐待的记忆是非常可怕的，随之而来的情绪可能极其凶猛。你可能不愿意回忆的原因是：那经历太让人痛苦了。只有在安全的环境中，记忆才会浮现，你才有勇气重新面对和体验这感觉，同时你也即将疗愈自己。

(3)在回忆中，发泄对施虐者的愤怒，让自己获得力量，停止无助的感觉。可能你在现在的行为习惯仍和那个恐惧的孩子一样，我们想让你意识到，你不再是那个无助的孩子，你已经成年，不必再畏惧和屈从施虐者。如：在回忆中，大声地告诉施虐者，他做的是错的，现在的你可以采取保护自己的方式，不再害怕他。

(4)停止责怪自己，你不应该被虐待。虐待者强加给你的想法是你不好，但这只是他们的谎言。任何一个孩子都应该被好好保护和照顾，你需要对没能保护你的父母表达愤怒。别把气撒在自己身上，别再用伤害自己的方式来处理愤怒，如暴饮暴食、酒精成瘾、沉迷网络让自己麻痹。你可以尝试着在回忆里，让现在成年的你代入到当时的环境中，帮助那个受伤的孩子。

(5)做好准备，可以找机会与施虐者对质或写信。这一练习是要让你变得强大，除非你能和施虐者面质，否则在内心里你一直认为自己是一个无助的孩子，无法在现实危险的世界中保护自己。你应该站起来说，你对我做的这些事情让我受到什么样的伤害，我不会再容忍这样的事情发生，我对你感到非常生气。

你也可以给他写一封信，在信中告诉对方：他的所作所为是错的，告诉他这些做法带给你什么样的感受，以及当时的你所希望的是被怎样对待。例如，告诉爸爸，“我还是个小孩子，也没有犯下不可饶恕的错误，但是你却像发疯了一样对我拳打脚踢，我被打倒在地上，你还用你的大脚压在我的头上，那一刻我真的极其恐惧和绝望。我那么弱小的身躯遭受了多大的创伤，我那么脆弱的心灵遭受了多大的蹂躏。你不配做父亲，你没有资格有孩子，我恨你”。施虐者很可能会否认他的过错，这个练习重点不在于施虐者如何回应，而在于是否能让你对自己的感觉变好，让你感觉变得有力量。

(6)不再容忍目前关系中的虐待。看看你目前的人际关系，你是否仍在允许别人虐待你，是通过什么样的方式，如被殴打、摆布、贬低、羞辱、强暴等，这些必须立刻制止。如果虐待你的是朋友或恋人，你可以再给他们一次机会，你要保护自己，通过适当的方式表达你的愤怒，不给别人虐待你的机会。如果施虐者不改变，你必须离开。如果离开对你很困难，你应该接受治疗。

(7)尝试去信任和亲近值得你信任的人。你对信任别人挺困难的，即使别人是好意的，但你可能也很难去相信他们。对于生活中没有明显虐待倾向的人，写下所有他们值得你信任的证据，以及所有他们不值得你信任的证据。如果你不是真的有很多他们不会善待你的证据，那就试着多信任他们一些，慢慢地放下你心里的防备，试着多接近那些值得你接近和信任的人。

走出“不信任与虐待”的性格模式，过程漫长且艰难，但不要让自己一辈子都陷入这个性格模式，缺失人生中重要的人与人之间的爱与被爱的体验，要重新找回人际关系中的温暖与幸福。

三、情感剥夺的性格模式

(一)评估你“情感剥夺”的程度有多深

这份问卷要测量你陷入性格模式之“情感剥夺”的程度有多深，用以下等级选项来来回答所有的问题。

计分标准：

1分 完全不符合我的状况

2分 大部分不符合我的状况

3分 有点不符合我的状况

4分 相当符合我的状况

5 分 大部分符合我的状况

6 分 完全符合我的状况

如果你在这份问卷中有任何题目给到 5 或 6 分,哪怕总分很低,你也可能有这种性格模式。

表 14.6 “不信任和虐待”的评估表

得分	问题描述
	1. 相比已有的,我需要更多的爱
	2. 没人真正理解我
	3. 我总是被冷漠的、不能满足我需求的伴侣吸引
	4. 我感到与他人疏离脱节,哪怕是和我最亲近的人
	5. 没有任何一个我爱的人愿意和我分享他(她)自己,并且真正关心我的事情
	6. 没有人会给我温暖、守护和温情
	7. 没有人会真正地倾听并在意我的真实需求和感受
	8. 我很难允许别人给我以引导或保护,即使这是我内心想要的
	9. 允许别人爱我,这对我来说很难
	10. 我在大多数时候都感到孤独
	你的被人遗弃问卷的总分(把 1～10 题的所有得分相加)

得分解释:

10～19 分 很低 这种性格模式大概不符合你

20～29 分 较低 这种性格模式只是偶尔符合你

30～39 分 一般 这种性格模式在你的生活中可能是个问题

40～49 分 较高 对你来说肯定是个有影响的性格模式

50～59 分 很高 这肯定是你的核心性格模式之一

(二)改变“情感剥夺”性格模式的步骤

(1)了解自己早年生活的剥夺,感受自己心里那个被情感剥夺的孩子。首先,去感受那一个住在你心里的情感贫乏的孩子。你的照顾者有没有拥抱你,他们有没有安抚你,有没有花时间和你相处,他们了解你吗?他们对你感同身受吗?你会让他们知道你的问题吗?他们会和你讨论他们的感受吗？有人保护你，给你力量，让你感觉安全吗？这些体验和感受你有过吗？这些代表了三个方面的剥夺，分别是抚育、同理心与保护。你可能都没有意识到自己是被情感剥夺了，所以认识到情感剥夺的第一步。

(2)觉察你在现有关系中被剥夺的感觉。接着多留意你在现在生活中被剥夺的感觉，如果没有人能了解你的感受时，你可能会觉得很孤独。如果别人表现冷淡、不愿意付出时，你可能会觉得悲伤。当你总是需要表现得是那个坚强的人，永远是你在照顾对方，而对方从不会照顾你，你可能会感到生气。任何强烈的被剥夺感，都可能是你的性格模式被激发的线索，你应该多花心思觉察。

允许自己感受与性格模式相关的所有情绪。你可以用想象法，深入连接你的情绪。如果现在生活中有些事情会引发你强烈的不被照顾、不被保护的被剥夺的感觉，不要压抑自己的情绪，让所有的情绪都浮现出来，感受自己被照顾、被理解、被保护的需要，然后再与童年时感受到相同情绪的经历联系起来。通过重复这个转换，你可以更深地意识到，自己是如何在现在的关系中，不停地重现童年时的情感剥夺。如，当你被身边的人因为一些小失误而指责时，你非常生气。你试着回忆童年时某个跟现在很像的感受。你想到了当你试着表达你的需要时，父母总是不厌烦地嫌弃你不懂事。现在你是否清晰了你内在对照顾、理解、保护的需要。

(3)列出你应对性格模式的方式。在你生命中最重要的人际关系，可能是恋爱关系，也可能是你跟父母的关系，或是跟亲密朋友等。想一想，每段关系里是什么出了问题。是对方不能或不愿意满足你的需求吗？还是你永无止境的需要(即使被满足了也依然要求)把他人吓跑了。

(4)分析你目前的关系中，选择跟你亲密的恋人，是冷漠型还是健康型。不要与剥夺性的恋人建立关系，即使这个人非常吸引你。仔细审视你们的关系，你有被照顾、被满足情感需要的时候吗？当然你也可能会忽略，别着急，好好想想。你也可以再给对方一个机会，允许自己脆弱，允许自己明确地提出需求。请告诉身边的人，你需要什么，允许他人照顾你、理解你、保护你。

改变不容易，能做出多大程度的改变取决于你努力和坚持。性格模式不会突然消失，它只会一点一点改变。你必须有意识地对抗这个性格模式，包括你的思维、情绪和行为。如果你在童年时被严重伤害了，你可能需要专业帮助。

四、社交孤立的性格模式

(一)评估你"社交孤立"的程度有多深

这份问卷要测量你陷入性格模式之"社交孤立"的程度有多深,请用下列计分标准来回答所有的问题。

计分标准:

1 分 完全不符合我的状况

2 分 大部分不符合我的状况

3 分 有点不符合我的状况

4 分 相当符合我的状况

5 分 大部分符合我的状况

6 分 完全符合我的状况

如果你在这份问卷中有任何题目给到 5 或 6 分,哪怕总分很低,你也可能有这种性格模式。

表 14.7 "不信任和虐待"的评估表

得分	问题描述
	1. 在社交场合,我觉得很不自然
	2. 我觉得各种聚会都很沉闷无聊,不知道该说什么
	3. 我只想与在某些层次高于我的人交朋友(比如外表、受欢迎程度、财富、地位、教育水平、职业)
	4. 对多数社交活动,我都不想参加,只想逃避
	5. 我觉得自己没有吸引力,比如太胖、太瘦、太高、太矮、太丑等。
	6. 我觉得自己本质上和别人不同
	7. 我没有归属感,不属于任何地方,是个孤独的人
	8. 我觉得自己总是徘徊在群体之外
	9. 我的家庭也和身边的其他家庭不同
	10. 我觉得自己总的来说和社会脱节
	你的被人遗弃问卷的总分(把 1~10 题的所有得分相加)

得分解释：

10～19 分 很低 这种性格模式大概不符合你

20～29 分 较低 这种性格模式只是偶尔符合你

30～39 分 一般 这种性格模式在你的生活中可能是个问题

40～49 分 较高 对你来说肯定是个有影响的性格模式

50～59 分 很高 这肯定是你的核心性格模式之一

（二）改变“社交孤立”性格模式的步骤

(1)了解你在童年时被孤立的状况。试着去回想，小时候被孤立或觉得自己跟别人不一样的感受。会出现的记忆往往是那些被嘲笑、被羞辱、被捉弄、被霸凌的场景，或是感到孤独被孤立，无法融入群体的情景。

被人孤立的记忆是痛苦的，我们想让你安慰内心那一个被排挤的孩子，给那个感觉冰冷又寂寞的孩子一些温暖、支持和帮助。如，成年的你可以告诉自己内心被孤立的孩子，他不再是孤单一人，有我在，会帮助他学会与人交流、相处。

(2)列出你日常避免参加的社交活动。比如：去人多的地方，公园、超市、教室。参加班上同学的聚会，在课堂上发言，跟不熟悉的同学说话，和别人主动打招呼等。针对这些事情，想想自己究竟是为何紧张焦虑？可能是认为自己不好看，不会聊天，会出丑，别人会发现自己很奇怪等。接下来，想想你觉得可能发生的最坏情况是什么？你最害怕发生的情况是什么？别人会嘲笑、拒绝你吗？你会暴露自己不如人的本质吗？你会显得格格不入吗？

(3)列出自己的哪些特质让你觉得被孤立、脆弱或低人一等。针对每一个列出来的特质准备一张纸，在每张纸上写一个标题，如让人讨厌的胖子、不会说话的笨小孩。然后完成以下题目内容：①具体明确地定义这个特质(胖：体重超过 130 斤)。②写出可以支持你这的确是一个缺点的证据。③写出所有反驳这种感觉的证据。④就自己的特质，询问身边的朋友和家人的意见。⑤写一段话，总结所有的客观证据。你的自我批判合理吗？比如，小 D 觉得自己不懂说话，很傻。第一，定义：每次跟不熟悉的人说话，不知道说什么。第二，可以支持这的确是个缺点的证据。有长辈说，小 D 是个安静的孩子，话挺少的。在不熟悉的同学中，不太说话，听得比较多。第三，可以驳斥这是个缺点的证据。我上大学之后，交了很多朋友，在宿舍里大家都喜欢跟我聊天。有同学朋友心情不好时，愿意跟我谈心。第四，询问朋友和家人。家人也说，我挺安静的，说话表达很清晰，没有说让人接受不了的话。第五，总结客观证据。有一些证据证明有些人愿意跟我说话，但也有一些证据证明我在陌生人面前说话比较少,这确实是我的缺点。

(4)如果确信自己真的有某种缺点,写出克服它的步骤,然后按照计划逐步完成改变。你的计划可能包括:努力提升社交场合谈话技巧、多与人沟通、参加演讲的课程、放松练习等提升自己的方法。当我们想到有这个问题时,可能会觉得羞愧难当,甚至会不愿意去想它,那你会陷入这个问题中,永远受其影响。学会面对才有机会改变它。

小D制订改变计划。首先,她努力找出自己的问题到底出在哪里。她意识到自己总是因为担心说错话,别人会责备,所以容易紧张,不知道该说什么。接着她练习交流沟通的技巧,如何选择对方感兴趣的话题,如何避免尴尬等。她也尝试想象法,在想象中体验与人交流的成功感受。比如,她在轻松的状态下,想象自己镇静地跟一位长辈谈话,自己集中记忆力理解长辈的意思,共情其感受,并表达自己的想法和感受,谈话很默契和愉悦。

(5)重新评估那些你无法改变的缺点的重要性。你的有些缺点可能永远无法改变,或无法彻底改变。你可能永远太矮或太胖,可能永远都无法做到口若悬河。但是有社交孤立模式的人几乎总是夸大自身缺点的重大影响力,请想一想,与你的优点相比,你的缺点到底有多影响别人对你的看法。列出你的优点和缺点,你真的那么不如别人吗?试着正确看待自己的不足,真的像你想象中的那么大影响吗?如果作为一个整体的人来看,你的不足只是一个人的某个方面而已,瑕不遮瑜。

(6)列举你逃避的社交场合,分别评定难度等级,由难度最低的开始改变,然后逐渐向难度高一级的挑战。这是非常重要的一步,不要再逃避了。只要你仍然在逃避,你的性格模式的特点就不可能改变。

找出你会主动逃避的社交活动清单,用下列的标准衡量一下,若你完成其中的一项活动,难度会有多大。用0～100分来评分。

难度标准:

0～20分 非常容易

21～40分 有点困难

41～60分 一般困难

61～80分 非常困难

81～100分 感觉几乎不可能

小D是这样评估她的清单上的各项困难程度。

表 14.8 社交活动难度评估表

我逃避的社交活动	难度评估
1. 班上同学和老师的集体活动	80
2. 在教室里上课	50
3. 一个人去超市	40
4. 跟不熟悉的人主动打招呼	60
5. 在课堂上发言	90
6. 与舍友一起出去玩	30
7. 在小组里发言	70

从难度最小的那件事情开始练习。不断重复练习这一条，直到你感觉在这件事情中比较自然轻松为止。对小 D 来说，最容易的是“和舍友一起出去玩”，她每周都与舍友出去，连续了 3 个月，然后才开始下一件更难的事情。逐渐提升难度，你每一步的成功经验会让你下一步有了底气。只要你开始练习，说明你已经走过最难的一步，那就是让自己开始，所以请对自己有信心，你是可以战胜你的困难的。

五、依赖的性格模式

(一)评估你“过度依赖”的程度有多深

这份问卷要测量你陷入性格模式之“过度依赖”的程度有多深，请用下列计分标准来回答所有的问题。

计分标准：

1 分 完全不符合我的状况

2 分 大部分不符合我的状况

3 分 有点不符合我的状况

4 分 相当符合我的状况

5 分 大部分符合我的状况

6 分 完全符合我的状况

如果你在这份问卷中有任何题目给到 5 或 6 分，哪怕总分不高，你也可能有这种性格模式。

表 14.9 “过度依赖”的评估表

得分	问题描述
	1. 在处理日常生活中的杂务时,我感觉自己更像个孩子,不像大人。
	2. 我没有能力去独立生活
	3. 我无法独自处理好任何事情
	4. 比起自己照顾自己,别人会把我照顾得更好
	5. 对我来说,如果没人指导,处理新的事务会很难。
	6. 我什么事也做不好
	7. 我无能
	8. 我缺乏常识
	9. 我无法信任自己的判断
	10. 我发现生活中的日常事务让我不堪重负
	你的被人遗弃问卷的总分(把 1～10 题的所有得分相加)

得分解释:

10～19 分 很低 这种性格模式大概不符合你

20～29 分 较低 这种性格模式只是偶尔符合你

30～39 分 一般 这种性格模式在你的生活中可能是个问题

40～49 分 较高 对你来说肯定是个有影响的性格模式

50～60 分 很高 这肯定是你的核心性格模式之一

(二)改变“过度依赖”性格模式的步骤

(1)了解你在童年时期的依赖状况。理解你童年时为何变得如此依赖的原因,感受自己内心深处那个无能为力、需要依赖的孩子。是谁促使你在童年时期养成了依赖性?是任何事情都不让你尝试的爷爷奶奶吗?还是总是批评你的,从不给你帮助的爸爸?你是家中唯一的孩子吗?家里所有的大人都来照顾你一个人?比如,小 E 描述自己的一段经历,“早上起床后,家里没有一个人,门都是锁起来了。屋里很黑,我害怕极了,一直趴在门口不停地哭呀,哭呀。好久妈妈才回来了,看到妈妈,我特别委屈,伤心难过,抱着妈妈不肯放手,好像她又会不见了一样”。可能在你的内心里,一直有个害怕的孩子。试着去安抚那个孩子,鼓励他,支持他,让他能独自面对困难。

(2)从日常事情、任务和决定中，列出你依赖别人的主要方面。明确你的依赖程度，这会让你有更客观的认识。

我依赖别人的方式：

①我让同学帮我写作业

②父母帮我做决策，我的专业、工作方向等

③在家父母都是帮我做饭、洗衣服

④我总是让同学帮我打饭、取快递等

⑤我总是让其他人陪我一起出门

⑥节假日，总是舍友做好出行计划

(3)系统地强制自己不寻求帮助或肯定，独立处理日常的事情，做决定。先从简单的任务开始。列出自己一直逃避的事情清单，仔细地评估完成这些事情对你来说有多难。

难度标准：

0～20 分 非常容易

21～40 分 有点困难

41～60 分 一般困难

61～80 分 非常困难

81～100 分 感觉几乎不可能

小 E 是这样评估她的清单上的各项困难程度。

表 14.10　逃避的任务的难度评估表

我逃避的任务	难度评估
1. 对未来的学业、工作做决策	80
2. 独自去食堂吃饭	60
3. 独自去超市	50
4. 独自坐车从家里到学校	60
5. 独自去散步	40
6. 独自写作业	50
7. 独自上台展示	90
8. 独自在家	30

(4)先从对自己来说容易完成的事情开始，做充分的准备工作，然后再尝试。小 E 选择的第一项任务是独自在家。她考虑了独自在家可能发生

的状况，如可能有人敲门，或听到某些声响，她会开始害怕。她出现了灾难化的想法，可以检验和矫正这些想法。她也可以选择分散注意力的做法，如看书。考虑各种可能性，计划好，如果真的发生了一些状况，你可以如何应对。你可以先完成几项同等难度的任务，我们想让你有一定程度的掌控感后，再挑战更高难度的任务。

(5)当你独自成功地完成了一个任务时，不要轻视它，及时给自己奖励，增加自信感。失败的时候，不要轻易放弃，分析问题，继续努力，直到你比较好地完成为止。

如果你成长过程中，总是被批评与挑剔，可能你会倾向于自我评判。当你付出努力，取得某些进步时，应获得表扬。如果失败了，也不要气馁，继续前进，不断提升自己。

当别人拒绝给你提供足够的帮助时，不要抱怨，不要总是向他人寻求安慰和帮助。你必须意识到，这个世界上没有人欠你的，谁都没有义务一定要照顾你，尤其是上大学后的你已经成人，你可以自己照顾自己。当遇到困难时，你可能都不会试着自己去解决。我们希望你首先试着自己解决。如果你已经尽了最大努力了仍然解决不了，那再寻求帮助。

改变依赖的性格模式，是一段从儿童成长为成年人的历程。这是一种可以独自在世上生存的感觉，放弃一定要依靠他人的无助与恐慌感，学会自己应对，终有一天，你需要独当一面，或成为下一辈的依赖对象。

六、脆弱不安的性格模式

(一)评估你“脆弱不安”的程度有多深

这份问卷要测量你陷入性格模式之“脆弱不安”的程度有多深，请用下列计分标准来回答所有的问题。

计分标准：

1 分 完全不符合我的状况

2 分 大部分不符合我的状况

3 分 有点不符合我的状况

4 分 相当符合我的状况

5 分 大部分符合我的状况

6 分 完全符合我的状况

如果你在这份问卷中有任何题目给到 5 或 6 分，哪怕总分不高，你也可能有这种性格模式。

表 14.11　"脆弱不安"的评估表

得分	问题描述
	1. 我无法摆脱坏事即将来临的感觉。
	2 我感觉灾难随时可能来临
	3 我担心无家可归或成为无业游民
	4 我很担心被罪犯、强盗、小偷等袭击
	5 虽然医生没有查出任何问题，但我还是担心自己会得很严重的病
	6 我太焦虑了，没法自己坐飞机、火车等
	7 我会有焦虑发作
	8 我对自己的身体感觉非常敏感，我担心这些感觉意味着什么问题
	9 我担心自己会在公共场合失控或发疯
	10 我非常担心自己会失去全部钱财或者破产
	你的被人遗弃问卷的总分(把 1～10 题的所有得分相加)

得分解释：

10～19 分 很低 这种性格模式大概不符合你

20～29 分 较低 这种性格模式只是偶尔符合你

30～39 分 一般 这种性格模式在你的生活中可能是个问题

40～49 分 较高 对你来说肯定是个有影响的性格模式

50～60 分 很高 这肯定是你的核心性格模式之一

(二)改变"脆弱不安"性格模式的步骤

(1)了解你"脆弱不安"性格模式的起源。你的父母有过分焦虑的特质吗？你的成长是否有亲人因疾病或意外去世？你是被过度保护呢？还是给你的保护不足呢？自我觉知是比较的好开始，但不会带来大的改变。

把你恐惧的具体事物列成一个清单。使用表 14.12，列举你害怕的情境，如乘电梯、沾染细菌、亲人发生意外事故、自己生病等。接着，用 0～100 分评估每个恐惧的感受。0 表示"一点都没有"，100 表示"你能想到的最高程度的恐惧"，还有，你如何应对恐惧？

表 14.12

害怕的情境	恐惧水平	逃避程度	我如何过度保护自己	我让家人如何过度保护我
想到亲人发生灾难性事故的画面	90 分	100%	在脑海里不断地用不认识的欧美的明星的脸来替代	不断地确认家人是安全的

这样的评估可以让你意识到你脆弱不安的性格模式体现在你生活中的哪个方面。

把你恐惧的事情按照其程度来排序。请列出你恐惧焦虑的等级排序表,评估每一步的恐惧焦虑值。

表 14.13　在害怕的情境中产生的焦虑值

害怕的情境	焦虑值
1. 手机的屏幕 3 秒打不开,想到陌生人的脸	30
2. 打开灯时,想到某个国内明星的脸	40
3. 在关水龙头时,想到家人的脸	60
4. 在看到事故画面,想到同学的脸	80
5. 在写到“死”“杀”等字时,想到亲人的脸	90
6. 想到妈妈的坟或家里人出车祸	95

(2)检验你害怕的事情发生的可能性。很多陷入脆弱不安的性格模式的人,会夸大他们所害怕的事情发生的风险性,或他们具有魔幻思维,把一些灾难的发生跟他们的行为联系起来,发生魔法效应。如,小 F 就认为如果自己的行为不表现得极其完美,亲人或自己可能就会发生意外不幸的事件。你可能仅凭感觉对某些事情发生的概率做出判断,往往你的感觉是错的,因为你受“脆弱不安”模式的支配。我们想让你对发生的可能性进行更客观的评价。可以收集信息或询问其他人、自我学习,了解客观事实,降低你的焦虑。

夸大发生的风险,是你灾难化倾向的一部分。你直接想到可能发生的最糟糕的后果,并坚定不移地认为一定会发生。但事实上,最灾难化的事件发生在你身上的可能性是极低的。就算真的发生了不幸或意外,那也不是你的责任。

(3)针对每一种恐惧,准备一张应对卡。请提醒自己,你成长过程中形成的性格模式是如何导致你现在灾难化地看待事情的。鼓励自己面对恐惧焦虑的场景,验证自己担心是否会变成现实。

脆弱应对卡片:

我知道,我现在特别害怕在做一些动作时,出现家人的脸。我害怕家人会发生不幸。比如会发生意外伤害事故,患上严重的疾病。如果这样,我认为都是我的过错,我会感到非常内疚自责。但是,事实是我的性格模式被触发了。我在魔法化这些事件之间的联系,夸大灾难发生的可能性。所以,虽然我非常担心,但我可以验证事实是否会发生,让自己看到,这只是我的想法,事实并不会因我的想法而给别人造成灾难。我知道,强迫自己转换成别的画面会感觉安全些,但我并不需要这样做,这只是一个迷信的想法,况且这严重影响了我的生活,我想去改变它。

一旦你的性格模式被触发时,请阅读这张卡片,让你不断评估灾难发生的可能性,理性地思考现实,勇敢地面对,焦虑就会减少。

(4)和你的内在小孩对话,成为那个小孩坚强、勇敢的父母。通过想象,感受你内心深处脆弱不安的小孩,把现在成年的你带到过往的记忆中,安慰那个脆弱的孩子,试着让这个孩子感觉安全温暖。你可以对那个孩子说:"你不用害怕,我在这里,你很安全,没有人会伤害你。不管你想去哪里,我都会陪着你,我会帮你一起面对你所害怕的,一直跟你在一起。"请你安慰你自己内心深处那个害怕无助的孩子,直到他感到足够的安全,可以自己面对这些情境。

(5)练习放松技巧。放松可以让你的身体和思维都冷静下来,缓解焦虑的生理症状,阻止思维迅速陷入灾难化的模式。主要有两个简单的部分:观息法和放松冥想。用你的腹部呼吸,让气沉丹田。请你选择一个舒服的姿势,坐着或平躺着。把你的左手放在胸部,你的右手放在腹部。请慢慢地吸气,停一下,再慢慢地呼气。在呼吸时,你的左手没有感觉到动静,右手感受到腹部鼓起来。每分钟呼吸应该少于8次。冥想放松部分随着你呼吸的节奏而进行。吸气时,慢慢地想着"松"这个字;呼气时,慢慢地想着"呼"这个字。不断在心里重复这两个字,呼吸的节奏逐渐放慢。通过呼吸练习,可以缓解呼吸急促、肌肉紧张、胸闷、心跳加快等生理症状,让人放松冷静下来,专注于身心状态。

(6)通过想象练习来挑战各种恐惧。你可能会有很多灾难化的想象,你会生动地想象出最糟糕的后果,这肯定会让你恐惧。我们希望你通过想象让情况变好,而不是被想象中的糟糕后果吓到。我们想让你在脑海中练习好的结果,当你置身于害怕的情境中,你可以应对得很好。

先从可以应对的场景开始,选择一个舒服的姿势坐着,用呼吸冥想让自己放松下来,想象一个让自己焦虑害怕的场景。比如,当脑海想象陌生人生病或发生意外的画面时,你会开始焦虑。你很想用外国人的脸来取代,越想越焦虑,身体出现紧绷、心跳加快等症状。你可以让自己放松,告诉自己,这不是事实,之后焦虑会很快过去,你会感觉到放松,接着做你应该做的事情。这让你感觉挺好的。通过想象练习,可以逐渐提升难度。

(7)在现实中,不断巩固成功的方法。你用想象法演练过很多次让你害怕焦虑的场景之后,你可以在现实中再次练习。你可以使用应对卡片、放松方法和安抚的技巧来帮助自己面对和挑战。

(8)每成功地应对一次害怕的场景后,都要奖励自己。面对自己的恐惧真的不容易,你应该受到表扬,你内心深处的孩子也应该受表扬,他能有面对恐惧的勇气,祝贺自己取得了进步。

脆弱的性格模式让你的生活受到了很多限制,如果克服它,你的生活可以多些出彩的机会。

七、缺陷羞耻的性格模式

(一)评估你“缺陷羞耻”的程度有多深

这份问卷要测量你陷入性格模式之“缺陷羞耻”的程度有多深,请用下列计分标准来回答所有的问题。

计分标准:

1 分 完全不符合我的状况

2 分 大部分不符合我的状况

3 分 有点不符合我的状况

4 分 相当符合我的状况

5 分 大部分符合我的状况

6 分 完全符合我的状况

如果你在这份问卷中有任何题目给到 5 或 6 分,哪怕总分不高,你也可能有这种性格模式。

表 14.14　“缺陷羞耻”的评估表

得分	问题描述
	1. 如果他(她)真的了解我的话,就不会爱我
	2. 我天生有缺陷,不值得被爱
	3. 我有不愿与人分享的秘密,即使和最亲近的人也不想说
	4. 父母不能爱我是我的错
	5. 我隐藏真实的自己。真实的我让人无法接受。我展现出的是假的我
	6. 对我有吸引力的人(父母、朋友、恋人)通常是挑剔、否定我的人
	7. 我经常挑剔、否定自己,也挑剔、否定似乎是爱我的人
	8. 我不看重我的优点、长处
	9. 我对自己感到十分羞耻
	10. 我最大的恐惧之一是暴露自己的缺点。
	你的被人遗弃问卷的总分(把 1～10 题的所有得分相加)

得分解释:

10～19 分 很低 这种性格模式大概不符合你

20～29 分 较低 这种性格模式只是偶尔符合你

30～39 分 一般 这种性格模式在你的生活中可能是个问题

40～49 分 较高 对你来说肯定是个有影响的性格模式

50～60 分 很高 这肯定是你的核心性格模式之一

(二)改变“缺陷羞耻”性格模式的步骤

(1)了解你在童年时期经历的缺陷和羞耻感。首先,重新体验你早期经历的缺陷和羞耻感。是如何产生的?是谁批评羞辱你?谁让你认为自己没用,不被认可?是父母、兄弟姐妹或是邻居?答案就在你早期的生活经历中。

试着回想一些让你感觉羞耻的经历,让这些事件自然浮现在你的脑海中。比如,有个女生想起了自己刚上小学一年级的第一天,她特别想上厕所,但不敢跟老师说,也不知道厕所在哪里,结果实在憋不住尿裤子了。老师发现后,一边数落她:“你怎么在教室里尿尿呢?臭死了”,一边让她离开教室,自己回家。同学们都哄堂大笑,她低着头,满脸通红,当时的她恨不得转到地洞里去。她一个人哭着跑回家，妈妈看到她后，也批评她："你看看，怎么这么蠢，这么大了还不懂上厕所，真丢人。"她在很长的时间里，一上课，她就觉得自己想上厕所，担心自己再次会发生那样的事情。我们让她去感受当时那个特别受伤的孩子，感到无比羞耻，以大人的身份去安慰那个孩子。告诉那个孩子，现在的她愿意陪伴当时小小的自己，一切都会过去的，不用感到丢脸，每个人成长过程中总会发生一些事情，没有人会在意。

(2)尝试停止因反击或逃避而采取的行为。你对其他人是不是极度苛刻？你对批评是否敏感和防卫？你会不会轻视其他人？你是否过分看重考试成绩或比赛结果？你是否竭尽全力让别人对你有好评？这些都是反击的应对方式。你是否沉迷网络无法自拔？你是否酗酒？或者过度玩乐？你是否封闭自己？这些都是逃避的应对方式。我们知道，体验羞耻的感觉很难受，所以很多人都让自己不去想令人痛苦的事情。但是，要克服问题的第一步，就是要去面对问题。我们希望你停止让你不去面对缺陷羞耻感的行为，去觉察体验那感受，才能有希望去改善。

(3)列出童年期的优缺点，然后列出你现有的优缺点。我们希望你用比较客观地评价自己，你会夸大自己的缺点，而贬低自己的优点。现在请你好好思考童年期和现在自己的优缺点。优点：聪明、友善、会唱歌、对弟弟妹妹很好、在朋友中比较受欢迎、爱学习、乐于助人等方面。缺点：不懂得表达自己、说话比较少、没有主见、胆小等。在列举优点时，你可能想不出自己有哪些优点，或者你认为这些不重要。如果你实在想不出来有什么优点，可以请你的好朋友或亲近的家人来帮助你。当你想到任何优点时，不要轻视它，一定要写出来，别人给你的积极评价也要写出来。找自己的缺点时，认真思考这是不是对你的公正评价，也可以求证于他人。你会惊奇地发现朋友亲人很乐意给你积极的反馈，会让你对自我感觉发生惊人的改变。

(4)制定一个计划着手改变可以改变的缺点。我们发现很多缺点是由于环境造成的，是可以改变的。比如"不懂得表达自己"的缺陷，可以有意识地跟身边关系最好的，最容易开始表达自己的朋友开始，说出自己的想法、感受和需要，如果不被接受，双方可以商量彼此都愿意接受的意见。这是你逃避自己缺陷羞耻性格模式的方式，改变这些行为可以帮助到你。

(5)给你挑剔的父母写一封信。你可以给童年时刻薄挑剔的家人写信，你不用真的寄出这封信，只要你能在信里自由地表达自己的感受，你可以发泄你的愤怒、委屈和悲伤。你可以感受到保护自己的力量感。你可以告诉他们，小小的你被批评、贬低、不认可，对你造成了很大的伤害。孩子不应该被这样对待，孩子都需要支持和认可才能健康成长。他们总是忽视和低谷你的优点，你希望他们是怎么对你的，你想从他们那里得到什么。试着把自己内心深处的情感、想法告诉他们。

给爸爸的一封信

亲爱的爸爸：

小时候，你对我太苛刻残暴了。我有时动作稍微慢些，或吃东西少些，考试成绩不太理想时，你总是对我大吼大叫，还骂我，说我是废物，一点用都没有。那时我才上小学，你让我觉得我是一无是处的，我对你来说根本不重要，你从不在乎我。每次我看到你跟弟弟非常有耐心温柔地说话，我都觉得你只有他一个孩子，我不是你亲生的孩子。我在你面前必须小心翼翼，总怕让你生气。在你眼里，我就是让人讨厌、失望的。当我看到你疯了一样骂我的时候，我为自己感到深深的羞耻感，甚至觉得我是不配活在这个世界上的。小时候的我是个很善良友好的孩子，同学们都喜欢跟我一起玩。我也很爱学习、阅读，但你都没有看到。哪怕你能有一句认可的话语，哪怕只有一次为我感到骄傲，可能我的人生都不一样。而你从来没有，所以我只能把自己封闭起来，不让任何人看到自己真实的一面。

写这样的一封信不容易，但写出来就是治愈的过程。

(6)不要再让别人以恶劣的方式对待你。你可能倾向于选择对你苛刻或否定你的人当作你的朋友或恋人。检查一下你的人际关系，你是否在容忍别人一直在贬低你，不公平地批评你？你可以坚定地告诉对方，不可以这样恶意地批评自己，让对方停止这样的行为。

(7)如果在关系中，你是挑剔的一方，请停止对身边人的贬低和指责。不要对你的亲人、朋友、爱人总是用敌意、苛责的语气说话，让身边人感觉总是受伤害，可能会远离你。贬低别人不会让你对自己的感觉更好，可能会让你的人际关系越来越糟糕。试着去看到身边人的优点，并赞扬他们，每个人都有值得赞扬的特质。

改变自我缺陷的性格模式，可以让你跟别人的关系更亲近，也会让你对自己的感觉更好，更能去接纳爱和爱别人，让你的生活多一份爱与温暖。

八、失败自卑的性格模式

(一)评估你“失败自卑”的程度有多深

这份问卷要测量你陷入性格模式之“失败自卑”的程度有多深，请用下列计分标准来回答所有的问题。

计分标准：
1分 完全不符合我的状况
2分 大部分不符合我的状况
3分 有点不符合我的状况
4分 相当符合我的状况
5分 大部分符合我的状况
6分 完全符合我的状况

如果你在这份问卷中有任何题目给到5或6分，哪怕总分不高，你可能有这种性格模式。

表14.15 “失败自卑”的评估表

得分	问题描述
	1. 我觉得自己在人生或学业的成就上，不如别人那么能干
	2. 就个人成就而言，我觉得自己就是个失败者
	3. 多数和我同龄的人在学校里都比我有成就
	4. 我在学生时代是个失败者
	5. 我觉得自己不如身边交往的大多数人那么聪明
	6. 在学校里，我为自己的失败而感到羞愧
	7. 在别人面前我觉得很难堪，因为我在各方面的成绩都比不上他们
	8. 我总觉得，我没有别人认为的那样有能力
	9. 我觉得自己没有什么在实际中能拿出手的特殊才能
	10. 我没有充分发挥自己的潜力。
	你的被人遗弃问卷的总分(把1～10题的所有得分相加)

得分解释：
10～19分 很低 这种性格模式大概不符合你
20～29分 较低 这种性格模式只是偶尔符合你
30～39分 一般 这种性格模式在你的生活中可能是个问题
40～49分 较高 对你来说肯定是个有影响的性格模式
50～60分 很高 这肯定是你的核心性格模式之一

(二)改变“失败自卑”性格模式的步骤

(1)评估你的失败感是真实的还是被扭曲的。评估失败感的真实性，找出和你一起上小学、初中、高中的同学名单。根据你所了解的情况，看看你的同学们在各自的生活中的成绩。他们在目前的学校里的成绩、其他的特长表现、被同学老师认可的情况等，他们的在学业上、人际上、管理能力等方面的进步有多大？他们未来的规划如何？相比之下，你处在的什么样的位置？

(2)了解那个在童年期和现在都同样承受失败自卑感的内在小孩。试着回想小时候被家人、朋友批评、羞辱、对比或打击的记忆，了解自己性格模式的根源。如果你在当前的生活中体验到了失败自卑的感觉，花些时间理一理这个事情。想象当前的事情给你带来的情绪体验，你的想法，然后，回忆小时候激发你同样的感受的场景，让它浮现在你的脑海里。例如，小L被大学老师指责，都是她的责任，都是她的错，真是不称职很失败的班干部。她越想越难受，就觉得自己很失败，什么都做不好，一直因为这个事情不停地哭。她想起小时候有相同感受的场景。三年级单元测试，她只考了50分。当她回家时，爸爸非常生气，对着她大吼，才考了那么一点分，平时在学校都干什么。既然学不好，就不要上学了。她当时很伤心，觉得自己是最失败的学生。

你对小时候场景的回忆让你了解自己的性格模式的起源，那个觉得自己是失败者的内在小孩依然在你的心里，可能这些年，你也一直在克服自己是失败者的自卑，但这种感觉总是会出现。

(3)帮助你的内在小孩看见你过去所受的不公平对待。有些父母在意自身的缺陷而期望孩子去弥补，却不考虑孩子的天性和优势，孩子被迫做某些并不擅长的事情，导致强烈的失败感。小L的父亲因家庭贫困而无力供他读书，原本学习成绩特别优秀的他早早辍学，他对小L的学习成绩寄予厚望。但他又没有时间和精力辅导小L的学习，对小L的教育方式是打击的方式。你可以告诉那个人你的感受，学会维护自己的权利。例如，小L想对父亲说，每次你对我大吼大叫地贬低我时，我非常难过。小时候的我努力当一个好孩子，不让父母操心。在学习上遇到困难，我都一个人承担。我在学校里其他方面都表现得很好，但您都没有看到。只要我的成绩没有考好，您就认为我是一无是处的。但其实是您没有认真了解孩子，没有看到孩子的优点，是您当父亲是失职。你也可以写一封信告诉打击你的那个人，或在想象里表达自己的感受与想法。先不要指望那个人会作出改变或承认自己的错误，重点是表达出你要说的话，告诉对方他们带给你的伤害，以及你对他们的期待。

(4)察觉你在生活中所展现的能力和已取得的成绩。记住，一个人能力有很多方面，优秀的学习成绩仅仅是评价一个人的其中一种能力，还有语言表达能力、色彩识别能力、音乐能力、体育运动能力、动手操作能力、人际关系能力等。你有哪些方面的能力呢？任何一种能力都没有的人并不常见。以客观的角度来评价自己取得的成绩，可能这对你不容易。你总是看轻自己的优点，而夸大自己的不足。你可以列出自己的能力和成就，也可以让好朋友或长辈协助你看到自己的优点，写在一张表格上，放在你随时可以看见的地方。比如，小L所写的列表：我擅长画画，我跟同学舍友相处很好，很多亲戚邻居都夸我是懂事的孩子，老师评价我是学习努力的学生，我心思细腻、善解人意等。

如果相比较于同龄人来说，你实际上是有一些失败的方面，那就继续采取下面的方法与步骤。

(5)找出你失败的应对方式以及制定改变的计划。你是否状态不佳，总是拖延不做吗？你是否在逃避你觉得可能会失败或做不好的事情？你是否总是无法承担责任，没有表现出主动性？最可能的情况是，你的失败是因为你持续使用逃避拖延的应对方式而导致的，而不是你天生无能。

接着如何克服你的“逃避”，你必须开始面对挑战，而不是逃走。制定计划，让你克服逃避。列出你将来需要改变的行为，你需要做什么来达成目标？规划行为步骤，第一步该做什么？不要找借口，不要再逃避，承担可能失败的风险，这是取得成功的路径。

找一些比较小的任务来完成，千里之行，始于足下。列出分级步骤表，让你一步一步往上走。对你自己取得的进步，奖赏自己，加强信心。

(6)制作应对卡来克服你的失败自卑，按照计划一步一步执行。先确认你失败自卑的性格模式以及你应对的方式是“逃避”，列出你可以成功的潜力。提醒自己不要再继续逃避，一步一步前进，是你朝向成功之路的方法。

应对卡：

我内心又充满了失败感，这是我一直都熟悉的感觉。之前我一直使用逃避来应对，让自己不用体验失败自卑的感觉。我已经浪费了前面的时间和机会，现在我有很好的机会在我喜欢和擅长的专业领域取得成功，我只需要让自己一直朝着这个方向去努力，就会有好的进展。不要又开始逃避，那只会让我走失败的回头路。我的下一步是什么呢？就是我现在应该做的事——接着继续往下一步骤努力。

九、屈从讨好的性格模式

(一)评估你“屈从讨好”的程度有多深

这份问卷要测量你陷入性格模式之“屈从讨好”的程度有多深，请用下列计分标准来回答所有的问题。

计分标准：

1 分 完全不符合我的状况

2 分 大部分不符合我的状况

3 分 有点不符合我的状况

4 分 相当符合我的状况

5 分 大部分符合我的状况

6 分 完全符合我的状况

如果你在这份问卷中有任何题目给到 5 或 6 分，哪怕总分不高，你也可能有这种性格模式。

表 14.16 “屈从讨好”的评估表

得分	问题描述
	1. 我让别人控制我
	2. 我怕如果我不按照别人期待，他们会对我生气、报复或拒绝我
	3. 我感觉生命中重要的决定，都不是我自己的决定
	4. 我很难要求别人尊重我的权利
	5. 我经常为取悦别人和获得别人的认可而担忧
	6. 我不惜一切代价去避免冲突
	7. 比起回报，我对他人付出更多
	8. 我能深切地感受别人的痛苦，所以常常是我在照顾身边的人
	9. 当我把自己放在第一位时会感到内疚
	10. 我是个好人，因为我更多地想到别人，而不是自己。
	你的被人遗弃问卷的总分(把 1～10 题的所有得分相加)

得分解释：

10～19 分 很低 这种性格模式大概不符合你

20～29 分 较低 这种性格模式只是偶尔符合你

30～39 分 一般 这种性格模式在你的生活中可能是个问题

40～49 分 较高 对你来说肯定是个有影响的性格模式

50～60 分 很高 这肯定是你的核心性格模式之一

(二)改变“屈从讨好”性格模式的步骤

(1)了解你童年屈从的状况,感受你内在的屈从小孩。最好的办法是通过想象练习。从现实中让你感觉屈从讨好的体验开始。找个安静的地方,好好回想起记忆深处的童年生活,曾有过同样感受的场景。你和谁在一起,父母还是兄弟姐妹或是其他长辈等。例如,小 Z,大二男生,开学第一天从上午不停地帮同学拿行李,中饭没有时间吃。直到下午三点才能回宿舍歇一口气,准备吃泡面。有个同班女生给他打电话,很着急地让他去学校门口等着帮忙拿东西。他去了校门口等了大半个小时,一直没有看到那女生回来。他打了很多次电话,女生都说快到了。他饿着肚子站在门口等了一个小时,感觉气疯了。他想到,每次妈妈都要大呼小叫地让他按照妈妈的要求去做,不然妈妈就会很生气,不理他。他非常委屈,但又不知如何跟妈妈说。

这样的练习会激起你愤怒、委屈、恐惧、不安等情绪反应,正是这些情绪告诉你,你需要改变与他人的相处方式,你内心的某部分需要改变与成长。

回忆你成长的经历,可以追溯你的性格模式是如何形成的。请注意你的人生经历是如何强化你的性格模式,如何导致你不可避免地采用了屈从讨好的人际交往模式。

(2)列出一个清单:你为他人做了什么或给予了什么,他们为你做了什么,或给予你什么。有多少时间是你在倾听和按照他们的想法去做,有多少时间是他们在倾听你的需要。看看自己在人际关系中付出和回报的比例。选择父母、好朋友、同学舍友或恋人等。给每段关系列出清单,上面画两栏的表格,一栏写“我为这个人付出了什么”,另一栏写“这个人给予我什么”。这可以帮你看出关系中的付出和得到的平衡。比如:小 Z 觉得,只要同学有需要,他马上就想办法帮忙,不管自己多忙多累。他有需要时,从不敢请别人帮忙。他帮同学搬宿舍、打开水、买饭、拿快递,小组作业他也是承担了很多任务,查阅资料、制作 PPT、上台讲解等。只有个别同学愿意帮他。

(3)在生活多方面有自己的想法和意见,了解自己和自己的需要。请你开始注意自己想要什么,有什么感受,而不是把所有的精力都用在关注和照顾别人想要什么,有什么感受上面。想一想你更喜欢什么,更在意自己的感受。

(4)督促自己坚定表达,把自己需要什么,想要什么说出来。如果想要有改变,你必须有意识地尝试新的行为方式,更坚定地表达自己的需求。跟别人表达自己时,使用“我”这个词,讲你自己的感受。“当你这样做时,我感到很生气”,客观地描述别人的行为,接着表达你的感受。不要争论谁对谁错,只需要清楚坚定地表达你的感受,别人也会尊重你的需要。

(5)请求别人来照顾你。跟你身边的人讨论你的困难,寻求帮助。当你遇到困难的时候,谈论你自己,请求别人的帮助,可以拉近你和别人的感情。如果有人不想或不愿听,可能你需要重新审视一下你们的关系了,是否真的那么重要。

(6)尽量避免跟太过于以自我为中心或者自私到不在意你的需求的人交往。避免单方面的付出,改变或离开让自己陷入性格模式的关系中。如果你的生活中一些人,你已经给了很多机会让他们去关心你、在意你,但他们仍不改变,或许你可以思考一下这段关系存在的必要性。如果一段关系太伤人了,我们不需要付出一切代价来维持。你离开这段关系,也许你的生活可以更轻松愉悦。

(7)面对他人,不必一味忍让。如果你觉得生气,请尽快用恰当的方式表达出来。你可以说明自己的立场,保持冷静,切忌大喊大叫。或者你可以先说一些积极的方面,“我知道你是为我着想”,再表达让你感觉不舒服的地方。批评的是这个人的一些行为,比如他总是在别人面前指责你的不是,而不是说这个人很冷漠。选择合适的时机,不要在双方情绪很激动的时候说,等大家都冷静地讨论这个问题的时候说。

(8)检查你的人际关系中,哪些是控制型、需求过多、需要照顾的朋友,哪些朋友关心你的需要,重视你的意见,可以给哪段关系更多投入和改善。在你的关系中,你是否需要过度地照顾他人而没有独立的自我?你会被欺负、威胁你的人吸引吗?你身边有总是需要你照顾、无助、依赖他人的人吗?如果总是这样,时间长了,你会愤怒不开心。这样的关系无法维系,付出的代价也大,也许离开才是明智的选择。如果对方大部分的时候还是非常平等地对待你,请给这段关系一些机会,说出你的需要,让你在关系中收获尊重和照顾。

(9)制作应对卡片,随时提醒自己。遇到困难时,就使用卡片。随时提醒你:自己有坚定表达的权利。

应对不合理的要求:

当别人让我做不合理的事情时,我有权利说“不”。如果我说“可以”,只会让自己觉得很委屈和生气。我可以接受说“不”所带来的内疚感。即使我让对方有点痛苦和难过,但那也是暂时的。如果我对他们说“不”,他们才知道我真的很为难,不能帮到他们,他们也会了解和尊重我。我也会尊重自己。

十、苛刻标准的性格模式

(一)评估你“苛刻标准”的程度有多深

这份问卷要测量你陷入性格模式之“苛刻标准”的程度有多深,请用下列计分标准来回答所有的问题。

计分标准:

1 分 完全不符合我的状况

2 分 大部分不符合我的状况

3 分 有点不符合我的状况

4 分 相当符合我的状况

5 分 大部分符合我的状况

6 分 完全符合我的状况

如果你在这份问卷中有任何题目给到 5 或 6 分,哪怕总分不高,你也可能有这种性格模式。

表 14.17 “苛刻标准”的评估表

得分	问题描述
	1. 我无法接受做第二名。我必须在大多数事情上都做到最好
	2. 我什么事情都做得不够好
	3. 我努力把每件事情都做到完美
	4. 任何时候,我都必须展现出自己的最好状态
	5. 我有太多要完成的事情,以至于没有时间放松
	6. 我的人际关系不好,因为我太拼命强迫自己努力
	7. 因为给自己的压力太大了,我的健康受到了损害
	8. 当我犯错误的时候,应该受到严厉的批评
	9. 我非常好胜
	10 财富和地位对我来说非常重要
	你的被人遗弃问卷的总分(把 1～10 题的所有得分相加)

得分解释：

10～19 分 很低 这种性格模式大概不符合你

20～29 分 较低 这种性格模式只是偶尔符合你

30～39 分 一般 这种性格模式在你的生活中可能是个问题

40～49 分 较高 对你来说肯定是个有影响的性格模式

50～60 分 很高 这肯定是你的核心性格模式之一

(二)改变“苛刻标准”性格模式的步骤

(1)列举出你在哪方面是苛刻的。可能包括:清洁卫生、把东西整理得井井有条、学习成绩、金钱、物质、权利、地位等,让你感觉到持续的压力。

(2)列举出你每天试图达到上述标准的好处。比如,可以让自己的东西看起来是非常整齐的,获得了很多奖项和奖品,拥有让别人嫉妒的东西,自己的身材看起来非常迷人,取得了极好的成绩等。好处是相当多的,但是你是否做到了这些会让你感觉非常开心呢？你为了获得别人眼里非常高的成就而把自己弄得筋疲力尽,并且时刻警惕有人会比你更有能力,责怪每个妨碍到你的人,你没有时间享受到快乐和爱,那又有什么好处呢？如果你筋疲力尽无力体验到,就是创造出超级舒适完美的环境有什么用呢？

(3)列举出你在这些方面如此拼命的坏处。指的是所有的恶果,你这么拼命牺牲掉的所有东西,可能是你的健康、快乐、感情等,苛刻标准是如何影响到了你和家人、朋友、恋人的关系。比如:身体疲惫不堪,生活没有任何乐趣可言,我身边的人都不喜欢我,因为我给了他们很大的压力,我的健康岌岌可危。你需要衡量一下好处和坏处,什么才是你想要的,你的付出得到你希望的生活吗？还是这么严苛的坏处明显超过了好处？

(4)了解自己苛刻标准的起源,是怎么开始的？父母是苛刻标准的榜样吗？你从小就被严苛对待吗？可能跟另外的性格模式是联系在一起的,比如缺陷羞耻或情感剥夺,这是对这些性格模式的补偿策略。

(5)请量化你花了多少时间来维持你的标准。你决定要在某件事情上花多少时间,一定要考虑这件事情对你生活幸福有多重要。给你生活中最重要的事情分配最多的时间。然而,苛刻标准的人可能会认为所有的事情都同等重要,可能会根据完美地完成任务来判断时间,而不考虑这件事情对你的生活质量到底有多大影响。

(6)尝试从看起来比较平衡的人身上学习客观合理的标准。看看你的周围,有没有人的生活看起来是比较和谐的,他们在学业上也有高要求,但同时能享受大学校园生活。他们一边认真学习,一边可以花时间在休闲、运动、友情关系、睡眠上。尝试过一种比较平衡的生活。

十一、权利错觉的性格模式

(一)评估你“权利错觉”的程度有多深

这份问卷要测量你陷入性格模式—“权利错觉”的程度有多深,用下面的打分标准来回答每一道题,并以你在大学阶段这一两年的整体感觉来打分。

打分标准

1 分 完全不符合我的状况

2 分 大部分不符合我的状况

3 分 有点不符合我的状况

4 分 相当符合我的状况

5 分 大部分符合我的状况

6 分 完全符合我的状况

如果你在这份问卷中有任何题目给到 5 或 6 分,即使总分不高,你也可能有这种性格模式。

表 14.18 “权利错觉”的评估表

分数	题目
	1. 我很难接受“不可以”这个答案
	2. 当我得不到我想要的,我就会变得很生气
	3. 我很特别,所以不应该一定要接受正常的限制
	4. 我的需求最重要
	5. 我很难让自己停止喝酒、抽烟、暴饮暴食,或是其他冲动性行为
	6. 我无法约束自己去完成无聊的或者程序化的任务
	7. 我会冲动和感情用事,然后导致自己陷入麻烦
	8. 如果无法达到某个目标,我很容易受挫并放弃
	9. 我坚持要求别人按照我的方式做事
	10. 我无法为了实现长远的目标而放弃眼前的即时满足
	你的权利错觉问卷的总分(把 1～10 题的所有得分相加)

得分解释：

10～19 分 很低 这种性格模式大概不符合你

20～29 分 较低 这种性格模式只是偶尔符合你

30～39 分 一般 这种性格模式在你的生活中可能是个问题

40～49 分 较高 对你来说肯定是个有影响的性格模式

50～60 分 很高 这肯定是你的核心性格模式之一

(二)改变“权利错觉”性格模式的步骤

(1)从日常生活中找出不同方面，来列举你的“权利错觉”的表现方式，并制作表格。你可以制作表格里相关的内容，列出你的性格模式是如何运作。可以让朋友和家人协助你发现你的问题，很多时候可能你都没有发觉你的问题。

你可以考虑生活的不同方面，比如与父母之间，和朋友同学，在学习上等。针对不同方面，填写这样的表格。请你把自己的行为与社会规范要求进行比较。正常的人与人之间交往的法则是互惠性。俗话说“己所不欲，勿施于人”。

表 14.19　个人行为与社会规范要求比较表

生活方面	我的权利错觉	正常的社会规范	我的方式的不良后果
和舍友一起出去玩	认为舍友一定要服从我的安排	相互性：找一个我们两个人都喜欢去的地方	舍友不想跟我一起去，她一直会生我的气

(2)针对每一种生活情境，制作应对卡片来帮助自己战胜权利错觉方面的问题。如果你遇上了权利与限制的情境，请你按照正常的社会规范要求来行事，而不是按照权利错觉、冲动的方式。提前写好应对卡，在情况发生时，用来提醒自己。还要记录每种情境中，自己有多少次是按照正常社会规范要求行事，又有多少次是按照你的性格模式行事，可以作为你进步的证据。

应对卡：

①试着理解身边人的感受，感知他们的需求，本着公平公正的原则在人际中实现互惠互助，让关系能更长久。

②问问自己，你眼下的需求是否重要到需要去承担不良后果(例如与朋

友同学疏远，被处分)的风险。

③学会忍耐挫折感，那是达到你长远目标的途径。就像俗话说的那样："没有痛苦，就没有收获"。

(3)当你努力尝试要改变时，可以请求别人给予意见反馈。请你身边信任的人参与到你努力改变中来，问问你的朋友、同学、亲人，他们是否有观察到你的变化，在哪些方面他们觉得你仍需要提升。权利错觉可能已经渗透到你生活的方方面面，所以你很难觉察到它的影响。你身边的人更容易看到它，获得别人的反馈让你对自己有更清晰的认识。反馈也可以让你慢慢地了解到，别人对你的行为该有的正常期待是什么？一般人都如何对待其他人？如何做才算是公平？什么样的才是平等的关系？在关系中人们一般情况下会遵循什么样的规范要求？让自己掌握社会的规范要求。

(4)尽量对身边的人进行共情。大多数具有"权利错觉"性格模式的人在人际关系中一直以来都是以自我为中心的，他们基本上不知道自己是如何影响他人，往往会忽略他人的感受。可以通过倾听练习，感受别人的体验。学着关注别人，用心倾听他人的抱怨和述说，共情他人的感受。

(5)如果是为了要"反击"，那就试着去了解最深层的性格模式。如果你的权利错觉是针对另一性格模式的应对方式，例如缺陷羞耻、情感模式、遗弃等，那么请你遵循相关推荐的相应的改变方法与步骤。除非你解决了最本质的性格模式，否则改变对你来说非常困难。

可能对你来说，你的权利错觉是一种强烈的反击，这样你就不必体验由自己的弱点带来的痛苦。如果你不去感受内心深处的羞耻感、剥夺感、遗弃感，你就不能改变。

你的权利错觉是非黑即白的思维模式。要么你得到一切你想要的，要么你就是被剥夺的；要么你是完美的，要么你就是有缺陷的。你需要看到中间状态，你要学会通过一种正常的方式来满足自己的需要。你可能需要找到更多满足自己内心深处核心需求的方式，尊重他人权利与需要，你不能为了得到自己想要的东西而如此要求苛刻，如此控制和要求别人。放弃你的反击，设法通过与他人的良好关系来满足自己的需求。学着向别人请求自己想要的东西，而不是要求、命令。也许这对你来说很困难，你害怕自己会非常脆弱无助，无法满足自己的需求，会遭到别人的排斥，但你会发现，事实并非跟你的想象是完全一致的，你会收获得更多。

参考文献

[1] [美]Judith S. Beck 著，张怡，孙凌等译. 认知疗法基础与应用[M]. 北京：中国轻工业出版社，2013.

[2] [美]Judith S. Beck 著，陶璇，唐谭，李毅飞，唐苏勤等译. 认知疗法进阶与挑战[M]. 北京：中国轻工业出版社，2014.

[3] [美] 丹尼斯·格林伯格、克里斯提娜· A. 帕蒂斯凯著，宋一辰，李稔秋译. 理智胜过情感[M]. 北京：中国轻工业出版社，2018.

[4] [美]Robert. L. Leahy、StephenJ. F. Holland、LataK. McGinn 著，赵丞智，谭宗林，乔慧芬等译. 抑郁和焦虑障碍的治疗计划与干预方法(第二版)[M]. 北京：中国轻工业出版社，2018.

[5] [美] 罗伯特·L. 莱希著，宋一辰译. 认知治疗技术从业者指南[M]. 北京：中国轻工业出版社，2022.

[6] [美] 莱德利 ，马克斯 ，汉姆伯格著，李毅飞 ，孙凌，赵丽娜译. 北京：中国轻工业出版社，2012.

[7] [美] 德博拉·罗思·莱德利，布莱恩·P. 马克思，理查德·G. 亨伯格著，王建平，李婉君等译. 北京：中国轻工业出版社，2022.

[8] [美]艾德蒙·伯恩著 . 邹枝玲，程黎译. 焦虑症与恐惧症手册[M]. 重庆：重庆大学出版社，2018.

[9] [美]理查德·S·沙夫著，董建中译. 心理治疗与咨询理论：概论与案例[M]. 北京：中国人民大学出版社，2007.

[10] 李献云著，精神障碍的认知行为治疗：总论[M]. 北京：北京师范大学出版社，2021.

[11] [美] Deborah L. Cabaniss，Sabrina Cherry，Carolyn J. Douglas 等著，孙铃译. 心理动力学个案概念化[M]. 北京：中国轻工业出版社，2015.

[12] [美] 大卫·B. 罗森格伦著，辛挺翔译. 动机式访谈手册[M]. 北京：人民邮电出版社，2020.